希尔伯特
——数学界的亚历山大
Hilbert

［美］康斯坦丝·瑞德（Constance Reid） 著

袁向东　李文林　译

上海科学技术出版社

图书在版编目(CIP)数据

希尔伯特:数学界的亚历山大 / (美)康斯坦丝·瑞德
(Constance Reid)著;袁向东,李文林译. —上海:
上海科学技术出版社,2018.8(2025.9重印)

(数学家传记丛书)

ISBN 978－7－5478－4088－7

Ⅰ.①希… Ⅱ.①康… ②袁…③李… Ⅲ.①希尔伯特(Hilbert,David,1862—1943)—传记 Ⅳ.①K835.166.11

中国版本图书馆 CIP 数据核字(2018)第 157893 号

Translation from the English language edition:
Hilbert by Constance Reid
Copyright © Springer Science+Business Media New York 1996
This work is published by Springer Nature
The registered company is Springer Science+Business Media，LLC
All Rights Reserved

上海市版权局著作权合同登记号　图字:09－2017－771 号
封面图片来源:东方 IC

希尔伯特——数学界的亚历山大

(美)康斯坦丝·瑞德 著;袁向东 李文林 译

上海世纪出版(集团)有限公司
上海　科　学　技　术　出　版　社　出版、发行
(上海钦州南路 71 号 邮政编码 200235 www.sstp.cn)
上海盛通时代印刷有限公司印刷
开本 787×1092　1/16　印张 17.5　插页 2
字数:240 千字
2018 年 8 月第 1 版 2025 年 9 月第 7 次印刷
ISBN 978－7－5478－4088－7 /O·61
定价:58.00 元

本书如有缺页、错装或坏损等严重质量问题,
　请向工厂联系调换

奥托·希尔伯特,大卫·希尔伯特的父亲(摄于1850年,当时还是一名大学生)

柯尼斯堡大教堂(选自《东普鲁士,西普鲁士和但泽》,格雷费和翁策尔出版社,慕尼黑)

普雷格尔河,背景是柯尼斯堡古城堡(选自《东普鲁士,西普鲁士和但泽》,格雷费和翁策尔出版社,慕尼黑)

赢得巴黎科学院大奖时的赫尔曼·闵可夫斯基

在柯尼斯堡大学担任副教授时的阿道夫·赫维茨

大卫·希尔伯特(摄于 1886 年)

大卫·希尔伯特和克特·耶罗施(摄于 1892 年)

在莱比锡时的菲利克斯·克莱因

大卫·希尔伯特(摄于约 1900 年)

弗朗茨·希尔伯特,大卫·希尔伯特和克特·希尔伯特的独生子

格丁根数学俱乐部(摄于1902年)

从左至右,前排:亚伯拉罕(Abraham),希林(Schilling),希尔伯特,克莱因(Klein),史瓦西(Schwarzchild),扬夫人(Mrs. Young),迪斯特尔(Diestel),策梅洛(Zermelo);第二排:范拉(Fanla),汉森(Hansen),穆勒(C. Müller),道内(Dawney),施密特(E. Schmidt),吉江(Yoshiye),爱泼斯坦(Epstein),弗莱舍(Fleisher),伯恩斯坦(F. Bernstein);第三排:布鲁门萨尔(Blumenthal),哈梅尔(Hamel),穆勒(H. Müller)(本田欣哉提供)

卡尔·龙格

在格丁根担任讲师时的马克斯·玻恩

埃德蒙·兰道

菲利克斯·克莱因家的一次晚宴：保罗·戈丹(左侧远处)，菲利克斯·克莱因(中心处)和克特·希尔伯特(右侧远处)

学生时代的理查德·库朗在格丁根

赫尔曼·闵可夫斯基

大卫·希尔伯特(摄于1912年——在格丁根发售的教授肖像明信片之一)

埃米·诺特

范·德·瓦尔登夫妇和海因茨·霍普夫夫妇在苏黎世车站送别库朗一家 前面4位分别是：海因茨·霍普夫夫人，范·德·瓦尔登夫人，范·德·瓦尔登和海因茨·霍普夫

康斯坦丁·卡拉泰奥多里

大卫·希尔伯特60岁生日聚会

前排(从左至右):理查德·库朗,弗朗茨·希尔伯特,库朗夫人(尼娜·龙格),赫塔·施波纳(后来的弗兰克夫人),格罗特里安夫人;第二排:埃斯伦夫人(后来的斯普林格夫人),兰道夫人,大卫·希尔伯特夫人,大卫·希尔伯特,霍夫曼夫人,闵可夫斯基夫人;第三排:斐迪南德·斯普林格,菲利克斯·伯恩斯坦(在兰道夫人后面),普朗特夫人,埃德蒙·兰道,弗兰克夫人,范妮·闵可夫斯基(该排右端);第四排:恩斯特·黑林格,埃里克·赫克(在兰道后面),瓦尔特·格罗特里安(在霍夫曼夫人后面);第五排:彼得·德拜,西奥多·冯·卡门(在赫克后面),吕登伯格夫人(莉莉·闵可夫斯基),保罗·贝尔奈斯,莱昂纳德·内尔松,"克莱尔亨"(该排右端第二位)

赫尔曼·外尔

理查德·库朗

马克斯·玻恩

格丁根数学研究所的入口

格丁根数学研究所的后院

大卫·希尔伯特和赫尔曼·外尔(摄于20世纪中叶)

大卫·希尔伯特(摄于1932年)

重读《希尔伯特》之遐想

到1965年,我已写过几本数学通俗读物,如《从零到无穷》(*From Zero to Infinity*)和《始于欧几里得的漫漫长路》(*A Long Way from Euclid*)。我写这些书的目的,是试图向跟我十分类似的人——爱好数学但基本上未受过专业训练的读者,解释一些虽然复杂但较易掌握的数学概念和思想。就在那一年,我决定来写大卫·希尔伯特的传记,许多人认为他是20世纪早期学识最渊博的数学家,尽管我几乎没受过数学训练,也从未写过任何传记作品。如今,30年过去,重读《希尔伯特》,不禁浮想联翩,几个问题浮上心头。

第一个问题:像我这样背景的人,怎么擅敢为一位卓越超群的数学家写传?要知道,即使是相当熟悉他的人都深信他们无力为他立传。

答案如下:那时我的想法很简单,一般的读者——我曾为他们写过《从零到无穷》和《始于欧几里得的漫漫长路》,会很有兴趣来了解这样一位非同寻常的、有影响的数学家。于是,我开始跟希尔伯特尚健在的朋友和过去的学生接触。有两位是我必须去找他们谈的,他们跟希尔伯特过从甚密:一位是物理学家马克斯·玻恩,他立刻给了回音——一张明信片。他写道,他很欢迎有一本希尔伯特的传记,但是能让一位不是德国人的女士来写吗?她又不是一名数学家。她也根本不了解希尔伯特!另一位是理查德·库朗,他的回答姗姗来迟。他写道,他想象我的计划业已完成,因此不再需要他的帮助!尽管他最后同意跟我谈谈希尔伯特的事,但仍心存怀疑:"坦白地说,我对你该如何去做毫无想法。"

接着,我写信给其他认识希尔伯特的人,一收到回音,不管对方是在美国还是欧洲,我便前往访谈(在调研过程中,我居然重新找到了一直被认为已丢失的一批信件,那是在长期交往中赫尔曼·闵可夫斯基给希尔伯特的信)。在我最终完成手稿后,我把复印件寄给我曾访问过的学者之一、物理学家保罗·埃瓦尔德和其他一些人。埃瓦尔德很喜欢我写的东西,并建议寄一份给他的好友马克斯·玻恩。我还记得玻恩的明信片,所以提出了异议。但埃瓦尔德坚持己见:玻恩很老了,还病着,可能看不到书的正式出版。于是,我寄了一份手稿复印件给他,并收到了充满热情的回复便笺。理查德·库朗也表现出同样的热情,正是他坚持这本传记必须由斯普林格出版社出版。这个科学书籍出版社在第一次世界大战后曾做出巨大努力,使德国的科学回到战前的高水平。

斯普林格出版社热情地促进此书的发表,但不是为了我以前的读者,而是面向他们自己的读者群——科学界的专业人士。结果,在很大程度上,我原本为他们而写《希尔伯特》的读者没能读到此书。《希尔伯特》的读者几乎都是数学家和其他科学家——我从未奢望过的读者群。

由此,又产生了我重读《希尔伯特》时的第二个疑问:

要是我知道我的读者将是些什么样的人,我会不会把书写成另一个样子?

回答显然是:我根本就不会去写这本书。我从来不敢想象我这样一名非数学家能写出给数学家读的关于数学家的书。

于是,第三个问题接踵而来。如今,已经又写了其他三位杰出数学家的传记和一些短篇数学家传记文章的我,还会再写希尔伯特传吗?

回答是否定的。

别的什么人可能在什么时候为大卫·希尔伯特写一本学术性传记,但是我写的这本《希尔伯特》——我不可能再重写一遍。这是一本浪漫主义的作品,是在某种对数学天真无邪的单纯情感下写成的,我现在已不可能再有这种天真。弗里曼·戴森(Freeman Dyson)有一次描绘该书时这样讲:"一首赞美数学的诗。"如果这种讲法是真切的,我就太高兴了。

这次的新版是斯普林格出版社的哥白尼版。("哥白尼"为斯普林格出版社的副牌。)我希望《希尔伯特》将继续受到数学家的喜爱,同时希望它最终能成为数学爱好者手中的读物,毕竟这本书我最初是为他们写的。

康斯坦丝·瑞德
1995 年 11 月 30 日
旧金山,加利福尼亚

序

这本书的大部分内容是根据回忆写成的。

许多在希尔伯特门下取得博士学位的先生和女士给了我非常友好的帮助,他们是:勒贝捷夫·米勒(Vera Lebedeff-Myller,1906),罗伯特·柯尼希(Robert König,1907),安德烈亚斯·施派泽(Andreas Speiser,1909),理查德·库朗(Richard Courant,1910),胡戈·施泰因豪斯(Hugo Steinhaus,1911),保罗·丰克(Paul Funk,1911),路德维希·弗普尔(Ludwig Föppl,1912),赫尔穆特·克内泽尔(Hellmuth Kneser,1921),哈斯克尔·柯里(Haskell Curry,1930),阿诺德·施密特(Arnold Schmidt,1932),库尔特·许特(Kurt Schütte,1934)。

另有一些已经去世的学生写的回忆录对我也是一种巨大的帮助。在这里,我特别感激奥托·布鲁门萨尔(Otto Blumenthal,1898),他曾为希尔伯特全集写了一篇纲要性的传记,还为纪念希尔伯特60寿辰而出版的《自然科学》(*Naturwissenschaften*)专刊写过一篇小传;我也同样感激赫尔曼·外尔(Hermann Weyl,1908),他曾给皇家学会写了讣告,他的文章《大卫·希尔伯特和他的数学工作》已收进本书*。

---

* 这篇文章已译成中文,刊登于《科技史译文集》第一集(上海科学技术出版社,1981),本书的哥白尼版未收入此文。——译注

也许,库朗和保罗·贝尔奈斯(Paul Bernays)对我的帮助最为有益,因为他们跟希尔伯特交往的时间最长,关系也最密切。库朗1919—1933年间一直是希尔伯特的同事,在其间的大部分时间里,库朗还担任数学研究所所长;贝尔奈斯在1917—1934年间是希尔伯特研究逻辑和数学基础的助手和合作者。

在希尔伯特过去的物理助手中间,阿尔弗雷德·兰德(Alfred Landé),保罗·埃瓦尔德(Paul Ewald),阿道夫·克拉策(Adolf Kratzer)和洛塔尔·诺德海姆(Lothar Nordheim)慷慨地为本书献出了他们的时间和知识。我要特别感谢埃瓦尔德教授,他提出了许多关于如何对希尔伯特的生活进行文学论述的意见。

我还访问了一些人,他们虽然不是希尔伯特的学生,但都在不同的时期跟格丁根学派有过密切的联系,他们给了我许多有关希尔伯特的情况。这些人包括:汉斯·莱维(Hans Lewy),亚历山大·奥斯特洛夫斯基(Alexander Ostrowski),乔治·波利亚(George Pólya),布里吉特·雷利希(Brigitte Rellich),卡尔·路德维希·西格尔(Carl Ludwig Siegel),加贝尔·赛格(Gabor Szegö),奥尔加·陶斯基-托德(Olga Taussky-Todd),范·德·科尔皮(Jan van der Corput),范·德·瓦尔登(B. L. van der Waerden),埃伦·魏尔-贝尔(Ellen Weyl-Bär),库尔特·赖德迈斯特(Kurt Reidemeister)和伊丽莎白·赖德迈斯特(Elizabeth Reidemeister)以及赫尔穆特·哈塞(Helmut Hasse)。他们的来信描述了希尔伯特晚年的生活。

除了贝尔奈斯教授之外,阿尔弗雷德·塔斯基(Alfred Tarski)和库尔特·哥德尔(Kurt Gödel)也回答了我提出的有关希尔伯特在逻辑和基础方面工作的问题。

我很感激吕登贝格夫人(Lily Rüdenberg)和吕特·布施克(Ruth Buschke),他们欣然允许我引用他们的父亲赫尔曼·闵可夫斯基(Hermann Minkowski)写给希尔伯特的信。希尔伯特和闵可夫斯基有着多年亲密的友谊。希尔伯特的回信于1933年由闵可夫斯基夫人送回给了希尔伯特夫人,不幸的是,据我所知,这些信件已不复存在。本书中有几处引及希尔伯特给闵可夫斯基的书信,那是取自布鲁门萨尔为希尔伯特全集写的传记，由于要为希尔伯特写小传，他有幸读到过那些信。

希尔伯特堂兄弟的儿子霍斯特·希尔伯特（Horst Hilbert）提供了许多有关希尔伯特家族的详细材料。普鲁士文化遗产基金创建的机密国家档案馆的冯·施罗德（J. K. von Schroeder）找出了生动的统计资料。本田欣哉（Kinya Honda）把他写的希尔伯特简传译成英文，供我使用。下萨克森州国立大学图书馆馆长福格特（H. Vogt）从克莱因和赫维茨的文件中找到了希尔伯特写的一些信。数学研究所的现任所长马丁·克内泽尔（Martin Kneser）为我在研究所内准备了办公室，并让我参阅了希尔伯特的文件。研究所的秘书乌尔苏拉·德鲁兹（Ursula Drews）也给我提供了种种帮助。伊尔玛·诺伊曼（Irma Neumann），其母多年任希尔伯特家的管家，给我提供了希尔伯特家的相片。

我还要特别感谢下面几位：我的妹妹朱莉娅·鲁宾逊（Julia Robinson），她一直对我的工作关怀备至，给我忠告、帮助和勇气；福尔克尔·施特拉森（Volker Strassen），他给我介绍了格丁根和它的数学传统；乌尔苏拉·劳伦茨（Ursula Lawrenz），克丽斯塔·施特拉森（Christa Strassen）和埃迪特·弗里德（Edith Fried），他们给我增补了德国和德文的知识。

我非常高兴本书将由斯普林格出版社出版，该社跟希尔伯特和格丁根有过紧密的联系，在第一次世界大战后，它曾冒着风险从事出版事业，为复兴德国的科学作出了本质性的贡献。

在本书的写作过程中，曾蒙以下各位阅读了手稿：贝尔奈斯，库朗，埃瓦尔德，诺德海姆，J. 鲁宾逊，R. M. 鲁宾逊，V. 施特拉森，赛格，小约翰·爱迪生（John Addison Jr.）和玻恩。

尽管有如此大量的帮助，书中仍难免有不妥之处，都应由我自己负责。

康斯坦丝·瑞德

1969 年 8 月 3 日

旧金山，加利福尼亚

目 录

重读《希尔伯特》之遐想

序

第一章　青年时代(1862—1880)……………………………………… 1
第二章　良师·益友(1880—1884)…………………………………… 10
第三章　哲学博士(1884—1886)……………………………………… 17
第四章　巴黎(1886)…………………………………………………… 24
第五章　戈丹问题(1886—1892)……………………………………… 31
第六章　转变(1892—1895)…………………………………………… 43
第七章　只谈数域(1895—1898)……………………………………… 52
第八章　桌子、椅子、啤酒杯(1898—1899)………………………… 63
第九章　问题(1899—1900)…………………………………………… 71
第十章　数学的未来(1900)…………………………………………… 80
第十一章　新世纪(1900—1902)……………………………………… 90
第十二章　第二个青春(1902—1904)………………………………… 98
第十三章　热情洋溢的科学生活(1904—1908)……………………… 110

章节	标题	页码
第十四章	空间、时间和数(1908—1909)	119
第十五章	朋友和学生(1909—1910)	125
第十六章	物理学(1910—1914)	134
第十七章	战争(1914—1918)	147
第十八章	数学基础(1918—1922)	159
第十九章	新体制(1922—1924)	169
第二十章	无限(1924—1925)	180
第二十一章	借来的时间(1925—1929)	191
第二十二章	逻辑和认识自然(1929—1930)	204
第二十三章	云散(1930—1933)	212
第二十四章	晚年(1933—1945)	221
第二十五章	终音(1945……)	231

人名索引 …… 236
译后记 …… 243

第一章
青 年 时 代
(1862—1880)

1861年春的一天,奥托·希尔伯特(Otto Hilbert)和他夫人玛丽亚(Maria)的遗传基因偶然地结合,孕育了一个非同寻常的天才人物;1862年1月23日下午1点钟,他们的第一个孩子降生在靠近东普鲁士首府柯尼斯堡的韦劳(Wehlau)。父母给他起了个名字叫大卫。

大卫父系家族的情况可以略知一二,这得感谢希尔伯特家族柯尼斯堡支系的鼻祖,他留下了一部自传和一本家谱。原来,17世纪时希尔伯特家族在萨克森居住,他们之中大部分人是工匠和零售商,不少人和教师的女儿配偶。他们是新教徒,从教名知道他们似乎属于虔信派,即是当时原教旨主义派的成员。这一宗教派别强调"忏悔,发自内心的信仰","再生和灵化是经验的事实"。

18世纪初,铜器匠约翰·克里斯蒂安·希尔伯特(Johann Christian Hilbert)成了一名生意兴隆的花边商人。他雇用了一百多人,是靠近弗赖贝格的布兰德(Brand)小镇里"最高贵的人"。不幸,他死的时候孩子们还都未成人;留下的财产被那些不道德的监护人花费殆尽。迫于无奈,他的儿子克里斯蒂安·大卫·希尔伯特(Christian David Hilbert)做了剃头匠的徒弟,在腓特烈大帝(Frederick the Great)的军队里当理发兵,最后来到柯尼斯堡。此人看来一直刻苦勤勉、精力旺盛。他曾买下过一爿理发店,之后进当地的一所大学学医,毕业后当起领有城市行医执照的外科和产科医生。从此希尔伯特家族的男子都学有专长,并选择商人的女儿作妻子。克里斯蒂安·大卫有许多子女,有一个名叫大卫·菲希特尼希特·莱贝雷希特·希尔伯特(David Fürchtegott Leberecht* Hilbert),他就是大卫的祖父。他是一名法官,获有"枢密顾问"的荣誉头衔。他的儿子奥托是大卫的生父。大卫出生时其父正担任乡村法官之职。大卫有一个叔叔是律师,另一个是某大学预科学校的校长(相当于高级中学的校长而威望更高)。

大卫母系家族的情况知道得不多。卡尔·爱尔特曼(Karl Erdtmann)是柯尼斯堡的商人,他的女儿玛丽亚·特里施(Maria Therese)是大卫的母亲。她可不是一个凡俗的女人,用德国人的说法是"一个怪人",她不仅对哲学和天文学饶有兴趣,而且着迷于素数。

大卫和德国国家主义几乎同时诞生。他来到人世前几个月,已故普鲁士国王的兄弟到柯尼斯堡进行了一次传统的朝拜,在这座古老城堡的教堂里,他带上了普鲁士皇冠。不久,俾斯麦被选中出任他的首相,并进行了欲将德国统一于普鲁士的战争。战争期间,大卫的父亲做了城市法官,全家也搬到了城内。

东普鲁士首都建于 13 世纪中叶,是条顿族骑士修筑的城堡。它位于普雷格尔河(Pregel river)的两条支流之间,坐落在离它们的会合处不远的山丘上。那两条河汇合后流入波罗的海。在大卫生活的时代,坚固的城堡依然屹立着,煤气照明和马拉轨道车标志着城市的现代化,古城堡恰在市中心。希尔伯特家的房子是教堂街 13 号,离河边只差几个街区。"通向自由的大门",柯尼斯堡的市民都喜欢这样称呼普雷格尔河。城市离它的入海口有七公里多,可是波罗的海浓烈的盐气味还是到处可闻。海鸥常在绿草地上恬静地休息,海风拍击着渔船闪亮的篷帆,海水和鱼的腥味、松脂和木材的清香夹杂着烟气整日缭绕在城市上空。轮船和驳船逆流而上,运来各色离奇的货物,船在河边高大的栈房前面卸了又装,然后带着琥珀和海泡石——一种质地优良似黏土样的

---

* Fürchtegott Leberecht 意为"敬畏上帝,正直地生活"。

第一章 青年时代(1862—1880)

白色矿石(用来做烟斗),顺流出海。市内有七座各具特色的大桥,横跨普雷格尔河,其中有五座把河岸同河中的克奈方福(Kneiphof)岛相连接。这些桥可不简单,柯尼斯堡因此而载入了数学史:桥的配置能引出一个数学问题*,牵涉著名的拓扑学基础,一个世纪前被欧拉所解决。柯尼斯堡大教堂在克奈方福岛上,近旁是一所古老的大学,还有柯尼斯堡最伟大的居民伊曼纽尔·康德的墓地。

像柯尼斯堡所有的孩子一样,大卫的成长也深受康德言论的影响。每年4月22日是这位哲学家的诞辰纪念日,这天,靠近大教堂的地下圣堂对公众开放。逢此机会,大卫总是诚心诚意地陪伴着爱好哲学的母亲去那儿瞻仰,去看一看被月桂花环绕着的康德的半身像,端详他那熟悉的面孔,一字一句地拼读圣堂墙上的格言:

"世上最奇妙的是我头上的灿烂星空和我内心的道德准则。"

他的母亲必然也曾给他指点过夜空的星座,为他介绍过那些饶有兴趣的"第一等"的数,这些数与其他数相比,其不凡之处在于它们只能被自身和1除尽。

他的父亲给予大卫的早期教诲,着重在使他具有普鲁士的美德:准时、节俭和信守义务;勤奋、遵纪和守法。在普鲁士,一个人可以通过文官的晋级而获得法官的职位,对于谨慎之辈,这是一种既舒适又安全的境遇。据说法官希尔伯特对什么是正当的品行有极严格甚至是太过分的观念:一个人应该这样规定自己的行动,每天要走同一条路;除了每年一次到波罗的海海滨度假之外,要在柯尼斯堡扎根,决不准越雷池一步。

大卫是希尔伯特家唯一的男孩。当他6岁的时候,有了一个妹妹,教名是埃莉泽(Elise)。

---

* 柯尼斯堡七桥问题是这样的:如图,能不能找到一条路线通过所有这七座桥,并且每座桥恰好只通过一次?欧拉证明了这是不可能的。这个柯尼斯堡桥问题作为拓扑学与现代图论的发端而在数学史上变得很有名。——译注

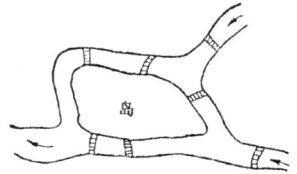

他7岁那年，国王（不久加封为皇帝）回到柯尼斯堡，这是加冕礼后的第一次。这回，大卫亲眼见到了被城市编年史家誉为附有"天命"的人，天命"使他的家族达到最光辉的顶点，让他的国家强盛无敌"。人们群集到城堡里来瞧瞧国王，由于人太多，压断了城堡内湖上的一座木桥，67个人被淹死。

次年，普鲁士向法国宣战。不出几个月，胜利捷报传遍东普鲁士的首都——法兰西皇帝已做了俘虏。在俾斯麦和军队准备包围巴黎的时候，8岁的大卫开始上学。那时一般的孩子都是6岁进校，他之所以晚了2年大概是为了先让他在家里接受一些教育，老师可能就是他母亲。他母亲身体有病，据说大部分时间是在床上度过的。

他先上了皇家腓特烈预科学校的初级部，学习为进入预科学校所必备的知识（如果他希望成为专家、牧师或大学教授，那就一定得上这类预科学校）。课程包括阅读和书写日耳曼语和罗马语，学习拼法和品词，分析简单的句子和一些重要的圣经故事；还有初等算术，即小的数的加、减、乘、除。

1872年秋，当他准备好进预科学校本部学习时，普鲁士军队凯旋抵达柯尼斯堡。不过对大卫来说，最重要的倒是另一件事：一家姓闵可夫斯基（Minkowski）的犹太人，也在这时候，从靠近科夫诺（Kovno）的亚历松坦（Alexoten）搬到了柯尼斯堡。他们离开祖国——俄国，是因为犹太人一直遭到沙皇政府的迫害。这个家庭中的父亲曾经是个成功的商人，政府勒令他仓促地出售全部商品，还不准赢利。现在到了柯尼斯堡，他转而经营旧白麻布衣服的出口生意。家庭的不幸也搅扰着孩子们，而母亲却安慰他们说：父亲的新职业是最高尚的，因为他们喜欢的好书，非用这些破衣服造的纸来印才行。买卖最初很艰难，最后还是大获收益。一家子又搬进了一所古老的大房子，它靠近铁路车站，和希尔伯特家只隔一道普雷格尔河。

在俄国的时候，闵可夫斯基家的长子马克斯（Max）不能进预科学校，因为他是犹太人。由于没机会得到正规的教育，成年之后就和父亲合伙经营商业。父亲死后，他就成了一家之主。二儿子奥斯卡（Oskar）曾在柯尼斯堡的阿尔斯塔特（Altsadt）预科学校念书，当时校中仅有几个犹太学生。他后

第一章 青年时代(1862—1880)

来成了医生和医学研究家,曾发现胰脏和糖尿病间的联系,以"胰岛素之父"的称号闻名于世。老三叫赫尔曼(Hermann),8 岁半到他二哥上的学校的初级部念书。他们的妹妹范妮(Fanny)编纂了一本家庭传记,题为"人间三奇才"。按照她的说法,闵可夫斯基家的三兄弟"轰动"了柯尼斯堡,这"不仅是因为他们才能出众,而且个个都有着迷人的性格"。小赫尔曼的数学才能给人的印象特别深。有一堂课,老师因把一个数学问题理解错了而"挂了黑板",学生们异口同声地叫道:"闵可夫斯基,去帮帮忙!"

可是,我们找不到哪一位兄弟姐妹的记录,提到希尔伯特家男孩的能力当时已受到任何人的特别注目。大卫回忆说自己小时候是个笨孩子,他用的词是"dammelig"。这也许有点夸张。他的一位朋友有过旁证说:"希尔伯特讲过的每一件事情,不管言语多么使人费解,甚至自相矛盾,都使人感觉到他那种强烈的、常常是感动人的追求真理的愿望。"

大卫的双亲为他选择的预科学校,在柯尼斯堡名声极好。这是一所受人尊敬的私立学校,创建于 17 世纪初,康德本人就是该校的毕业生。可是挑选总是令人遗憾的,这所学校在当时很少集中柯尼斯堡的年轻科学人才。要知道,马克斯·维恩(Max Wien)和维利·维恩(Willy Wien),阿诺德·索末菲(Arnold Sommerfeld)和赫尔曼·闵可夫斯基在同一时期都进了阿尔斯塔特预科学校。大卫却到腓特烈预科学校念书,他没有机会在学生时代就和他们中的任何人交朋友。

腓特烈预科学校的课程因循守旧,这对大卫又是一大不幸。德文中"预科学校"这个词和"体育馆"拼法一样。为什么有此因缘?原来,这类学校被想象成是提供智力体操训练的场所,就像体育锻炼帮助长身体一样,它能帮助发展孩子的心智。围绕这个目的,学习拉丁语和希腊语便成为至高无上的了。他们相信,对这些语言和相应的文化有了良好修养,学生就能获得从事所有精神活动的技能。语法会帮他有条不紊地思考;诗歌将唤醒他的审美观、启发他的鉴赏力;学习历史和哲学会扩展他的眼界并为恰当地理解现实提供基础。除这两门古老的语言之外,数学被认为是加强人的"精神肌肉"所必备的传统课程。不过，在腓特烈预科学校，数学课的分量比起拉丁语和希腊语来，只是屈居可怜的第二位。至于自然科学课程，那里根本不予讲授。

不仅语言课占了课程的最大部分，学校还特别强调要打好语法的坚实基础，其次才是学习文学。在校内，几乎没有机会进行独立思考或表述己见。不过，大卫有时候是要在笔记本的空白边缘潦草地写上几首小诗的。

大卫受着古代语言熏陶的时候，闵可夫斯基家的小儿子正在家里扮演奥赛罗，道具是床单和枕套。他们家有一间屋子，平时只有范妮会来练习钢琴，赫尔曼常常蜷缩在靠窗的沙发上阅读莎士比亚、席勒和歌德的作品。他几乎把歌德的著作全部记住了，怪不得范妮说："正因为有过这段经历，所以在他余后的生活中，除了科学工作已经什么也不需要了。"

大卫发现自己记忆东西非常困难，可是在腓特烈预科学校的大部分课程非要死记硬背不可。他的一位朋友说过，语言课特别"引起他的不愉快"。在领悟新概念方面，大卫也不是特别快的。每当要理解一件事情时，他总是要通过自己的消化把它彻底搞清楚，否则决不罢休。学习方面的困难，并没有使他落在同学们的后面。他刻苦用功。他感到，在普鲁士的教育制度里不会有愚蠢的安排。跟爱因斯坦不同，大卫是参加完 Abitur 才离开预科学校的（Abitur 是一种考试，通过这类考试的学生才有资格上大学）。

希尔伯特家族的一名成员，许多年后（那时她已是老妇人了）说过：

"我所知道的大卫叔叔是这样的，他全家都认为他的脑子有点怪。她的母亲要帮他写作文，可是他能给老师讲解数学问题。家里没有一个人真正了解他。"

确实，他已经找到了一门课程，一门非常适合他的心意又能给他带来无穷乐趣的课程。正如他后来说的，数学最合他的胃口，因为它"bequem"——容易，不费力。数学用不到死记，他总是能自己重新推导出结果。不过，他知道，除非先取得预科学校的毕业文凭，否则按规定是不能上大学和研究数学，从而成为数学家的。于是他只好先放一下自己最喜欢的课目，而集中精力通过拉丁语和希腊语的考试。

第一章　青年时代（1862—1880）

在腓特烈预科学校的那些日子给他留下的是永远难忘的不愉快的回忆。

生活总归是生活，一年里还是有一段快活的时光，那就是暑假。假期里，他陪同家里人到一处离海极近的小小渔村劳兴镇（Rauschen）。尽管这个地方后来成了很有名的夏季疗养地，但是当时却并没有多少人去光顾。来休养的人里面，有个卡尔·施密特（Karl Schmidt）大家族。像奥托·希尔伯特一样，施密特也曾受到当律师的训练，但是，他是个激进的社会民主党党员，经他选择最终成了一名熟练的泥瓦匠和建筑师。施密特的第五个孩子名字叫克特（Käthe），那时候已经表现出一种特殊的天赋，善于描绘柯尼斯堡的工人和海员。许多年之后克特·科尔维兹（Käthe Kollwitz）*成了著名的画家，她回忆那一年一度去劳兴镇的远足旅行是这样的：

"那时候到劳兴镇没有铁路，所以路上要花5个小时。我们乘坐一种旅行车，有四五排座位，上面有顶篷。后排座位留出来放旅行必备的物品，如寝具、衣服、篮子、书匣和酒箱。这种车用三匹马拉，有时要用四匹。驾车人坐在前面高高的座椅上，吆喝着驾车出发，经过柯尼斯堡狭窄的街道，通过赫赫有名的凯旋门，再穿越整个桑伦德（Samland），快到萨绍（Sassau）时，大海的风光就映入了眼帘。我们都踮起脚尖欣赏好景色，一面不住地欢呼：海！瞧，海！再没有比在桑伦德见到的波罗的海更美的海了。站在高高的海岸上可以看到日落时那无法形容的壮丽景象；每当我们第一眼看到大海，每当我们跑下海岸，脱去鞋袜，重又涉足于凉爽的沙滩，倾听着海浪拍击的悦耳声响，心情真是无比畅快……"这大概也是大卫经历过的情景。

劳兴镇的夏天充满了田园诗意。它是到这里来的孩子们的乐园。9月，他们又得回校上课。11月，普雷格尔河封冻了，直到第二年3月才解冻。

有一次，希尔伯特回忆他的童年生活时说："在学校，我确实没做很多数学，因为我知道自己以后还要做的。"不过，有一件事说明他那时肯定感到在科学方面受到了耽误：1879年9月，当预科学校最后一学期开始的时候，他从腓

---

* 即鲁迅非常欣赏并介绍到中国的"凯绥·珂勒惠支"。——译注

特烈预科学校转到了威廉预科学校，后者是一所公立学校，那里很注重数学，甚至讨论几何学的新发展。

此时，比大卫小两岁而早熟的赫尔曼·闵可夫斯基已经超过了他。那年春天，"靠着他极好的记忆力和敏捷的理解力"（正如希尔伯特后来所说的），闵可夫斯基只用了五年半就学完了阿尔斯塔特预科学校八年的课程，接着就上了当地的大学。

大卫离开腓特烈预科学校转到威廉预科学校上学，是十分高兴的。老师看出了他的天赋，给他不少帮助。他的成绩进步了——几乎所有的课（德语、拉丁语、希腊语、神学和物理学）都得"优等"，数学更好，得了当时最高的分数"超等"。在获取文凭的毕业考试中，他的笔试考得异常出众，以致免去了他的口试。他的毕业证书背面的品行评语写道，他的勤奋"堪称模范"，"对科学有浓厚的兴趣"，结尾是：

"他对数学表现出极强烈的兴趣，而且理解深刻：他用非常好的方法掌握了老师讲授的内容，并能有把握地、灵活地应用它们。"

这就是数学家希尔伯特早年的活动。

关于希尔伯特出生地的注：

在《希尔伯特全集》中记载的出生地是柯尼斯堡。当我开始写希尔伯特传时，我曾寄信给西柏林的国家机要档案馆，索要希尔伯特出生证的复制件。该馆负责人冯·施罗德(von Schroeder)博士告知说，柯尼斯堡福音新教改革派城堡教堂的教区记事录上，并未记载希尔伯特生于柯尼斯堡，而只是记有他"生于1862年1月23日下午1时，1862年3月16日在柯尼斯堡他的祖父母家受洗礼……"

在写了一段希尔伯特家族情况的话之后，冯·施罗德又回到希尔伯特出生地这个话题。

"关于大卫·希尔伯特的出生地，应特别注意，我们无法肯定他确实生于柯尼斯堡或只是在那儿受洗礼。他很可能生于韦劳，其父当时正在那里当法

第一章 青年时代(1862—1880)

官。他之所以可能在柯尼斯堡受洗礼,只是因为韦劳属于柯尼斯堡福音新教改革派城堡教堂这个教区。"

旧金山有若干天主教的教区,我住在其中一个教区里;最初并不觉得希尔伯特生于韦劳跟他"生于柯尼斯堡市"有何抵触。所以在整本书中我都把柯尼斯堡当作他的"Geburtsstadt"(出生城市)。1981年,当《希尔伯特》要出新版时,我请教现在已故的斯普林格出版社的数学编辑瓦尔特·考夫曼-比勒(Walter Kaufmann-Bühler),他是在德国出生的。他也认为希尔伯特出生地可作"多种解释",但没有建议我改变原来的写法。不过,现在我感到应该把我依据的信息告诉有兴趣的读者,由他们自己去作出判断。

第二章
良师·益友
(1880—1884)

希尔伯特很幸运。他的家乡虽然远离柏林这个文化中心,但那里有一所具有优良科学传统的大学。在德国,它是最受尊敬的大学之一。

雅可比(C. Jacobi)曾就教于柯尼斯堡大学,他被认为是高斯时代欧洲仅次于高斯的数学家。里奇劳特(F. J. Richelot)是雅可比的继承人,他从一个普通预科学校教师的工作中,发现了卡尔·魏尔斯特拉斯(Karl Weierstrass)的不凡之才。里奇劳特劝说柯尼斯堡大学授予魏尔斯特拉斯荣誉学位,并亲自到魏尔斯特拉斯教书的小城授给他学位——"我们大家都发现,魏尔斯特拉斯先生是我们的老师!"多才多艺的弗朗茨·诺伊曼(Franz Neumann)在柯尼斯堡建立了德国大学中第一所理论物理研究所,他还开创了讨论班这种学术活动形式。

1880年秋,希尔伯特入大学时,魏尔斯特拉斯已是德国最卓越的数学家;雅可比和豁达豪爽的里奇劳特都已去世;而弗朗茨·诺伊曼——他一直活到近100岁——仍可以在学校的集会中见到,有时甚至还讲课。学生们都很快晓得了诺伊曼的一段故事:他本人的许多发现从来都没有发表,当一个重要的学会打算为区分科学成果制订一项规则时,他的回答很简单——"最大的造化是发现新的真理,对它的褒奖不过如浮云一般。"

现时,希尔伯特发现大学的生活简直是要多自由就有多自由,和预科学校

第二章 良师·益友(1880—1884)

要多严有多严的规矩有天壤之别。教授们想教什么课目就教什么;学生也一样,想学什么就选什么课上。这里不规定最少必修课的数目,不点名,平时也不考试,直到为取得学位才考一次。意想不到的自由,使许多人把大学第一年的时间都花费在饮酒和斗剑上——这些是学生互助会的传统活动。不过,对18岁的希尔伯特说来,大学生活有更加迷人之处:他终于能自由地把全部精力给予数学。

希尔伯特的心目中,对他将来的职业从没有过丝毫的犹豫。父亲要他学法律,希尔伯特却不顾父亲的反对报名学了数学。当时,数学还设在大学的哲学系。

他是在这样的时代开始大学学习生活的。经过19世纪前半叶的发展,数学这棵枝繁叶茂的大树,在魏尔斯特拉斯和其他人的精心修剪下已形整貌美。一般的气氛是自庆自慰的:数学终于达到了逻辑严谨(或者说严格)的水平,它绝不需要也绝不可能更臻完美。不过,就在同一时期,哈勒地方的教授乔治·康托尔(Georg Cantor)正发展着一门崭新的集合论。他用全新的、但是使人不安的方法处理无穷。按照传统的观念,无穷是某种"无限增长"的东西。在康托尔的集合论里就完全不同了,无穷不再是某种增长的东西,而是"通过一些数,以完成了的无限这种确定形式把无穷在数学上固定下来了。"至于采用"完成了的无限"这一概念,(康托尔后来写道)他是"被逻辑逼到这一步的,几乎是违背我的心愿的,因为这跟传统的观念正相反,而恰恰是我给了这些传统以应有的价值"。在以后的十年间,这个问题引起了数学家之间最凶、最激烈的争论。

在大学的第一学期,希尔伯特听了积分学、矩阵论和曲面的曲率论三门课。根据惯例,第二学期可以转到另一所大学听讲,他选中了海德堡大学——德国所有大学中最讨人喜欢和最富浪漫色彩的学校。

当时,有一位名家在海德堡授课,他的名字拉佐鲁什·富克斯(Lazarus Fuchs)已经和线性微分方程成了同义语。希尔伯特选听他的课。富克斯的课确实与众不同,给人的印象至深。课前,他不大做准备,因为他习惯于在课上把自己置于险境：对要讲的内容，现想现推。正如他的一个学生后来写的那样，学生们因此"得到了一个机会，瞧一瞧最高超的数学思维的实际过程"。

接下去的一学期，本来允许希尔伯特再转到柏林去听课。那里聚集着一群灿如明星的科学家，包括魏尔斯特拉斯、库默尔(E. Kummer)、克罗内克(L. Kronecker)和亥姆霍兹(H. Helmholtz)。可是，他深深地依恋着他出生的家乡——至少在思乡这一点上，希尔伯特很像他的爸爸，于是他毅然返回了柯尼斯堡大学。

这时候的柯尼斯堡仅仅只有一位数学正教授：海因里希·韦伯(Heinrich Weber)。这个人天赋很高，多才多艺，称得上是雅可比和里奇劳特的继承人。他在数论和数学物理这样互异的领域里，都做出了重要贡献。他还写了许多重要的著作。《关于单变量代数函数的算术理论》这一名著是他和理查德·戴德金(Richard Dedekind)合写的。他著的有关代数的书，还有与黎曼共同署名的专论数学物理方法的书，都是各自学科领域中的经典著作。

希尔伯特从韦伯那儿学习了数论、函数论，并初次熟悉了不变量理论——当时最时髦的数学理论。他仔细地保存着这些初次听课的笔记。其他所有在大学听讲的笔记也都保管得很好。我们看到，书写的笔迹虽未免留有稚气，其中有年轻人易犯的拼写错误，但没有半点马虎潦草。有一套笔记是听韦伯的数论课时做的，看来是后来经过彻底整理的仅有的一套笔记。

下一个学期——1882年春季——希尔伯特再次决定留在家乡的大学学习。就在这年春天，赫尔曼·闵可夫斯基在柏林学习了三个学期后回到了柯尼斯堡。

闵可夫斯基是个脸颊丰满的孩子，在他未及成熟的鼻子上架着一副学究式的夹鼻眼镜，显得不那么相称。在柏林的时候，他因出色的数学工作得到过一笔奖金。这笔钱他给了一个家境贫寒的同班同学。这段佳闻，当时柯尼斯堡没有一个人知道（甚至他的家里也不晓得，事隔很久，那个同学的哥哥才把这件事告诉了闵可夫斯基家）。年仅17岁的闵可夫斯基，胸怀壮志，完全沉浸在一项很深奥的研究之中，他希望以此赢得巴黎科学院的数学科学大奖。

第二章 良师·益友(1880—1884)

巴黎科学院曾出榜征求下述问题的解:将一个数表成五个平方数的和。闵可夫斯基的研究结果大大超过了原问题。可是科学院接收答案的截止日期——1882年6月1日到了,根据竞赛的要求,文章非译成法文不可,而闵可夫斯基的文章却没译成法文。事已如此,他决定还是投稿应征。在最后一分钟,他听从了大哥马克斯的建议,写了一个短短的注附在文章前头。闵可夫斯基在附注中解释道,数学问题本身如此深深地吸引着他,致使他疏忽了竞赛的规则;他并表示希望,科学院将不会以为"我少给了些什么,实际我给出了更多的东西"。* 作为题首格言,他引用了布瓦洛(Boileau)的话:"没有什么比真实更美好,唯有真实最可爱。"

这一年,他的这项工作正在巴黎科学院审核,闵可夫斯基本人则在柯尼斯堡听课。别看他年纪小,在其他学数学的同学面前,他乃是一名鼓舞者:因为他曾在柏林做过学问,这给隔绝在东普鲁士首都的年轻人带来了一种参与当今数学的意识。不过,他十分腼腆,略微有些口吃;无论什么时候,谁要是直接注视着他,他便会立刻羞红满面。这种性格,很难使他和任何一个学数学的同学在见面后的第一年里就建立起亲密的友谊。何况,这些同学中的大部分人(像希尔伯特)都要比他大上几岁。

1883年春,竞赛揭晓了:刚刚18岁的闵可夫斯基,照理说还是个孩子,竟和著名的英国数学家亨利·史密斯(Henry Smith)共享了这份数学科学大奖。新闻轰动了柯尼斯堡,它在人们心目中造成的印象之深只消举出一个例证:希尔伯特法官告诫大卫,冒冒失失地去和"这样知名的人"交朋友,将是"不适当"的。

暂时,闵可夫斯基似乎还不能实际得到他的奖金。法国报纸说,竞赛的规则曾特别声明,所有参加评比的文章必须用法文书写。英国的数学家们亮出了这样的观点:居然让一个小孩子和他们已过世的尊贵同胞分享一份数学奖,

---

* 在这里,闵可夫斯基的意思似乎是:希望科学院不会以为他将把文章译成法文的规则当作无关紧要的事情。——译注

简直是丢他们这位同胞的脸。("旁观者会觉得奇怪",一位英国数学家40年后这样评论这件事,"震撼英国数学界的这场愤怒风暴,起因就是已不在人世的史密斯和当时不知名的德国数学家联名接受一项巨大的荣誉——它比史密斯在世时所获得过的任何一项荣誉都更伟大。")在舆论的压力面前,评选委员会没有丝毫的动摇。卡米尔·若尔当(Camille Jordan)从巴黎写信给闵可夫斯基:"干吧!我请求你,干成一个伟大的数学家。"

此情此境,希尔伯特看在眼里,喜在心头。他不顾父亲的反对,很快就和怕羞而有天赋的闵可夫斯基成了朋友。不久,在和另一位腼腆的年轻数学家交往时,希尔伯特解释说,"我有巧妙的办法,保证他会开窍。"和闵可夫斯基交朋友,他显然也是用的这种妙法。

这两个年轻人的家庭背景不同,个人的性格在许多方面也极不相像。但是,他们的心是相通的。好多年以后,当希尔伯特有需要提笔讲讲闵可夫斯基的为人时,他也把自己披露于众——比其他任何时候所透露过的更多。

他们两个人,除了对数学的热爱,都怀有一种深沉的乐观主义。他们念大学的时期,人们对一般的科学抱有极度悲观的看法。上一世纪科学的繁荣,使得对科学力量的信仰几乎达到了像信神一样的地步。物极必反,现时又走向了反面。埃米尔·杜波瓦-雷蒙(Emil duBois-Reymond,一位生理学家,后来成了哲学家)的著作广为流传,到处被引用。杜波瓦-雷蒙琢磨的问题是关于自然知识之极限——这就是他最著名的讲演的标题。他坚持认为,某些问题——他称之为超验的,或超出感观之外的问题——是无法解答的,即使在原则上也不可解。它们包括:物质和力的本质、运动的发端、感觉和意识的起源。面对这些问题,他悲观地退缩了:"Ignoramus et ignorabimus"——我们无知,我们将永远无知——这句沮丧话成了大学里面许多科学哲学讨论中的时髦话。这种退缩完全不合希尔伯特和闵可夫斯基的意。他们早已确信(如希尔伯特后来指出的)"每一个确定的数学问题必定能得到一个准确的回答:或者给所提问题以实际的肯定答案;或者证明问题是不可解的,因此所有企图证明它成立的努力必然失败。"

第二章 良师·益友(1880—1884)

这种一切数学问题都是可解答的信念,当时受到了一项发现的巨大的支持。德国数学家费迪南德·林德曼(Ferdinand Lindemann)证明了长期受到怀疑的 π 的超越性,从而说明"化圆为方"这个古代梦想是不可能实现的。林德曼在获得这项成就之前,一直没有什么大的作为。他出版过一本抱负不凡的著作,可是遭到了相当厉害的(也是相当不公平的)批评。现在,一切都已挽回——那个著名的难题确确实实被他解决了。他成了数学界的红人。当韦伯离开柯尼斯堡去夏洛滕堡时,林德曼被邀接替了他的职位。

尽管他现时声名赫赫,林德曼终究不是像韦伯那样有才干的数学家。他对希尔伯特的影响很小(对闵可夫斯基就谈不上任何影响了);但是,是他把希尔伯特真正的老师,一位对希尔伯特的教诲超过韦伯和林德曼的年轻人带到了柯尼斯堡。这个人名叫阿道夫·赫维茨(Adolf Hurwitz)。

1884 年春,赫维茨从格丁根*到这儿担任副教授时,年纪不到 25 岁。像闵可夫斯基一样,他留下了在数学方面早熟的美名。在预科学校念书时,他的老师汉尼巴尔·舒伯特(Hannibal Schubert)十分欣赏他的数学才能,所以常在星期天专门向赫维茨传授自己擅长的学问——后来人们称它作"舒伯特演算"。舒伯特还想方设法使赫维茨的父亲——一个像希尔伯特法官一样怀疑搞这类学问会有多大出息的犹太工匠相信:自己天才的孩子必须继续学习数学。在舒伯特的鼓励下,父亲从朋友那儿借钱来给儿子上学。

赫维茨在数学方面的处女作是和舒伯特合作发表的,那还是在预科学校念书时的事。后来的攻读,为他奠定了从事现代数学研究的广泛基础。在菲利克斯·克莱因(Felix Klein)的门下,他得到了博士学位。克莱因是当时德国最了不起的比较年轻的数学家之一。赫维茨也曾在柏林听过那些伟大人物的课;之后又到了格丁根,在函数论方面做出了令人印象深刻的工作。

他是个性情温和的青年人,几乎像喜爱数学一样热爱着音乐,他的钢琴弹得非常漂亮。在来柯尼斯堡前,他不幸患了伤寒症,差点儿丢了性命。时常发

---

* 格丁根过去也译作"哥廷根"。——译注

作的剧烈偏头痛也常年折磨着他,这个毛病起因于(至少是部分病因)他是个至善论者:事事都追求办得尽善尽美。

希尔伯特发现新老师的外表"谦恭、朴实",而"他那双闪耀着聪慧和快意的眼睛,就像是他精神的映照"。希尔伯特及闵可夫斯基很快就和赫维茨建立了密切的关系。每天下午"准五点",三个人必定相会"去苹果树"下散步。此刻对希尔伯特说来,真是良辰美景无限好呀!他发现这种学习方法比钻在昏暗的教室或图书馆里啃书本不知要好多少倍。

"日复一日的散步中,我们全都埋头讨论当前数学的实际问题;相互交换我们对问题新近获得的理解,交流彼此的想法和研究计划。就这样,我们之间结成了终身的友谊。"

以这种最悠然而有趣的学习方式,三个年轻人考察着数学世界中的每一个王国。赫维茨有着广泛"坚实的基础知识,又经过很好的整理",所以他是理所当然的领头人,并使其他两位心悦诚服。

"那时候没想到,"希尔伯特后来回忆道,"我们竟会把自己带到这么远!"

亚历山大曾抱怨说:"父王将会征服一切,再没有什么会留给我们去攻克。"但是,希尔伯特他们无需有亚历山大的担忧,因为:

数学这个世界是无穷无尽的。

第三章
哲 学 博 士
(1884—1886)

要取得博士学位,必须先在大学度过整整 8 个学期,希尔伯特已经走完了这段路,他开始考虑该选什么题目来做他的学位论文。可以期待,他将通过这件工作做出某种创造性的成果贡献给数学。起初,他想他喜欢研究连分数的一种推广,为此,他去请教他的博士论文指导老师林德曼。林德曼告诉他:很不幸,雅可比早就给出了这种推广。林德曼提议,为什么不换个代数不变量理论中的问题做呢!

虽说代数不变量理论是当时非常热门的课题,但究其根源却要追溯到 17 世纪笛卡儿发明的解析几何。在笛卡儿的平面图上,水平坐标是实数,记作 x;垂直坐标也是实数,用 y 表示。这样,平面上的任何一个点就等价于一对实数 x,y。于是,几何图形可以用代数方程来公式化;反之,代数方程也可以用几何图形来表现。两个领域中的概念和关系得到更明晰的阐述——几何概念变得更加抽象而易于处理;代数概念则变得更加形象而易于直观理解。

还有一项具有普遍性的重要收获。当一个图形相对于坐标轴的位置改变时,图形本身的形状和大小并不改变。所以,相应的代数形式的某些性质亦应保持不变。这些"不变量"适合于表征给定几何图形的特性。非常自然,射影几何学的发展——它是研究众所周知的由投影所施行的变换的——最终导致了在代数中与它相平行的发展,即集中研究在各种变换群下代数形式的不变量。代数方法有一种绝对纯熟的力量,它很快胜过了几何方法,因此,代数不变量理论成了不少数学家锲而不舍、兴趣不断的研究题目。

这个新理论的开拓者是英国人——阿瑟·凯莱(Arthur Cayley)和他的好朋友约瑟夫·西尔维斯特(Joseph Sylvester),说来凑巧,这两位都是由律师转而成为数学家的。不过德国人很快赶上来接手搞这个理论,此时,最重要的德国数学杂志《数学年鉴》(*Mathematische Annalen*)几乎成了国际上刊登代数不变量方面的文章的独家论坛。

林德曼建议希尔伯特做的博士论文是关于某些代数形式的不变性问题。这个题目的难度对志愿投考博士学位的人来说是恰到好处,既难而又有希望解决。希尔伯特显示了创造才能,他选择了一条别出心裁的证明道路,和一般人相信能引出结果的办法完全不同。这件工作做得很漂亮,林德曼当然满意。

论文的抄本用快件寄给了闵可夫斯基。他的父亲新近才去世,此时,他正在威斯巴登陪伴他的母亲。

"我以极大的兴趣研读了你的文章,"闵可夫斯基写信给希尔伯特,"整套的处理方法都使我高兴万分。看起来,那些可怜的不变量想要销声匿迹之前,都不得不先接受你设立的关卡的检查。我从来没想到这么精彩的数学定理会出现在柯尼斯堡!"

1884年12月11日,希尔伯特通过了口试。前面等待着他的是最后的考验:1885年2月7日,将在大学里最庄严的大厅举行公开的晋级典礼仪式。届时,他必须面对正式指定的"对手"——两名学数学的同学的质疑,为自己选择的两个论题抗辩。["对手"之一是埃米尔·魏恰特(Emil Wiechert),后来成为著名的地震学家。]通常,这种论战只不过是模拟战,它的主要作用是确认候选人有能力领悟和抓着辩论中的重要问题。

希尔伯特选来答辩的两个命题横跨了整个数学领地。第一个是关于用实验确定绝对电磁电阻的方法;第二个涉及哲学,这个问题为人们招来了伊曼纽尔·康德的伟大幽灵。

康德执教于柯尼斯堡时,既讲哲学又教数学,他有这样的论点:人的观念

第三章　哲学博士（1884—1886）

不是后天的（即不是从经验中得到的）而是先验的。他引证逻辑、算术和几何中最基本的概念当作先验知识的例子，其中包括欧几里得的公理。

19世纪上半叶非欧几里得几何的发现使人们对康德的论点产生了严重的怀疑，因为它证明：即使把欧几里得公理中的一条公理改成相反的内容，仍然可能导出一种像欧几里得几何一样和谐一致的几何。这清楚地说明，包含欧几里得公理在内的知识是后天的——它来自经验，而不是先验的。

这个结论对算术的基本概念也适用吗？

高斯——第一个领悟到非欧几里得几何存在的数学家，有一次写道：

"我深信，以我们先验的知识来衡量，空间理论和算术理论占据着完全不同的位置，那种使人确信无疑的必然性和绝对真理性正是后者的特征，它在我们关于前者的知识中是全然找不到的。我们必须怀着全部谦恭之情承认：数只是我们心灵的产物。另一方面，空间的确还具有超乎我们心灵之外的实在性，我们不能把它的定理说成是先验的。"看来，希尔伯特对此一直有着同样的感受，在他的第二个论题中，他仍然认为：

反对康德的算术判断具有先验性质的理论是没有理由的。

他为这个论点的辩护无记录可查。但是，他的论证显然是有说服力的，因此到辩论终结，他被授予了哲学博士学位。

校长主持了宣誓仪式：

"我庄严地要你回答，宣誓是否能使你用真诚的良心承担如下的许诺和保证：你将勇敢地去捍卫真正的科学，将其开拓，为之添彩；既不为厚禄所驱，亦不为虚名所赶，只求上帝真理的神辉普照大地、发扬光大。"

当晚，这位新哲学博士和为他庆贺的朋友们，打电报给闵可夫斯基报告了这个消息。

现在，希尔伯特在科学生涯中已迈出了第一步。假如他运气好，能够步步升迁，最终他将得到正教授的头衔——这在当时的德国是十分显赫的高位。教授们安葬时，常常在墓碑上刻有他们的学衔并标明他们最擅长的学科。可是，假如你仅仅是个哲学博士，那就甚至连给学生们讲课的资格都没有。首先，你必须再做出一件有创造性的数学研究工作，以证实你不负博士之资格。一俟教授会感到满意，才会授予你 venia legendi，这标志着你获得了讲师的称号，有了可以上堂讲课的荣誉，但大学并不负责付给你有保证的工资。这种讲师的生活必须靠愿意选听他讲课的学生的学费来维持。加上大学里学生们都要上的那些课，比如微积分，总是由教授会的正式成员讲授，所以，你能争取开一个有五六个学生的班就算交了好运。这段时间，生活拮据是必然的。等到有一天，假如你的工作和能力受到赏识（有一种传说，如果你能和一位教授的女儿结婚当然更好），你才能成为副教授并从大学领取薪金。下一步就是夺取正教授的头衔。这最后一步可不是水到渠成的事，在几乎是无限制增长着的讲师当中，能升任教授的真是寥寥无几！即使在柏林，也仅有三名数学教授；在大多数普鲁士大学里，只有两名；而柯尼斯堡，才有一名！

为了应付这种沉浮未定的境遇，年轻的博士可以参加一种国家考试，以取得在预科学校教书的资格。这并不会受人耻笑。很多眼睛盯着名望高收益好的教授宝座的人，即使不考虑选择他途，也需要衡量利弊，算算十年内有几把教授的交椅会出现合理的空缺，而争夺它们的讲师又有多少。希尔伯特是准备参加国家考试的。1885 年 5 月，他通过了考试。

同年夏天，闵可夫斯基转回柯尼斯堡，取得了博士学位，紧接着他就参军服役去了。（在大学晋级仪式上，闵可夫斯基的正式"对手"之一是希尔伯特。）

希尔伯特没有被召服兵役。他想去做一次学习旅行，赫维茨极力主张他到莱比锡去找菲利克斯·克莱因。

克莱因虽然年仅 36 岁，已是数学界的一名传奇式人物了。他 23 岁那年（希尔伯特现在正是这个岁数），在埃朗根当上了正教授。在就职典礼上，他发表了数学史上称作埃朗根纲领的演讲——他大胆地建议，把许多不同的看起来毫无关系的几何，在群的概念下加以统一和分类（这些几何从 19 世纪初开始一直在发展着）。早年的经历已经表明，学术创造力、组织才能和勇于打破纯粹及应用科学之间壁垒的魄力，这三者在他身上巧妙而奇特地结合在一起。他的数学兴趣包罗万象：几何、数论、群论、不变量理论、代数——这一切都融

第三章 哲学博士(1884—1886)

会在他优秀的作品之中,他发展并完成了黎曼关于几何函数论的伟大理想。他的成果之冠当属自守函数理论。

可是,1885年希尔伯特在莱比锡遇到的克莱因却没有那种使人为之倾倒的风采。两年前,正当他专注研究自守函数时,自法国一所地方大学毕业的年轻数学家开始发表同一研究方向的文章。看得出,此人也正在全力以赴地搞着。克莱因一眼看穿了对手的才干,于是颇为紧张地开始和他通信。几乎用了超人的努力,他终于赶在亨利·庞加莱(Henri Poincaré)的前面,达到了他的目标。不过,从最后的结果看,他们基本上打了个平手。可是克莱因垮了,他精神消沉,体力不支,当希尔伯特来到时,他才从长年的心力衰竭中恢复过来不久。他用了点时间写了本关于二十面体的小书,后来成了一本经典之作;但是,人生的风帆将驶往何方,仍然没有最后决定。

希尔伯特选听克莱因的课,还参加一个讨论班。这些活动给他留下了深刻的印象。克莱因,高高的个子,长着浅黑的头发和胡子,一双眼睛炯炯有神。他讲的数学课远近闻名,受到普遍的称赞,好名声甚至传到了美国。克莱因很器重这个从柯尼斯堡来的年轻博士——他仔细地保存了希尔伯特在讨论班上提出的报告,他后来说过:"一听他的报告,我就知道他是一个数学方面的后起之秀。"

自从他上次病倒以来,有两所大学给克莱因下过聘书——先是美国的霍普金斯大学,他拒绝了;目前,他刚刚接受了第二个提议,到格丁根去。显然,希尔伯特早已对格丁根这所高斯、狄利克雷(P. Dirichlet)和黎曼的大学有着向往之情。克莱因的被聘,唤起了希尔伯特的灵感,在一本从莱比锡买的小笔记本的扉页上,他涂就了一首小诗,诗文很难读,相信连德国人也无法善解其意。它的大意是:"过了11月里这阴霾的一天,光明降临、万物闪烁;格丁根给予我们的,犹如青春的记忆。"

在莱比锡,希尔伯特很快又结交了几位年轻数学家。其中有一个叫乔治·皮克(Georg Pick),这个人不仅大大称道了赫维茨的工作,而且对植物授粉和繁殖学造诣不浅,这些成了他和希尔伯特相熟的桥梁。另一个是爱德华·斯塔迪(Eduard Study)。跟希尔伯特一样,他的主要兴趣是研究不变量理论。照理说,两个人应该有许多共同之点,可是情况恰恰相反。斯塔迪是个"怪人",希尔伯特写信告诉赫维茨,"他跟我的性格几乎有天渊之别,就我所能做出的判断,他跟你的性格也是风马牛不相及。斯塔迪博士仅仅承认,或者毋宁说仅仅知道数学中的一个领域,那就是不变量理论,十分孤高的不变量符号理论。在他看来,干其他的一切都是不讲究方法的闲游浪荡……他还以此为理由责备其他所有的数学家,他甚至认为在他所搞的领域中,自己是独一无二的权威,屡次借故生端,攻击所有其他搞不变量符号理论的数学家。他是这样一个人,凡是他不了解的都要加以贬责。我的性格,比如说有一点就跟他完全相反,给予我最深刻印象的正是我所不了解的东西。"(赫维茨回信说,"我对这种个性厌恶之极,难于以言语形容,诚然,为了这个年轻人起见,我希望你的看法稍微过分了一些。")

在莱比锡,相当多的人对不变量理论感兴趣,可是克莱因特意力促斯塔迪和希尔伯特两位到南方的埃朗根去访问他的朋友保罗·戈丹(Paul Gordan)——当时公认的"不变量之王"。由于某种原因,可能是希尔伯特不喜欢斯塔迪和他做伴,这趟远征并未成行。

希尔伯特很快成了莱比锡数学界内的一员。1885年12月初,他的一篇关于不变量的文章经由克莱因提交给科学界。新年除夕,他应邀参加了在克莱因家里举行的"小型宴会",出席者确是经过"精心挑选"的——"克莱因教授、他尊贵的夫人、皮克博士和我。"当晚,闵可夫斯基正在普雷格尔河中游的腓特烈堡,他觉得冷清、扫兴。在给他朋友发的新年贺信中流露出悲怆恍惚之情:"啊!何时才是个头呀!这个可怜的士兵几时才能为自己心爱的数学忙碌呢?"在克莱因家,谈话异常活跃——"天南海北无所不谈",克莱因试图说服希尔伯特,在返回柯尼斯堡之前应该先去巴黎学一个学期。"他说,"希尔伯特写信告诉赫维茨,"巴黎现在是科学活动的蜂巢,尤其是那些年轻的数学家们特别活跃。对我来说,在那儿学习一段时间是一种鼓舞,最有刺激性,因此会很有收益。特别地,假如我能设法和庞加莱和谐相处的话。"

第三章　哲学博士(1884—1886)

克莱因自己年轻时曾和他的朋友索弗斯·李(Sophus Lie)相伴去巴黎旅行。两个人都学得了有关群论的知识,这些知识在他们的学术生涯中已经发挥了重大作用。现在,照赫维茨的说法,克莱因总是试图把每个有培养前途的德国青年数学家送往巴黎。

赫维茨本人也支持克莱因的忠告:"我担心法国的年轻人才比我们的更加集中,为了超过他们,我们必须掌握他们得到的所有成果。"

1886年3月底,希尔伯特已经上路去巴黎了。

第四章
巴　黎
（1886）

在去巴黎的火车上，希尔伯特有幸和一位多科工艺学校的学生同座，此人知道所有的法国数学家，至少是曾经看到过他们。但是，到了巴黎，希尔伯特将不得不和那位很难相处的斯塔迪协力合作：斯塔迪也是听从克莱因的劝告，先期到了那里。

希尔伯特和斯塔迪在一块儿作这次由克莱因建议的数学访问。当他们给克莱因写信时，总是互相大声地向对方朗读自己的信，以避免信的内容出现重复。

希尔伯特一安顿下来，就给克莱因写信。这封信证明他对这位教授非常之敬重。他首先极细心地打了一份草稿，措词适当而优美，然后又用大字罗马手写体精心誊写一遍，那时候他给赫维茨写信仍旧用的是哥特体。

"我没能赶上早一班的国际邮件寄出给你的信，这是因为碰到了各式各样的麻烦事，新到一个陌生的国家，总有不少事是无法预见的，但你又非小心处理它不可。还算幸运，我现在已经适应了这里的气候，熟悉了新的环境，足以使我能够用我所希望的方式支配我的时间……"

他遵照克莱因的教诲，极力试图和庞加莱建立友谊。这位法国人比他大8岁，已经发表了100多篇文章；而且，很快就要被提名为科学院成员了，理由很简单：他的工作"远在一般应得的赞美之上"。在给克莱因的第一封信里，希尔伯特报告说，庞加莱还没有对他和斯塔迪的访问进行回访，不过，他附言道，他已经在索邦*听过庞加莱讲的位势理论和流体力学的课，课后就有人把他介绍给了庞加莱。

"他讲课非常清楚，就我的思考方式而言很容易接受。虽然如这里的一个法国学生所指出的，他讲课是稍微快了一点。他很年轻，神态略显紧张。在我们被介绍认识之后，他似乎并不十分热情。我想，这显然是因为他过分腼腆，但是，由于语言表达能力所限，我们目前还无法克服这种状况。"

当希尔伯特再次写信给克莱因时，庞加莱已经回访了这两个年轻的德国人。"关于庞加莱，我还是只能说同样的话——由于腼腆，他仍然有所保留。不过，巧妙的办法总能使他开窍的。"

克莱因（他现已在格丁根住下了）给巴黎回信时，对他的两个年轻数学家不偏不向。他写信给斯塔迪说："你和希尔伯特跟戈丹和诺特（Neother）的私人接触无论如何是必要的。"信的末尾他写道："下一次，我将给大卫·希尔伯特博士写信。"希尔伯特似乎把克莱因来信的价值看得比较高，因为他不仅保存了克莱因给他的信，而且还保存了克莱因给斯塔迪的信。

法国数学家们——希尔伯特写信告诉克莱因——给了他和斯塔迪非常热情的欢迎。若尔当最为友善，"他对你表示了最衷心的问候。"他请希尔伯特和斯塔迪吃过饭，其他被邀出席作陪的只有阿尔芬（Halphen）、曼哈姆（Mannheim）和达布（G. Darboux）。为了尊重客人，饭桌上全讲德语。这样，有关数学的交谈也就只能略及皮毛了。

希尔伯特并不觉得他在巴黎听过的数学课有什么独到之处。"法国学生也没有引起我们很大的兴趣。"皮卡（E. Picard）的课比较说来"不是初等的"。虽然希尔伯特发觉皮卡的发音很难听懂，他还是按时去听他的课。"无论是讲课或是交谈，他给人的印象总是精力充沛又相当自信。"

有一些著名的数学家却让人大失所望。"说起博内（O. Bonnet）——找他

---

* 索邦（Sorbonne）：是巴黎大学的一部分，整个文学院与理学院的所在地。——译注

确实费了我们好大的周折——坏运气打发我们到过三处不同的房子去找——可是,我们原想从这样一位老数学家那里聆听的指教却一无所有,真有点得不偿失。显然,他已不再关心数学。"

希尔伯特和斯塔迪参加(法国)数学会的会议,他们希望结识一些年轻的——至少是比较年轻的——数学家:"理由之一,是为了不至于总是跟那些对我们来说是如此之伟大、如高塔般俯视我们的人打交道。"希尔伯特发现,在他们见到过的年轻人中间,莫利斯·杜甘(Maurice d'Ocagne)特别突出,"因为他殷勤可亲、平易近人"。在数学会的聚会期间,杜甘谈到了他对一个定理的证明,希尔伯特看出可以草拟一个更为直截了当的证明。"在阿尔芬的支持下,我鼓起勇气,指出了这种证明方法。"杜甘请希尔伯特把证明写下来,并表示如果希尔伯特想在《汇报》(*Comptes Rendus*)上发表的话,他乐于帮他修改法文。"可是我不想这么干。因为无论是定理本身还是它的证明,我认为其重要性都不足以要登在《汇报》上。"

"说到庞加莱发表文章,"克莱因用这样的联系来发议论,"我总有这样的印象,即使并没有什么新结果,他也总是想要发表点什么。你能证实这一点吗?你有没有在巴黎听到过人们持有同样的看法?"

在法国数学家中间,对希尔伯特最有吸引力的是埃尔米特(C. Hermite):

"对我们迅速的回访,表现了他那众所周知的礼貌,不仅如此,他还非常友好……在没有课的时候,整个早上都跟我在一起度过。"

年轻的德国人作了第二次拜访。埃尔米特比起他们来似乎是很老了——他已经64岁——"但是极其亲切和好客"。他谈了他的二次型互反律,并鼓励他们把它推广到三次型。事实上,大部分谈话都是关于不变量的。埃尔米特知道,他的年轻客人最关心这个课题。他把他们的注意力引导到这个理论中最著名的、但仍悬而未决的问题上——那就是因克莱因在埃朗根的朋友戈丹之故而得名的"戈丹问题"——并详细讲述了他和西尔维斯特之间的通信,其中涉及后者为解决这个问题而做的努力。

"埃尔米特谈论其他非科学主题的方式说明,在他那年老的心中保持着青

第四章 巴黎(1886)

春的活力。"希尔伯特给克莱因的信中对此倍加赞美。

正当希尔伯特在巴黎进行着这些启人思绪的社交活动时,闵可夫斯基还在柯尼斯堡当兵。"圣诞节除夕,我一直在零下六七摄氏度的气温下站岗,人家忘了来换班……"不过,他希望不久就能"和数学少妇重温旧谊",他还乞求了解他的朋友在"敌人的领土"上偶遇的一切新闻,哪怕是最最粗略的也好。

"假如大人物中的一个,若尔当或埃尔米特,还记得我的话,请代我向他致以最好的问候。并千万说明,我的懒惰大都是环境所逼,并非全是我的本性。"

在巴黎,希尔伯特一门心思扑在数学上。写给克莱因的信里,他除了提到过想去访问天文台之外,没有一处记录过观光旅行。在为了讨论数学而进行的拜访和听课之余,他用漂亮的书法,编辑和抄写他为取得讲师资格而写的论文,这件工作进展得很顺利。

1886年4月底,斯塔迪返回德国并亲自向克莱因报告了在巴黎的活动。

"关于数学方面的情况,没有我所期望的那样多,"克莱因怀着不大满意的口气写信给希尔伯特。接着,他像连珠炮似地讲出了一大串问题和评论,这些都是他在浏览最近出版的大部分《汇报》时想到的:"斯佩尔(Sparre)是谁?所谓的M.斯佩尔定理在慕尼黑的一篇论文里已经有了(我想是在1878年)。斯蒂尔切斯(Stieltjes)是谁?我对这个人有点兴趣。我偶然见到过洪贝特(Humbert)早期的一篇文章——假如你能核对一下他的这项工作(也许,经由阿尔芬?)是否具有独创性并为我了解稍多一点有关他人品的材料,那将会是很有意思的事。很奇怪,仿照韦罗内塞-塞格雷(Veronese-Segré)风格的几何再次时兴起来了……"信中的语言比克莱因同时给两个年轻人写信时亲昵多了。"一刻也不要忘记,"他告诫希尔伯特,"机不可失,时不再来。"

克莱因的这封信寄到巴黎时,希尔伯特的身体很弱,整整一个月,他的日子都很不好过。医生诊断说是患了水土不服症,"而我认为是硫酸引起的极度胃中毒。在这儿,一个人总要喝到这种东西,它掺杂在一种很淡薄、颜色青白的葡萄酒里面。"访客停止了,抄写论文的事也不得不往后推延。他只能拖着沉重的脚步去听课和开会。"当人体的器官不协调时,什么都得中止……"

他可能也一直有点思乡病。

6月底,在回柯尼斯堡的路上,他愉快而又热情洋溢。他在格丁根停留,向克莱因汇报了在巴黎的经历。这是他第一次访问这所大学,他发现自己被这座小城和它周围丘陵起伏的漂亮原野迷住了,这里跟熙攘忙乱的柯尼斯堡和它郊外的一片平原牧场是多么不同呀!在柏林,他下了车并"走访了所有和数学有点瓜葛的地方"。甚至去找了让人望而生畏的利奥波德·克罗内克(Leopold Kronecker)。

克罗内克很瘦小,身高几乎不到1.5米。他曾经如此成功地经营了家庭的商业买卖和农事,致使他有可能在30岁时就退休而把余生献给自己的嗜好——数学。作为柏林科学院的一名成员,他利用合法的特权一直在柏林大学讲课。现在,他已经63岁,而仅仅是在不久以前——即库默尔退休之后,他才升任为正教授。

克罗内克做出过十分重要的贡献,特别是在高等代数方面,不过,有一次他说过,他花在思考哲学问题上的时间比搞数学的时间多。目前,他正大声疾呼,对大部分当代数学之基础的坚固性表示怀疑,搅得他的数学同事特别是德国的数学家们不得安宁。他主要关心的是算术连续统——分析学的基础。连续统指的是实数全体,包括整数——正数和负数、分数(或有理数)以及无理数,它为一条直线上的每一个点,给数学家提供了唯一的一个数与之对应。长期以来,数学中虽然一直在使用实数,但是,精确和严格地阐明它的性质只是近一个世纪的事,那是在柯西和波尔查诺(B. Bolzano)以及更近期的康托尔和戴德金的工作中给出的。

这种新的形式体系没能使克罗内克感到满意。他提出争辩的论点是:在数学上没有什么东西能被说成是存在的,除非它能够用有限个正整数实际构造出来。因此,照他的观点,一般的分数是存在的,因为它可以表成二个正整数的比,可是像 π 这样的无理数是不存在的——因为它只能用分数的无穷级数来表示。有一次,跟林德曼讨论证明 π 的超越性时,克罗内克反对道:"你那个关于 π 的漂亮研究有什么用呢?无理数根本就不存在,你为什么要研究这种问题?"那时候,他还没有讲出那句名言:"上帝创造了自然数,其余的一切才是人做的工作,"不过,他已经相当自信地谈论着一个新的计划:将数学"算术化",并从数学中清除一切"非构造"的概念。"假如我不能做这件事,"他说,"追随我的人将会去实行!"

克罗内克纵然有许多值得赞美的品质,但是他攻击起那些他在数学上反对的人来一直是刻薄而又是针对个人的。("事实上,"闵可夫斯基在给希尔伯特的一封信中回忆道,"就是我在柏林的时候,也没听到过对克罗内克有多少好评。")德高望重的老魏尔斯特拉斯,差点儿让克罗内克弄得老泪横流,因为克罗内克宣称:"目前所谓的分析学研究赖以进行的全部结果统统是不正确的。"容易激动和神经过敏的康托尔,经不起克罗内克对集合论的攻击,身体完全垮了,不得不到一所精神病院寻求避难。

有人曾提醒过希尔伯特:不要指望会受到克罗内克的欢迎。这一次却出人意料,他受到了——他写信告诉克莱因说——"非常友好的对待"。

回到柯尼斯堡以后,他定下心来做那件将决定他有无讲课资格的重要工作。他已准备好了一篇比博士论文更为抱负不凡的文章,内容仍然是关于不变量的。后来,有一位数学家认为——他在学生时代"一字一行"地研究过希尔伯特的这件工作——这篇论文的头开得很不成功:"他开始宣称这里有着最重要的观点,而下文只不过像一根烧完的火柴,并没有真货……我总是很惊讶,希尔伯特在一个研究方向转了那么多年却没有什么进展,也许这是因为他所持的观点过于形式了;而这种思想的由来可能部分地要归咎于和斯塔迪的交往。"

指望获得讲课资格的人,除了提供一篇文章之外还必须试讲一堂课,讲课题目由教授从他提供选择的课目中选定。希尔伯特打算讲"最一般的周期函数"和"群的概念"。教授会选中了第一题,这恰好是他本人所喜欢的。有关的每一个人对这堂课都很满意,学术考核顺利通过。1886年7月8日,希尔伯特能够写信告诉克莱因了:"你在上一封信里称呼我时用的不适当的头衔,现在已经正式属于我了。"

早些时候，希尔伯特和克莱因之间曾讨论过：希尔伯特在柯尼斯堡教书到底是否适当！东普鲁士首府远处数学活动圈子的外围，没几个学生愿意到那么远的地方去学数学。事实上，学生之少使得林德曼不得不拒绝闵可夫斯基在离开军队之后想到柯尼斯堡来教书的请求。

"不过，最终我对自己决定留在柯尼斯堡感到满意和欣慰，"希尔伯特写信给克莱因，"和林德曼教授，当然首先是和赫维茨经常的交往，就我的切身利益而言正好是重要的，对我是一种激励。柯尼斯堡由于偏远带来的弊病，我希望能在明年再作几次旅行来克服，也许，我将开始和戈丹先生会面……"

人的一生中，20岁到30岁是最富于科学创造力的黄金时期，对希尔伯特来说，它差不多已经过去了一半！

第五章
戈 丹 问 题
（1886—1892）

希尔伯特果断地决定，作为一名讲师，他所选择的课目除了教育学生，也要教育自己。跟许多讲师不同，他还决定不教重复的课。同时，在每天去苹果树散步的那段时间，他和赫维茨为他们自己确立了一个目标："系统地勘查"数学。

第一学期，他准备教不变量理论、行列式论和流体动力学。最后一门课是闵可夫斯基建议他开的，闵可夫斯基当时正在波恩为取得讲师资格而奋斗，并对数学物理颇感兴趣。可是，没有多少人有幸趁此最早的机会去听希尔伯特的课。只有选听他的不变量理论课的学生数目达到了学校规定的开班标准。"学生就这么些，可是有11个讲师都要指靠他们，"希尔伯特向闵可夫斯基忿忿地抱怨道。为了纪念他的这个新职位，他照了一张标准像，从照片上看到的是一个戴眼镜的年轻人，胡子有点零乱，头发已变稀疏，神态看起来就好像他正在追求着什么。

在波恩，闵可夫斯基有他自己的麻烦事。他找不到一个意气相投的讲师，而那位数学教授一直在生病。"别人不在倒无所谓，他缺席就不一样了。他是我在这里唯一能请教数学问题的人，或者说，我多少还能跟他讨论讨论数学问题。"总之，只要一有机会，他就会返回柯尼斯堡，重新加入希尔伯特和赫维茨每天去散步的行列。

在这些年中，希尔伯特和闵可夫斯基的友谊加深了。暑假里，闵可夫斯基是劳兴镇上的常客。有一次从劳兴镇回来，他收到了希尔伯特的一幅照片。回信时他写道："假如不是看到您照片上庄重和高贵的仪态，那么，今夏我们短暂会面时，您在劳兴穿的那套旅装和梳的发型，定会使我觉得您是个很洋气的人。"他还若有所思地加了一句："我们之间的关系虽已如此亲密，但终究还没能互相做到袒怀相见，这使我相当吃惊。"

他们通信时继续互相使用着拘泥礼节的称呼："您"，但当希尔伯特把他发表的第一篇文章（就是早一年克莱因提交给莱比锡科学院的那篇）的抽印本寄给闵可夫斯基时，他在上面写的题赠是"作者献给他最亲密的朋友和同事"。

做讲师的第一年，希尔伯特没有出外旅行，过去，他一直很乐观地计划做这种旅行，以弥补柯尼斯堡给他带来的偏僻感。这段在家乡城市度过的"安稳"日子，将作为他"慢慢成长"的岁月留在他的记忆中间。第二学期，他讲授了第一学期想开而没能开的课：行列式论和流体动力学。他还开始计划讲球面调和函数以及数值方程。尽管讲课的题目不断变化，他自己发表的工作仍然全是关于代数不变量的；不过，他也关心着其他领域当前所讨论的问题。

1888 年开始的时候，他终于感到诸事俱备，可以去进行那期待已久的旅行了。他选好的旅行路线，使他能顺路访问 21 位杰出的数学家。3 月份他出发了。在给闵可夫斯基的信中，他开玩笑地把自己叫做"熟习不变量理论的封臣"。现在，他首先要去埃朗根："不变量之王"在那儿接受觐见。

保罗·戈丹在当时的数学家中间是很突出的人物。他比希尔伯特大 25 岁，很晚才从事科学事业。他的父亲是个商人，虽然认识到儿子有非凡的计算能力，但久久不承认他的数学才能。戈丹的片面和任性，在数学史上留下了消极的印痕，不过，他聪慧机敏，很重友谊，对年轻人犹如父兄。散步是他生命的要素。当他独自一人散步时，总是心里做着长长的计算，嘴上不停地大声嘟囔着。当和别人一起时，他也总是说个不停。他常常喜欢"小憩"，那时就要到一爿咖啡馆里坐坐，著名的埃朗根啤酒在面前的啤酒壶里冒着泡沫，周围是一群年轻人，他手里总是夹着一支雪茄，挥动着胳膊做着手势，继续大声地交谈着，

第五章 戈丹问题(1886—1892)

完全忘记了周围的环境。几乎所有的时间,他都在谈论代数不变量理论。

戈丹搞这个理论的时候,正值这一理论进到了一个新的发展水平,这是戈丹的好运气。这个理论发展的初期,是去确立不变量结构所服从的规律;其次一个被关心的问题是不变量的有规则的产生和枚举,这就是戈丹研究的内容。有时候,他写出的一篇文章全是公式,竟长达 20 页。"公式对于他的想法、他的结论和他的表达方式的形成都是必不可少的,"后来有一位朋友这样评论他。不管怎么说,戈丹在发明和使用形式代数方法方面的能力是不容忽视的。他以突破一个著名的不变量问题开始了他的科学生涯,因此荣获了不变量之王的头衔。为了纪念他,一个更一般的、仍未解决的、目前成为该理论中最著名的问题,被命名为"戈丹问题"。在巴黎,埃尔米特同希尔伯特以及斯塔迪讨论的正是这一问题。

多少世纪前代数是从"解出 x"发端的,而今,"戈丹问题"跟"解出 x"相比,已经面目全非了。这是一个精致的"纯粹数学"问题,它不是由物理世界提出而是从数学本身产生的。到那时,所有不变形式的内部结构已经搞清楚。尽管还有某种程度的含糊和烦琐之处,但人们能够写出并计算指定阶数和次数的各式各样的不变形式,至少在原则上是如此。接下去就产生了一个性质完全不同的问题,它涉及全体不变量。问:是否存在一组基(即一组个数有限的不变量),使得其他所有的不变量(尽管它们的个数有无穷多)都能够用这组基的有理整形式表出?

戈丹的重大成就是证明了二次型(一种最简单的代数形式)存在一组有限基,这件工作正好是在他和希尔伯特会面的 20 年前完成的。从特质上看,他的证明是一种计算的证明,以某些能导出不变量的初等运算的性质为依据。今天,它已被当作"粗糙的计算"而撇在一边;不过,在不变量理论的发展史上,它曾是一个高峰。要知道,经过英国、德国、法国和意大利的数学家们 20 年的努力,竟没有人能把戈丹的证明推广到比二次型更复杂的代数形式上去,虽然在某些特殊的情形下,已经知道戈丹定理的结果是对的。1868 年确立起来的这个光荣还没有受到过挑战。恰好在希尔伯特到达埃朗根之前,戈丹发表了他的"不变量理论讲义"的第二部分,主要用来"详细解释并以有意义的例子说明"(这是当时的一位作家所指出的)他以前所证明的定理。

一段时期以来,希尔伯特已经熟悉了戈丹问题。现在,听了戈丹本人的讲述,他似乎体验到了一种过去从未有过的新的境界。这个问题唤起了他那几乎不可思议的完美想象力。

正如希尔伯特本人后来所列举的那样,一个重大的富有成效的数学问题应具备下述的每一个特点:

清晰性和易懂性("因为清楚、易于理解的问题能吸引人的兴趣,而复杂的问题使人望而却步")。

困难的("这才能引诱我们去搞它")而又不是完全无从下手解决的("免得我们劳而无功")。

意义重大("在通向那隐藏着的真理的曲折路径上,它是一盏指路明灯")。

这个问题使他锲而不舍、怎么也放不下手。他离开了戈丹,但是戈丹问题陪伴着他上了火车,北上格丁根去访问克莱因和许瓦尔茨(H. A. Schwarz)。在离开格丁根之前,他针对戈丹关于二次型的那个定理的著名证明,给出了一个更短、更简单也更直接的证明。根据当时一个美国数学家的说法,"当知道那煞费苦心得来的过去一直流行的戈丹定理的证明,能够用另一个占不满四开本四页纸的证明所代替,确实令人愉快而惊讶!"

希尔伯特离开格丁根,继续向北到了柏林,去访问在柏林大学当教授的拉佐鲁什·富克斯,还有亥姆霍兹,以及最近退休的魏尔斯特拉斯。然后他又重访了克罗内克。希尔伯特大大称道了克罗内克的数学工作,不过,他发现这位老人对数学存在的本质的独断专横的态度令人不快。眼下,他和克罗内克讨论进一步研究不变量理论的计划。但这似乎并没引起克罗内克多大的关注。克罗内克引证了自己的一项工作,并且说(希尔伯特记道),"我关于这个课题的研究都在这里面。"相反,大量的时间他们都在讨论克罗内克的关于什么东西构成数学实体的思想和他反对魏尔斯特拉斯使用无理数的问题。"相等仅仅是 $2=2$……只有离散的和单个的事物才有意义。"希尔伯特在一个小本子里记道。这个本子里记录了他拜访的数学家们的谈话。希尔伯特心里很看重这次和克罗内克的交谈,因为他花了本子里整整四页纸来记录它,而其他被访问的数学家的谈话记录,包括戈丹的,都没有超过一页。

他告别了克罗内克,心里还在考虑着戈丹问题。

回到柯尼斯堡之后,这个问题占据了他的整个身心,无论是在工作还是在娱乐,甚至在跳舞的时候——他喜欢参加舞会——他都在思考着它。8月,按老习惯他又到了劳兴镇;1888年9月6日,他从劳兴镇寄出一份短短的注记,寄给格丁根科学会的《通讯》。在这篇注记中,他完全出人意料地开辟出一条全新的路径,表明如何用统一的方法对任意个变数的代数形式建立起戈丹定理。

谁也没料到,居然会宣布这个著名的老问题已获解决。所以,最初的反映几乎是完全不相信这项结果。

自从戈丹自己解决了最简单的情形以来,寻求解答一般问题的人在本质上都遵循着同样的道路。戈丹曾如此成功地运用了精巧的算法工具,他们也采用了同类的方法。可是,对于多个变量和复杂变换群的情形,想利用这种手段变得出奇困难。在《年鉴》上,整页纸登不下一个单独的式子已经司空见惯。后来有一位数学家解释说:"只有描述月亮运动的公式才能和它们媲美!"当时的气氛确实被绝对形式主义笼罩着,到那时为止所有的研究者一直使用那种形式主义方法,他们也都发现这种方法不能奏效;希尔伯特想到,要获得预期的证明,唯一的办法是选择一条完全不同于过去的途径。他把全部精巧的工具搁置一边,从本质上改变了问题的提法:

"假如给定了无穷多个包含有限个变量的一组代数形式系,问在什么条件下,存在一组个数有限的代数形式系,使得所有其他的形式可以表成它们的线性组合,系数是原来那些变量的有理整函数?"

他最终得到的答案是:这样的形式系总是存在的。

这个轰动世间的关于不变量系有限基存在性的证明,其基础是一条引理,或者说一个辅助定理,即关于模的有限基的存在性。"模"是希尔伯特在研究克罗内克的工作时得到的数学概念。这条引理如此简单,看起来极其平凡。而戈丹一般性定理的证明又可以从它直接导出。这件工作是体现希尔伯特思想之精神实质的第一个例子——他的一个学生把它说成是"一种自然的朴素思想,并非来自权威或过去的经验"。

12月,戈丹定理的证明出版了,希尔伯特火速给阿瑟·凯莱寄了一份。半个世纪前,凯莱给这个理论奠定了基础("代数不变量理论的产生",后来有一位数学家写道,"多少有点像智慧女神的出世:一个成熟的处女,全身披挂着光芒四射的代数盔甲,从凯莱那威风凛凛的脑袋里蹦了出来。她的雅典——那是她作为仁慈的守护女神统治和服务的地方——是射影几何。她生来就献身于这样的事业:所有的射影坐标系都被创造成是相等的……")。

"亲爱的先生,"1889年1月15日,凯莱从剑桥彬彬有礼地回信给希尔伯特,"我非常感谢你寄来的文章……我觉得你的思想有最重要的价值,它应该得出关于不变量的那个定理的一个证明,不过,至今我还没有能够确实弄懂你所得到的这样好的证明。"

接着,他收到了希尔伯特寄来的两封解释信,到1月30日,他已经在祝贺这位年轻的德国人了:"我原来的困难是一种先验的想法造成的,我原想,同样的方法也应适用于半不变量,而这一点似乎办不到,现在我完全明白了……我想你已经解决了这个重大问题。"

希尔伯特解决戈丹问题的办法非常像亚历山大解开难解的果底亚斯结。

在果底姆(普卢塔克告诉我们)他看到了那辆著名的战车,有一根用山茱萸树皮编成的绳索牢牢地捆在上面,按当地居民的习俗,无论是谁想取得那保留着的世界帝位,就应该把绳结解开。大多数作家讲过这么一个故事,亚历山大发现自己无法解开这个结,因为绳结缠绕盘转,绳头又包折进去隐匿在结的里面,于是他拔出宝剑将它砍为两段。不过,阿里斯托布卢斯告诉我们,他能够轻而易举地解开它,只消拔去辕杆——劲箍就捆在上面——上的销针,然后把劲箍从下面拉出来,结就自然能解开了。

第五章 戈丹问题(1886—1892)

为了证明不变系的基的有限性,实际上并不需要像戈丹和所有其他人一直试图做的那样,把它们构造出来,甚至不必说明如何去构造它们。所需做的一切就是从逻辑的必然性方面去证明有限基必定存在,因为任何别的结论都会导出矛盾——这正是希尔伯特所做的。

一些数学家的反映,就像夫利基阿人对亚历山大"打开"那个结所必然采取的态度一样,他们完全不相信他已经把它解开了。希尔伯特既没有给出基本身,甚至连构造基的方法也没有。实际上,他关于戈丹问题的证明,不能用来造出哪怕是最简单的代数形式的不变系的有限基。

林德曼断定,他的年轻同事的方法"unheimlich"——令人不快、有害、古怪。唯有克莱因似乎认识到了这件工作的威力——"非常简单,在逻辑上是不可抗拒的"——就是在这个时候,他做出了决定:一有机会就要让希尔伯特到格丁根来。戈丹本人则大声疾呼:

"Das ist nicht Mathematik, Das ist Theologie."* 在他自己的数学工作所激起的波澜已经平息了许久之后,他的吼声又一次在数学界中引起回响。

克罗内克曾挑起了一场关于数学存在的本质的争论,在这场辩论中,希尔伯特现在公开了自己的立场。克罗内克坚持认为,没有构造就不能算存在。他跟戈丹一样,认为希尔伯特对不变系的基的有限性的证明根本谈不上是数学。希尔伯特跟他们完全不一样,他一生始终坚持这样的观点:只要能证明附于一个概念的属性绝不会引出矛盾,那么自然就确立了这个概念在数学上是存在的。

撇开哲学上的差异不管,希尔伯特在当时深受克罗内克数学思想的影响——事实上,后来的人们认为,他在不变量方面工作的基本意义就在于把算术方法应用于代数问题。希尔伯特每出版一篇文章都要寄给克罗内克,尽管如此,克罗内克还是忿忿地对闵可夫斯基说,如果希尔伯特不送文章给他,他也将停止给希尔伯特寄文章。希尔伯特即刻写了一封信给他,信写得很拘礼

---

* "这不是数学,这是神学。"——译注

仪,既怀敬意又很坚定:

"我准确地记得,我寄送文章的登记目录也表明:每当我的文章一发表,就冒昧地立刻寄上一份给您,毫无例外;对于近来寄出的一些文章,您还在寄给我的明信片上表示过谢意。另一方面,最受尊敬的教授,您的文章的重印本从来没有作为礼物给过我。而一年前,当我有幸拜访您的时候,您曾提到过将选一些您的文章寄给我。情况就是这样。所以,我相信一定是发生了某种误会,恕我在这里花费笔墨以便尽可能快地肯定地消除它。"

然后,在一些句子下面打上横道,努力表明这样的思想,他上面写的那些话,完全是为了说明情况,不应作其他解释:不是责备,只是解释。在信的末尾,他简单地签了个名,"大卫·希尔伯特谨上"。

接下去的两年里面,希尔伯特仍旧只是个讲师,他投了另外两篇稿子给《通讯》;1890 年,他把他写的关于代数形式的文章连贯成统一的整体寄给了《年鉴》。到这个时候,人们才普遍地认识到并接受了希尔伯特的工作所产生的革命性影响。戈丹给出了希尔伯特的一个定理的另一种证法,他向这位年轻人表示了敬意——希尔伯特先生的证明是"完全正确的",他写道,"如果不是希尔伯特先生在不变量理论中利用了由戴德金、克罗内克和韦伯在数学的其他领域中所发展起来的概念,"他自己的证明是无论如何也不可能得到的。

正当希尔伯特如此缠身于纯粹数学中最纯粹的课题时,闵可夫斯基却正在愈来愈远离纯数学。刚刚 31 岁的海因里希·赫兹(Heinrich Hertz)——他在两年前发现了由麦克斯韦从理论上论定的电磁波,最近成了波恩的物理学教授。闵可夫斯基一边抱怨他的同事中间"连一个半路出家的普通数学家都没有",同时却发现赫兹和物理对他的吸引力越来越大。在圣诞节,他写道——一反他过去的老习惯——他将不回柯尼斯堡度假:

"我不知道是否需要给你安慰,因为从今以后你会发现我彻底地被物理学感染上了。也许,为了数学的纯粹和非应用性,在你和赫维茨再次允许我参加你们的散步前,我必须先度过 10 天的隔离期。"

另一次,他写道:

第五章 戈丹问题(1886—1892)

"现在,我几乎完全是在物理的海洋中尽情畅游,这样做的理由是因为,在现时纯粹数学家们的极乐世界中,唯有我还有一颗多情善感的凡心。所以,这一段时间里,"他解释说,"为了和其他的生灵有些共同之点,我任由神奇的魔术——这是指物理——去摆布。在物理研究所,我有自己做实验的时间;在家里,我研究汤姆孙、亥姆霍兹和伙伴们的工作。从下周末起,一星期中有几天时间我甚至要穿上蓝工作服,在一个研究所里制造物理仪器,当一名技师,要多实际就有多实际!"

两个人科学志趣的分离,并没有影响友谊;事实上,正是在这个时候,这两个年轻人在通信时用的称呼发生了意义重大的转折,再不正式互称"您",而是用亲昵的"你"了。

当讲师的日子似乎在无止境地延长。来往的信件很多都涉及提升的可能性。1891年,闵可夫斯基写道,他被告知可能会推荐他到达姆斯塔特去担任一个职位。"可是这不过是一线希望之光,希望之光是慷慨大方的,很容易一直照到你白头到老。"同一年,显然是得到了大学的特殊允许,希尔伯特开了一个只有一名学生的班,讲授解析函数;这个学生是个美国人,从巴尔的摩来,比起年轻的老师来多少要年长几岁,不过照希尔伯特的意见,他"非常精明,有着不寻常的兴趣"。这就是费比恩·富兰克林(Fabian Franklin),一位研究不变量理论的重要人物,西尔维斯特在约翰斯·霍普金斯大学的继承人。

因为柯尼斯堡没有几个学数学的学生,所以,希尔伯特既参加数学家的会议,也参加自然科学家的聚会。不过,在柯尼斯堡,意气相投的年轻人出奇多。魏恰特,也是个讲师。最近他跟一个叫阿诺德·索末菲的学生一起,正在设计谐波分析仪。魏恰特和索末菲两人后来成了电动力学理论方面的名家。但是,当"小索末菲"听到希尔伯特讲的理想论的课之后,他确信自己的兴趣完全和最纯粹、最抽象的数学联在一起。他后来解释说:"这已经很清楚了,是一种特殊的精神在起作用。"

这儿有许多令人愉快的社交生活。希尔伯特是个快活的年轻人,据一位亲戚说,他还享有"不知疲倦的舞蹈家"和"使人着魔的人"的盛名。他无拘无束,结交了许多女孩子。他最喜欢的舞伴是克特·耶罗施(Käthe Jerosch),一个柯尼斯堡商人的女儿,这位年轻女士性情率直、独立不羁,跟希尔伯特恰是天生的一对。

即使完成了1890年的那件工作,戈丹问题还萦怀他的心中。作为一名数学家,比起存在性证明来他还是更喜欢有一个实际的构造。正如有个数学家说的那样,"证明某类对象的存在性有两种办法,一是构造出这种对象的看得见摸得着的例子,一是去证明假如这种对象不存在就必然推出矛盾。两者之间有着本质的差别。在第一种情形,你有了一个有形的对象,而在第二种情形,你有的仅仅是矛盾。"为了老克罗内克、戈丹和其他人,他也一直乐于用构造性的方法来证明不变系之基的有限性。此刻,手头上却一点办法也没有。

在其后的两年间,他的工作开始发生了变化。代数数域的思想浇灌了他的心田。这回,又是克罗内克的思想起了重要的作用。希尔伯特终于在这里发现了他一直在寻找着的强有力的新工具。1892年,他在一项关键性的工作中,讨论的正是为在实际上导出不变量的完全系(其他所有的不变量都能够用它们表出)所必须解决的问题。利用他早些时候证明的一条定理作为基础,他能够得到一个在本质上是有限的工具,用它来实现那长久寻找中的构造方法。

虽然希尔伯特不是第一个使用间接的、非构造性证明的人,但他是第一个认识到它们的深刻意义和价值、并以极端漂亮和动人的方式运用它们的人。克罗内克不久前去世了,但是,对那些像克罗内克一样,宣布除了能实际说明所论对象确实存在外、存在性证明都是毫无意义的人,希尔伯特总是给以这样的回答:

"纯粹的存在性证明之价值恰恰在于,通过它们就可以不必去考虑个别的构造,而且各种不同的构造包摄于同一个基本思想之下,使得对证明来说是最本质的东西清楚地突显出来;达到思想的简洁和经济,就是存在性证明生存的理由……禁止存在性证明……等于废弃了数学科学。"

现在,通过一个存在性证明,希尔伯特已经能够得到一个构造。他的这个成就以无法估计的力量,激励人们去使用存在性方法。

第五章　戈丹问题(1886—1892)

闵可夫斯基高兴极了：

"我早就清楚，由你来解决掉这个老的不变量问题，只是个时间问题——就像是'i'上只缺那个点，但是，它竟如此出奇地一下子被解决了，真使我非常高兴，让我祝贺你。"

他的文学灵感腾空翱翔，他琢磨出一个比喻。希尔伯特的第一个存在性证明，也许产生了一阵烟雾，遮掩了戈丹的眼睛；现在，希尔伯特找到了一种无烟火药。强盗王们——戈丹和其余的人——的城堡已被夷为平地，而且有着再也无法重建的危险。如果希尔伯特能把这块人们想要重建的领地上的材料收集在一起，无疑对他的数学家伙伴是一种帮助。不过，希尔伯特也许不想花费时日来做这件事。还有许许多多别的他能胜任的事情要做呢！

戈丹优雅地退让了。

"我自己一直确信，神学也有它的价值。"

当克莱因前往芝加哥，参加为纪念芝加哥大学建校而举行的"国际数学大会"时，他带去了希尔伯特的一篇文章。文章中，那个年轻人根据事实总结了不变量理论的历史以及他在其中做的工作：

"一门数学理论发展的历史，很容易分为三个阶段：朴素的、形式的和批判的时期。就代数不变量理论而言，它的创立者凯莱和西尔维斯特是朴素时期的代表：在引出最简单的不变量概念并漂亮地应用于解决低次方程的过程中，他们体验了发现新事物的喜悦。发明符号演算并加以完善化的是克莱布什(A. Clebsch)和戈丹，他们是第二个时期的优胜者。我上面列出的定理则反映了批判时期的表达方式……"

他所指出的那些定理是他自己的。

对于现在连副教授都不是的一个年轻数学家来说，这种讲法是相当失礼的，不过它确实包藏着真理。凯莱和西尔维斯特两人都还健在，一位在剑桥，另一位在牛津。克莱布什已经去世，而戈丹则是当时最杰出的数学家之一。突然，在1892年，希尔伯特用他的结果结束了从凯莱开始并一直被人们讨论着的不变量理论。后来的一位数学家写道："整个理论的呼吸停止了。"

随着解决戈丹问题,希尔伯特认识了自己,也找到了他的方法——钻研单个的重要问题,解决这个问题的意义将远远超出问题本身。现在,某些完全没有预料到的事情发生了。最初引起他兴趣的问题已经被解决,而他获得的是解放。

他以这样的词句,结束他最近写的一篇关于不变量的文章:"我相信,由不变量衍生出的函数域理论中最重要的目标已经达到。"在给闵可夫斯基的信中,他更斩钉截铁地宣布:"我将坚决地离开不变量领域。"

第六章
转　　变
（1892—1895）

紧接着的三年间，希尔伯特在学术界的地位上升了，他做了大多数年轻人在这种年纪要做的一切事情：结婚、生孩子、接受重要的任命，他还做了一项决定，这项决定改变了他生活的进程。

这一系列接踵而来的事件，由克罗内克的去世所催生，继而被德国各大学中争夺"数学交椅"的比赛所推动。突然之间，经济拮据的讲师生活似乎有了到头的日子。闵可夫斯基在柏林访问了负责大学事务的弗里德里克·阿尔道夫（Friedrich Althoff），他预告了这样的消息：

"阿尔道夫说……下面的人应该获得有薪金的副教授职位：你，我，埃伯哈德（Eberhard）和斯塔迪。我没有忽略向阿尔道夫说明你是数学方面的后起之秀……至于斯塔迪，凭良心我只能称赞他的细心和他的勤奋。阿尔道夫对你和埃伯哈德非常看重。"

几乎是同时，在柯尼斯堡当了 8 年副教授的赫维茨接受了苏黎世瑞士联邦技术学院正教授的提名。这意味着那日复一日的数学散步就要结束，但却为希尔伯特打开了希望之门：接替赫维茨的位置。

"经过这个事变，"闵可夫斯基情深脉脉地写道，"将会把你从极度的悲观中解脱出来，这样，别人才敢再次向你大胆地讲句朋友的祝福话。希望在几个星期之内，讲师病终将痊愈。你瞧——春天和夏天终于来了。"

6月,赫维茨和一位医学教授的女儿艾达·塞缪尔斯(Ida Samuels)结为夫妇。前不久,希尔伯特也跟克特·耶罗施订了婚;在赫维茨的婚礼过后,他对提级速度之慢越来越沉不住气了。最后,到了8月,教授会才一致决议:由他接任赫维茨的位置。他在把这个晋级的消息告知闵可夫斯基时,同时宣布了他举行婚礼的日期。

闵可夫斯基高兴地回信向他道贺:"现在,你想必明白过来了,占据着决定性位置的那些人是诚心倾向于你的。因此,你未来的前途棒极了。"

希尔伯特和耶罗施家族有亲戚关系。从一开始,普遍的看法都认为希尔伯特为自己找到了一个理想的配偶。"她是个完人,正直、坚强又贤惠,"希尔伯特最早的学生之一这样描写克特,"始终如一地和她丈夫站在一起,既体贴又直率,还总有独创的见解。"

有一帧大约就在这时候照的相片留下了这对年轻夫妇的身影。他30岁,她28岁。他们的样子很相像,个子差不多一样高,嘴宽而有棱角,鼻子的轮廓鲜明,目光锐利,凝视着前方。希尔伯特的头似乎比较小。他的下巴上蓄了胡子,前面的头发已经脱落,显出那十分引人注目的学者的宽阔前额。克特长得既不漂亮也不凡俗,相貌匀称,不过,她似乎并不十分关心自己的外表。她的黑头发从中间分开,然后非常整齐地向后梳,在头顶上打了一个朝向后面的纂儿。

1892年10月12日,希尔伯特和克特结了婚。

("你所感受到的心境舒畅,一定会在你的科学工作中获得报偿,"闵可夫斯基写道,"我期待着另一项伟大的发现。")

差不多是同时,希尔伯特在柯尼斯堡承继了赫维茨的位置,闵可夫斯基则在波恩接受了副教授之职。他曾希望到别的地方去,但是阿尔道夫告诉他:"你最好还是留在波恩。"到这时候,疾病已经把海因里希·赫兹摧垮了,不久又夺去了他刚刚37岁的生命在此之前,闵可夫斯基对物理的兴趣已经减退;他又回到了最初所热爱的数论研究。不过,后来他曾对希尔伯特说过,如果"爸爸"赫兹还活着,他也许会变成一个物理学家而不是数学家。

第六章 转变(1892—1895)

闵可夫斯基用几何方法研究数论,他的目标是用几何图形来表达有理数的代数猜想。这种方法常常使证明变得更加显然。他全神贯注于写一本有关这个新课题的著作。给希尔伯特的信里面,处处显出他对如何表述他的原始想法的挂虑。在书出版前,一切都必须搞得"一清二楚"。虽然他称庞加莱是"世界上最伟大的数学家",他告诉希尔伯特,"我却不能像庞加莱那样出版自己的东西。"

为了写书,闵可夫斯基连假期也不能经常到柯尼斯堡来。赫维茨现也已经离去,希尔伯特抱怨找不到人谈数学。"比起你来,我的处境更加令人不快,"闵可夫斯基提醒他,"正像柯尼斯堡与世隔绝一样,波恩与一切其他的数学家隔绝着。这儿只有一个搞纯数学的因纽特人!"

到了新的一年(1893)开始时,闵可夫斯基比较高兴了。那本书写完了一半,而且得到了埃尔米特的称赞,希尔伯特发现埃尔米特的赞语非常动人。

"你把我过去的研究工作称作你那极端出色的成就的出发点,真是太客气了。"这位年老的法国人写信给闵可夫斯基,"你已经远远地超过了它们,现在,它们除给你提供了你所选择来从事研究的方向之外,已别无其他价值可求。"

希尔伯特则以给出 e 和 π 之超越性(e 的超越性首先为埃尔米特所证,π 的超越性则为林德曼所证)的新证明开始了这新的一年。他的证明出奇简单和直接,大大地胜过了以前的方法。这正是闵可夫斯基在头年秋天曾预料到的重要工作。他一接到这个证明,立刻坐下来写回信。

"一小时前,我收到了你的有关 e 和 π 的短文……我抑制不住内心真挚的惊喜立刻提笔回复……我能想象得出埃尔米特读了你的文章之后的兴奋心情,据我对这位老绅士的了解,假如他立刻告诉你,他由于还能历经这件事而欣喜万分,我一点也不会奇怪。"

随着生活中职务和私事的变迁,希尔伯特开始表现出一种新的数学兴趣。"从现在起,我要献身于数论。"这是他在完成了最后一篇关于不变量的文章之后曾经告诉过闵可夫斯基的。现在,他转向了这个新课题。

高斯,众所周知,把数的理论置于科学之巅。他把它描绘成"一座仓库,贮藏着用之不尽的能引起人们兴趣的真理"。希尔伯特则把它看做"一幢出奇的美丽又和谐的大厦"。像高斯一样，希尔伯特被迷住了："它有简单的基本定律，它有直截了当的概念，它有纯正的真理。"它所包含的许多数值关系是那样明显，而要证明它们确又"异常困难"，这种可望而不易得的真理把两个人强烈地吸引住了。可是，尽管他们对数论的评论相似，但他们所谈论的却是数论的两种不同的版本。

高斯称赞经典的数论，它溯源于希腊，讨论存在于正整数（或者说自然数）之间的关系。其中最重要的是素数间的关系，素数被称作数系的"积木"，而其他的数跟素数不一样，它们能被某个不同于自身和1的数除尽。到高斯时代，数的概念已经远远超出了自然数的范围。高斯本人是把数论的概念从有理"域"拓广出去的第一位数学家，在有理"域"中，两个数的和、差、积，还有商（这一点跟自然数的情形不一样）仍然属于有理数域。他对形如 $a+b\sqrt{-1}$（其中 a,b 是有理数）的数加以同样的考虑。这些数组成的域就是代数数域，同样，形如 $a+b\sqrt{2}$ 的数也构成一个域，等等；它们都是被称作代数数论所研究的对象。希尔伯特所称道的正是由高斯开创的数论的新发展。

把数论的内容推广到代数数域有一个最大的障碍，即在大多数代数数域中，算术基本定理不成立。算术基本定理说：任何一个数表成素数乘积的表示是唯一的。这个障碍最终为库默尔所克服，他发明了"理想数"。从库默尔开始，有两位数学家经过完全不同的数学途径在代数数域内开展工作。早在赫维茨去苏黎世之前，他和希尔伯特每天散步时就曾讨论过那两位所从事的近代数论研究。"我们之中的一个人去弄懂克罗内克的完全分解为理想素因子的论证，另一个人去搞明白戴德金的论证。"希尔伯特后来回忆道，"我们发现两种论证都令人生厌。"现在，他使用跟他打通攻克戈丹问题之路差不多相同的办法，开始了在代数数域方面的工作。他回过头来思考基本概念，直到得出解决办法。他的第一篇关于这个新课题的论文，给出了域内整数分解成素理想的唯一分解定理的另一个证明。

希尔伯特一直很难安心于他的新境遇：做一个有薪水、有妻子的副教授。

第六章 转变(1892—1895)

因为这里又有了让人喜欢的消息,林德曼已经接受了慕尼黑大学的邀请,将要离开柯尼斯堡。

"我认为这是理所当然的——只要稍有是非之心,林德曼也不会有别的想法——你将是他的继承者,"闵可夫斯基写信给希尔伯特,"如果他能办成这件事,那么,他至少能光荣地离开他占据了10年之久的位置。"

希尔伯特当然同意。不过,最后决定权不在林德曼而在阿尔道夫手里。教授会提名希尔伯特和另外三个选定的数学家候补这个教授空缺,并把名单送到柏林。

阿尔道夫不是个官僚,而是个行政管理人,他受过科学的训练。他的崇高目标是在德国振兴数学。他是克莱因家的好友——普法战争期间,两人同在军队里服务过——并且非常看重克莱因的意见。现在,他从教授会提供的令人印象深刻的名单中,选中了31岁的希尔伯特。然后,他还跟希尔伯特商量,谁可以接替他的副教授之职——这种做法是破天荒第一次。

机会来了,把闵可夫斯基弄回柯尼斯堡!但是事情很难办,因为波恩的那位数学教授已病了很长时间。希尔伯特不管这些,满腔热情地搞起他所不熟悉的学院外交。他写信给闵可夫斯基说,他们可能很快又要在一起了。

"我将把登上你在柯尼斯堡的位置视为特殊的幸运,"闵可夫斯基回答道,"跟我在这儿的数学同事合作实在可叹。有一位总是抱怨偏头痛;至于另一位,他的夫人每隔5分钟就匆匆地拿另一个非数学的话题来打扰我们的谈话。要是我能改而和你合作,对我在科学上的成长而言,会产生天渊之别。"

果然,波恩那位生病的教授想紧紧地抓住闵可夫斯基不放,这在他已经成了习惯。阿尔道夫喜欢让他的教授高兴。于是,谈判被拖延下来了。

其间,希尔伯特的新家万事如意,井井有条。1893年8月11日,在海滨胜地克拉兹,希尔伯特家的第一个孩子出世了,是个男孩,取名弗朗茨(Franz)。

弗朗茨生下后的几个星期,希尔伯特到南方的慕尼黑参加德国数学会年会。这个学会最近才由一群数学家筹建起来(希尔伯特也在里面),其目的是为了使不同的数学分支之间有更多的交流。会上,希尔伯特提出了关于将一个域中的数分解成素理想的两个新证明。虽然他刚刚开始发表代数数论方面的工作,他的能力显然已经深深地打动了其他成员。学会有一项计划,要按年发表不同数学领域的综述性文章(第一篇是关于不变量理论的)。现在,经大家公议,请希尔伯特和闵可夫斯基(当然,他已是著名的数论专家)"在两年内"准备一篇数论发展现状的报告。这样紧急地指定这项任务是有原因的,库默尔、克罗内克和戴德金的革命性工作极其复杂,或者说是远远超前了时代,以致当时的大多数数学家仍旧无法理解它。现在,人们期待希尔伯特和闵可夫斯基来改变这种状况,这种期待不仅是对他们的数学能力的称颂,也是对他们具有简明和清晰的数学表达力的赞赏。

那个秋天,柯尼斯堡和波恩之间的来往信件几乎被三个话题平分了秋色:为数学会编写报告,争取闵可夫斯基再次回到柯尼斯堡的谈判进展情况,以及宝贝弗朗茨,据他父亲所说,尖尖的哭叫声已经超过了别的娃娃。

波恩的情况仍旧很糟。到 1894 年元旦,闵可夫斯基写道,他几乎已经丢弃了得到柯尼斯堡的任命的一切希望。过了三天,那是紧接着和阿尔道夫会面之后,他高兴地给希尔伯特写了封信。

"结果好,一切都好……衷心感谢你的努力,它已经引来了好结果。愿我们有愉快和有益的合作,它将使得素数和互反律 wiggeln und waggeln。"*

三月里,他北上柯尼斯堡,中途在格丁根停留。这时候,许瓦尔茨已去柏林,他的位置由海因里希·韦伯接替,这样,克莱因就可以无拘无束地实行他的主张了。克莱因在这所大学里开创了一种鼓舞人的局面,这似乎给闵可夫斯基留下了强烈的印象。"谁知道什么时候,我能有另一次机会投入这所现时声望最高的数学工场?"

1894 年春天,随着闵可夫斯基的到来,每天到苹果树下去散步以及关于数论的讨论又重新愉快地开始了。希尔伯特感到心满意足,再不可能有更好

---

* "wiggeln und waggeln",意为"摇呀摇,晃起来"。——译注

第六章 转变(1892—1895)

的合作者来一起写这份年度报告——人们把它叫做数论报告了。闵可夫斯基尽管性情温顺,但他在本质上是长于批判的,他除了坚持要求思想明晰,还坚持要求文笔清澈,"甚至对其他人的工作也使用严格的标准"。

现在,年度报告在希尔伯特心中开始成型。对一个年轻数学家来讲,干数学会分派的任务,也许是一件不受欢迎的零活,但是希尔伯特不这样想。他已经用自己的工作表明,他对把互反律推广到代数数域特别感兴趣。目前,他自愿把这些计划搁置一边,而要在写这份指定的报告时,瞄准机会为更深入的研究打下必不可少的基础。虽然他仍不喜欢靠书本来做学问,但他却阅读了自高斯时代以来所有发表过的有关数论的著作。对一切已知定理的证明,都要仔细地揣摩以估量优劣。然后,他必须去判定哪些证明中的"原理能够加以推广,对进一步的研究最为有用"。可是,在能够做出这种选择之前,"进一步的研究"本身必须开展起来。那些一直阻碍着人们去全面评价和领悟他的前辈工作的那些思想作风方面的困难,必须予以清除。决定已经做出,这份报告应该分成两个部分:闵可夫斯基讨论有理数论,希尔伯特讨论代数数论。在1894 年期间,希尔伯特为他所承担的那部分年度报告奠定了基础。

但是,两个朋友不久又要再次离别。12 月初,从格丁根寄来一封注明"亲展"的信。

"也许你还不知道,"克莱因给希尔伯特的信中写道,"韦伯将要去斯特拉斯堡。就在今晚,我们教授会将举行会议选出一个委员会来确定一份名单。我完全不能预测结果,但我想通知你,我将尽一切努力使你——而不是别人获得这里的任命。"

"为了我的科学团体,我需要你这样的人。这不仅是因为你的研究方向,你丰富而强有力的数学思想,还因为,你仍然处在富于创造活动的年龄。我指望你将给这里的数学学派增添新的内部实力,这种力量已经在不停顿地增长,现在看来,它将变得更强。甚或,你还会产生出使我返老还童的影响……"

"我不知道我能否在教授会中占优势,更少知道我们所提议的任命能否为柏林所接受。但是,有件事你今天就必须答应我:假如你收到任命,你将不会谢绝！"

没有记录说明希尔伯特曾考虑过谢绝。事实上，他写信给克莱因，"丝毫不必怀疑，我将万分喜悦并毫不踌躇地接受格丁根的召唤。"不过，他也许有过某些疑虑。克莱因是世所公认的德国数学界的领袖。他是个非常威严的人，现在最常用来描绘他的词是"像王一样的"。有时候，甚至用这个词还嫌不够劲，他过去的一个学生就称他是"神一样的菲利克斯"。有一个人跟他很熟，有一次，克莱因在一件私事上采纳过他的意见，这个人一向以此为荣，他后来也坦白地承认，归根结底，他觉得在他和克莱因之间相隔着一条"犹如凡人和上帝"之间存在的鸿沟。

至于说到克莱因的感觉——很清楚，希尔伯特对任何权威都要问个为什么：无论在人事还是在数学方面，他走着自己的路。克莱因也料到了反对他选择的理由。在一次教授会议上，当同事们责备他只想要一个愉快的年轻人时，他答道，"我请的是世上最不易相处的人。"

在给克莱因回信时，希尔伯特非常努力，删节修改、字字斟酌，许多部分都重新写过，以求获得他所期望的效果。当他觉得满意之后，才让克特用她最漂亮的书法誊写好这封信。这种做法在他今后的一生中成为一种习惯。

"你的来信使我惊喜万分，"他在信的开头写道，"我的一切努力所追求的最终目的，我本希望只能在遥远的未来才能够实现的宿愿，已经有了实现的可能……"

"你，范围更大的有影响力的环境，以及你们这所大学的光荣，都将提供一种科学上的刺激力，这对我来说是最有决定意义的。此外，它将实现我的、也是我妻子的最美好的愿望：能生活在一座比较小的大学城里，尤其是像格丁根这样景色秀丽的地方。"

收到希尔伯特的这封信，克莱因心里有了数，于是便筹划出一项竞选运动。

"我已经告诉赫维茨，这一次我们将不提他的名，以便让你的提名有更多成功的把握。其次，我们将任命闵可夫斯基。这一点我已经跟阿尔道夫讨论

第六章 转变(1892—1895)

过,他认为,到那时候让闵可夫斯基得到你在柯尼斯堡的位置将是比较容易的。"

不出一星期,他得意扬扬地给希尔伯特写信道:

"真真出乎意料,比我所希望的快得多。请接受我最衷心的欢迎!"

第七章
只 谈 数 域
(1895—1898)

格丁根的红瓦屋顶,被一片起伏平缓的丘陵所环绕,山冈上耸立着古代瞭望塔的剪影。古老的城墙至今还围绕着格丁根的内城,每逢星期日午后,市民们总要去"游城"——这是一小时左右的散步。城外坐落着乔治·奥古斯特大学黄色的建筑物,大学创建人是汉诺威的选侯,他又是英王乔治二世。城内,美观的半木结构的住宅沿弯曲而狭窄的街道排列。两条大道,王子街和文德街,在数学家们称为"格丁根坐标原点"的地方相会。但城市的中心却是市政厅。市政厅底层的墙壁上,镌刻着一条箴言,它直言不讳地宣称:格丁根以外没有生活。

格丁根的伟大科学传统,为卡尔·弗里德里希·高斯所首创。高斯的父亲先后做过园丁、运河看管人和泥水匠。高斯本人于1795年秋作为不伦瑞克公爵(Duke of Brunswick)的被保护人而进入格丁根的大学。在其后3年内,他产生了那么多伟大的数学思想,往往来不及去逐一研究,只好把它们记录在他的日记中。高斯21岁时离开大学,在这之前,他实际上已经完成了那篇数论杰作:《算术研究》。后来,他重返格丁根,担任天文台台长,兼副教授的职责。在那里,他度过了一生其余的时光,在纯数学与应用数学各个部分都留下了他的印记。当他年事已高,在数学的神殿中赢得了与阿基米德和牛顿齐名同誉的地位后,他总是把他在格丁根度过的最初几年说成是"幸运的岁月"。

第七章　只谈数域(1895—1898)

希尔伯特于 1895 年 3 月来到格丁根,差不多刚好是高斯到达之后整整一百年。格丁根的光荣传统,又增加了一位伟大的数学家,这一点学生们并没有马上就看出来。希尔伯特的前任,海因里希·韦伯,略微驼背但仪态高贵;克莱因则显得魁梧威严,风度翩翩。希尔伯特与这两个人很不一样。"这位中等个儿,动作敏捷,说话谦逊,蓄着淡红胡须的人,看上去根本不像一个教授,"他第二学期的一名学生奥托·布鲁门萨尔(Otto Blumenthal)这样形容道,"我当时产生的这个奇怪印象,至今还记忆犹新。"

克莱因的声望吸引着世界各国特别是美国的学生。新成立的美国数学会,它的《通报》(*Bulletin*)上定期刊有格丁根的数学课程。有一个时期,格丁根大学里的美国人很多,并且又有钱,以致他们特制了自己的信笺,上边印着:"格丁根美国侨民居地"。"跟我们一起听课的大约有 12 个人,"一位名叫格雷丝·基肖姆(Grace Chisholm)的英国女青年[后来成为扬(W. H. Young)的夫人]写信给她从前在剑桥的同学说,"我们的国籍很杂:五个美国人,一个瑞士籍法国人,一个匈牙利人,一个意大利人,其余则是少数几个有德国血统的人。"

数学活动的中心在教学楼第三层。克莱因在这里开辟了一个阅览室,这个阅览室与当时其他数学图书室相比别具一格,所有的书刊都是开架的,学生们可以直接取阅。克莱因还在三楼上设置了大量的数学模型,它们就收藏在学生们课前聚集的走廊里,后来几乎成为克莱因的标志。虽然这其实并不是一个房间,但人们总是叫它作数学模型室。

克莱因的讲演当然被奉为经典。他通常比学生们早到一小时,来检查他让助教准备的广征博引的参考文献表,同时对讲稿中可能存在的思路不清或表述粗糙之处进行修改加工。在开始讲课之前,他脑子里已经对所有公式、图表和引文作好周密的安排。讲演过程中写上黑板的东西从来不必擦掉。最后,整个黑板就包含了对讲演内容的一个绝妙的概括,每一个小方块都写得恰当其位,井然有序。

克莱因的理论是:学生应该自己来完成数学定理的证明。他只给他们讲解证明方法的大概轮廓。结果,一个学生若想掌握课堂上讲授的材料,那他在课外至少得花费 4 倍的时间。克莱因擅长于综观全局。"他能在截然不同的问题中洞察到统一的思想,并有一种集中必要的材料来阐明其统一见解的艺术。"有一个学生这样说道。在选择课题时,克莱因遵循着一个宏伟的计划:"对于整个现代数学最终获得一个全面的了解。"

相反,根据布鲁门萨尔回忆,希尔伯特的讲演则比较慢,"毫不修饰",并且经常重复,"以保证每个人都能听懂"。希尔伯特惯于回顾他上一堂课讲过的内容,这种类似于大学预科学校的讲课技巧,是被当时其他教授瞧不起的。希尔伯特的讲演与克莱因的风格如此不同,但因为它们充满了"精彩的观点",不久似乎就给许多学生造成了更深刻的印象。

希尔伯特认真准备过的讲演,"简练,自然,逻辑严谨"。但他通常只做一般的准备,细节上往往出错。有时,他会在课堂上忽然地展开他自己对某个事实的想法,而对这事实却没有特别的说明。因此,希尔伯特的讲演远不像克莱因的那样尽善尽美,而是不修边幅,难免错漏,有时还表现出那种忽然有所发现的不适当的冲动。

在柯尼斯堡执教的 8 年半中,希尔伯特没有重复过一个课题,只有一个小小的例外,就是每周一小时的行列式课程。现在,在格丁根,他就能够自如地选择课题,来适应克莱因的意图了。第一学期,他讲授行列式和椭圆函数,并与克莱因一起指导一个每星期三上午举行的实函数讨论班。

希尔伯特虽然高兴地接受了格丁根的教授职位,但有两个新情况使他感到烦恼。克特不太愉快。格丁根的社会环境,虽然使希尔伯特在科学上受到更大的激励,但对于克特来说,却缺少她在柯尼斯堡已经习惯了的热烈气氛。严格的等级差别把教授同讲师和高年级学生们分隔开来。尽管克莱因十分友好,但他同希尔伯特仍然像同其他人那样保持着一定的距离。克莱因夫人(哲学家黑格尔的孙女)是一个好静的女人,不喜欢社交。克莱因的府邸在威廉·韦伯街 3 号,这是一幢方形大建筑。通往克莱因书斋的楼梯上,朱庇特*的半

---

* 朱庇特(Jupiter):古罗马神话中的主神。——译注

第七章　只谈数域(1895—1898)

身雕像使人印象深刻，这幢住宅看上去好像是在慢慢变成一个研究所似的。而对于希尔伯特来说，"友谊"和"人类团结"是从事科学研究的重要条件。他也同克特一样地感到格丁根的气氛是过于冷清了。

开始的时候，希尔伯特还担心，他会不会辜负克莱因对他的信任。他认为他已经取得信任。在离开柯尼斯堡以前，他在给克莱因的信中说："我受到肯定的成就——我本人对它其实最了解——仍然是很初步的。"在后来的一封信的草稿上，他又谈到同一个题目，并充满希望地写道："至于我的科学计划，我想我最终将能成功地使理想论成为一个普遍而有用的工具（也可以应用于解析函数和微分方程），这样的理想论，对于大有发展前途的群的概念是一个重要的补充。"然后他又仔细地划掉了这句话，并在边上注道：我没有写这句话。

现在，在格丁根，希尔伯特全力以赴，准备他所承担的那部分数论报告，他把这个向德国数学会提供的报告看作是他未来希望的必要基础。

在柯尼斯堡，闵可夫斯基几乎马上就接受了作为他朋友的继任人的职位。"整个事情发展得这么快，我还没有完全意识到我的惊人的好运。无论如何，我知道，为了这一切，我应该向你个人表示感谢。我将'破茧而出'，使你不致因为对于我的推荐而受到非难。"闵可夫斯基在新的职位上很愉快——教授们现在都有意地在他面前夸耀他们的女儿的美德——但是，他写道：自从希尔伯特离开以后，他还没有去苹果树散过一次步。

在希尔伯特鼓励下，闵可夫斯基利用他是正教授的地位，讲授了康托尔的无限理论。根据希尔伯特的看法，康托尔的工作在当时的德国数学界实际上仍然是一个"禁果"，这一方面是因为他的思想之新奇，同时也是由于克罗内克早先的攻击。闵可夫斯基虽然十分钦佩克罗内克的数学成就，但他也跟希尔伯特一样，对于这位老人企图把个人偏见强加于数学整体的做法深表遗憾。

"以后的历史学家会把康托尔尊为当代最深刻的数学家之一，"闵可夫斯基说，"十分遗憾的是，反对康托尔的意见，不单是由于技术上的理由，而且来自一位最受尊敬的数学家，这将给他在科学工作中的欢乐投上暗淡的阴影。"

1895年在流逝，格丁根和柯尼斯堡之间的信变少了。

当他们又重新开始频繁通信时，闵可夫斯基写道："我们俩都想在沉默中克服困难，打开这个实在不太好吃的硬果。也许是你的牙齿更锋利，精力更充沛。"

合写报告的想法对于闵可夫斯基确实并没有多大吸引力。"我动手太迟了，"他不很愉快地写道，"我现在碰到许多小问题，要是能撇开它们就好了。"他对于他那本关于"数的几何"的书更感兴趣。"对于我在连分数方面的研究的全面介绍虽已长达一百多页，然而令人称心如意的结果还是没有：对三次无理数的特征性的判别准则，想法太含混……不过我还未能在这问题上进行工作，因为我确实一直在准备我们的报告。"

另一方面，希尔伯特却正在以全部的精力去完成这个报告。他被新近揭示出来的数论与其他数学分支之间的深刻关系迷住了。在他看来，数论在代数和函数论中已经起着主导的作用。希尔伯特认为，这种情况之所以没有更早和更普遍地出现，其原因在于：数论一直是以一种孤立的方式发展的，并且，对于这门学科的论述向来是编年式而不是概念式的。现在他深信：通过系统建立代数数域理论，数论的确定而连贯的发展将能得以实现。

每星期三上午，讨论班结束以后，他便与学生们一道漫步去海因堡的受人欢迎的餐厅吃午饭，同时继续讨论数学问题。据布鲁门萨尔回忆，每当此时，希尔伯特同学生们自由畅谈，平等相待，不过，在这一时期，他们往往是"只谈代数数域"。

到 1896 年初，希尔伯特分担的那部分《年度报告》差不多已经完成，但闵可夫斯基的还没有写好。2 月，希尔伯特建议：闵可夫斯基那部分或者就以现有的形式同他自己的一起出版，或者是延至下一年单独出版。

"我接受第二个方案。"闵可夫斯基感激地回信道，"对我来说，这个决定只有一个为难之处，那就是在往后整整一年里，我将因为有负于数学会的以及（从某种程度上说）你的期望而感到内疚。说实在的，你从未有过任何这类不满的表示，但……要是现在我的书绝大部分正在完成并且其余的亦将随之完成的话，那对于我的责备也许将减轻一些。最后，我认为我正在做有利于这个计划的事情,请你不要觉得我是在困难时置你于不顾。"

收到这封信之后不到一个月,希尔伯特已全部写完了他的代数数域的报告。这恰好是在他到格丁根之后整整一年。手稿印出来差不多有四百页,全部由克特·希尔伯特用清楚而圆润的笔迹誊好付印。校样一出来就被邮往柯尼斯堡请闵可夫斯基过目。这一时期,闵可夫斯基的信充满深情,却也表现了过分而欠考虑的谨慎小心。

"204页上似乎需要更详细地说明。""我已经读到长长的计算开始的地方。它们似乎不好懂。""这个想法不那么简单,不能悄悄地省掉。"

闵可夫斯基最近收到一份请他去苏黎世任职的建议。这样一种建议,被称之为"邀请",通常是进行曲折复杂的讨价还价的筹码,因为它是已经当了正式教授的人进一步提高自己地位的唯一途径。闵可夫斯基却没有这种周旋的才能。他写信给希尔伯特说:阿尔道夫似乎并不热心要留他在柯尼斯堡。1896年秋季,他终于抱憾接受了苏黎世的职位。

不过在苏黎世,闵可夫斯基又同赫维茨(他"跟从前一样,只是添了几丝白发")相伴了。两位朋友一起阅读希尔伯特报告的剩余校样。校正和建议不断地寄往格丁根。

希尔伯特却有点不耐烦了。

闵可夫斯基便写信安抚他:"我明白你是想尽快结束这个报告……但既然要做这么多注解,我不可能答应你看得太快……""仔细点有好处……""报告很快就会完成,并将博得高度赞扬,请你想想这些,并以此告慰自己吧。"

仔细的校阅在继续进行。

这时,希尔伯特对在格丁根的生活开始感到更加安适自在,不受拘束了。他找到了一位情投意合的同事——物理和化学教授沃尔特·能斯特(Walther Nernst),同他自己一样,能斯特也是一个普鲁士法官的儿子。但希尔伯特也喜欢同年轻人交往,现在他已甘愿抛弃选择朋友时的清规戒律。在这些年轻人中,有一位是索末菲,他到格丁根来继续学习,并且成为克莱因的第一个助教。希尔伯特还选择了讨论班中最聪明伶俐、最令人感兴趣的学生来同他一道做更长时间的散步。他称他们是他的"神童"。

即使是高年级的学生和讲师,对克莱因都抱有敬畏之情,但他们却很容易同希尔伯特结成伙伴式的友谊。希尔伯特那抑扬顿挫的柯尼斯堡口音,使他们觉得他所讲的一切都带有一种独特的风格。他们喜欢模仿他,并且很快就会抓住这样的口头语:"Aber nein!"(但不!)无论是对于数学、经济、哲学、人与人的关系还是简单的学校管理方面的问题,希尔伯特总是用这个口头语来声明他基本不同意某个观点。("他说这话的方式很特别,但要是用英语来描摹,就是用20个字也很难叫人明白。")

在讨论班上,他们发现希尔伯特总是在聚精会神地听。他通常是温和地纠正别人的错误,表扬好的工作。但如果他觉得某个地方太显而易见了,就会用这样的话来打断别人:"Aber das ist doch ganz einfach!"(这太简单啦!)当一个学生的报告做得不好时,他就会批评他(她),而批评的方式很快就成为传闻:"是的,S小姐,……你给我们做了一个很好的报告,但要是我问自己:你究竟说了些什么?回答是:粉笔,粉笔,除了粉笔还是粉笔!"有时他也会大发雷霆。"要在他面前讲一句假话或空话,那你最好还是三思而行,"后来一位学生回忆道,"他的直率可不是好惹的。"

到格丁根一年以后,希尔伯特夫妇决定在威廉·韦伯街上建一幢房子,这条宽广的菩提树林阴大道深受教授们的喜爱。("很可能,"闵可夫斯基在信中说,"命运之神将会感到是受了挑战,并且会用许多令人目眩的建议来诱使你离开格丁根。")希尔伯特的房子是一幢直统统的黄砖建筑,没有邻居们所喜欢的那种时髦华丽的装饰。它相当大,4岁的弗朗茨可以在屋子里活动而不打搅他父亲。背后的院子也很大。他们还要了一条狗,这是他们养过的第一条狗,他们管所有的狗都叫"彼得"。希尔伯特喜欢在室外工作,他利用邻居的院墙挂了一块长约5.5米的黑板,同时修了一条带顶的廊道,即使天气不好,也可以在户外活动。

房子快要造好的时候,希尔伯特正在为《报告》写引言。对于一个爱好语言(当然不是指大多数数学家所专用的语言)的学生来说,这篇引言堪称是最

第七章　只谈数域(1895—1898)

优美的德文散文之一,"从文学的意义上讲,这篇文章的风格,是作者思想方法的精确反映。"希尔伯特在引言中强调了大数学家们对数论所表示的重视。连克罗内克也被赞许地提到了,因为当他发表那赫赫有名的"上帝创造自然数……"的论点时,"表达了数学的心灵的感情"。

"我觉得还是有许多地方要批评,"闵可夫斯基耐心地写道,"……你不能在前言中提一下我曾经读过最后三节的手稿吗?"

由于这个提示,希尔伯特写了一个"致谢",说明哪些地方应当归功于朋友们的帮助。但闵可夫斯基还不满意。

"你没有感谢希尔伯特夫人,我和赫维茨都觉得这太不像话了。就这么拿出去,那简直是不能容许的。"

最后这个补充在威廉·韦伯街 29 号新居的书房里被加上了。《报告》引言上署明的最后日期是:1897 年 4 月 10 日。

"我祝你幸运,在整整一年的紧张工作之后,这样的时刻终于到来了:你的报告将成为所有数学家的共同财富。"当收到报告的精装本后,闵可夫斯基在回信中这样写道,"我毫不怀疑,在不久的将来,你本人将跻身于数论领域中伟大的经典学者的行列……同时我还要向你的夫人祝贺,她为所有数学家的妻子做出了良好的榜样,这将永远留在人们的记忆之中。"

这份代数数域方面的报告,无论在哪一方面都超出了数学会成员们的期望。他们本来只要求对这门理论当前的状况作一个概述,而收到的却是一篇杰作,它简单而明了地将最近以来全部困难的发展融成了一个优美而完整的理论。一位同时代的评论家认为,《报告》是一篇令人振奋的艺术佳作;后来有一位作者则称它是数学文献宝库中一件真正的珍品。

希尔伯特在这篇报告中所作出的创造性贡献,其重要意义可以举一条定理为例来说明,它今天仍然以简称"定理 90"而闻名。这定理所包含的概念,导致了同调代数的发展,而同调代数在代数几何和拓扑学中都起着十分重要的作用。正如另一位数学家所评论的那样,"希尔伯特不仅渊博,而且也为其他数学家提供了大量富有启发性的东西。"

希尔伯特——数学界的亚历山大

对希尔伯特来说,1897年的春天是一个值得纪念的春天——新居落成了,《报告》在最后印刷之中。但接着却传来了悲伤的消息,他的唯一的妹妹埃莉泽·弗伦策尔(Elise Frenzel),东普鲁士一位法官的妻子,因难产去世了。

据一位堂兄弟回忆,兄妹之间的关系在家庭里一直被认为是"冷淡的"。但对于闵可夫斯基来说,当他写信给希尔伯特时,却似乎找不到什么恰当的字眼来安慰他:

"每一个认识令妹的人,都会羡慕她那愉快开朗的性格,都会被她对生活的乐观态度所感染。我还记得……她在慕尼黑是那样兴高采烈,在劳兴镇又是那样无忧无虑。她这么年轻就离开了你,这真是难以相信。她对于你一定是十分亲密友爱,因为你们没有别的兄弟姐妹,而且,你们在一起成长,共同度过了这么多岁月。对于科学事业的专心致志,有时使我们能更坚定地经受生活的变迁,并以冷静的态度去对待它们,但实际上我们不过是寻找一种逃避悲哀的方法罢了。"

然而,闵可夫斯基在紧接着的一封信中,却报告了他个人的愉快消息。他已经同斯特拉斯堡附近一位皮革厂厂主的女儿奥古斯特·阿德勒(Auguste Adler)订了婚。"我相信,我的选择是幸福的,我当然希望……它对于我的科学事业将会是有益的。"在一条附言中,他又向希尔伯特夫妇补充了一点关于他的未婚妻的情况。"她21岁,看上去非常富于同情心,这不仅是我的判断,也是每个同她相识的人共同的判断。她有六个兄弟姐妹,热爱家庭生活,并且非常聪明。"

闵可夫斯基打算在9月里结婚。但在这之前有一件重要的事情。8月份,一次国际数学家代表大会将在瑞士苏黎世举行,那里被认为是完全中立的地方。克莱因被邀请担任德国代表团团长。"这会引起一个后果,"闵可夫斯基指出,"柏林方面将不会有人参加会议。"

虽然希尔伯特由于某些原因没有出席这次大会,但他却阅读了会上提出的全部论文,其中两篇特载的演说给他印象最深。一篇是赫维茨关于现代一般函数论历史的演讲,另一篇则是庞加莱所做的非正式讲话,内容是论述纯分析与数学物理相互服务的方式。

大会结束后不久,闵可夫斯基就在斯特拉斯堡举行了婚礼。

到 11 月底,他才重新给希尔伯特写信:

"由于我的长久的沉默,你想必会认为我的婚姻使我完全改变了。但是,对于朋友,对于科学,我的态度仍然同以前一样。只不过在一段时间里我不能用通常的方式来表示我的关心罢了。"

随着《报告》的完成,希尔伯特现在开始从事他长期以来一直希望进行的研究了。他兴趣的焦点,是将互反律推广到代数数域。古典数论中的互反律,最先为勒让德(A. Legendre)所知,以后又被高斯重新发现,高斯当时才 18 岁,他同时给出了这定理的第一个完整的证明。高斯总是把这条定理看作是数论的"珍宝",他一生中先后五次重新回到这个定理上来,每一次都用完全不同的方法来证明它。这定理描述了一对素数和以它们为模的二次剩余之间所存在的漂亮关系。

为了处理他所考虑的一般互反律,希尔伯特需要一个宽广的基础,而这一点已经在《报告》中做到了。在该书的引言中,他已经指出:"代数数域论中装备最丰富的部分,我认为是关于阿贝尔域和相对阿贝尔域的理论,它们是由于库默尔关于高次互反律的工作和克罗内克关于椭圆函数复数乘法的研究而被开拓的。这两位数学家对这个理论的深刻见解同时告诉我们……还有大量隐藏的宝藏在向人们招手,那些了解它们的价值、一心想试一试能赢得这些宝藏的技艺的探索者,将会得到丰富的报偿。"

希尔伯特开始挖掘这些宝藏了。他准备《报告》的工作,使他具备了这一领域的"既精湛又全面"的知识。他谨慎地但又充满信心地向前迈进。

后来一位数学家指出:"通过一系列的论文,从特殊上升到一般,一步一个脚印,去考察和分析那些正确的概念和方法是怎样发展的,那些基本的关系又是怎样被提示的,这真是莫大的愉悦。"

通过对高斯古典互反律的研究,希尔伯特能够以一种简单、优美、可以同时应用于代数数域的形式来重新表述这条定理。由此出发,他已十分清楚地猜测到高于二次的互反律应该是什么样子，虽然他并没有能在所有情形下证明他的猜测。他这方面工作的顶点，是《报告》出版一年以后发表的一篇论文，题目叫《相对阿贝尔域理论》。这基本上是一篇纲领性的文章，它概括地提出了一种广泛的理论，也就是后来众所周知的"类域"论。这篇文章还发展了探讨这种理论所必需的方法和概念。后来的数学家们认为，希尔伯特一直是"通过猜测来进行构思的"，数学直觉的准确性在这里表现得如此明显，这在希尔伯特的工作中是绝无仅有的。希尔伯特关于不变量的工作是一项发展的结束，与此相反，他在代数数域方面的工作则注定要成为一个开端。但这只是对其他数学家而言。

希尔伯特本人又在急转弯了。

第八章
桌子、椅子、啤酒杯
（1898—1899）

希尔伯特教授将于1898—1899年冬讲授几何基础的预告，使学生们感到惊异。自从3年前到格丁根以来，他对这些学生一直是"只谈数域"。不过，这种新的兴趣也并不是完全没有先兆的。

还是在做讲师的时候，希尔伯特曾在哈勒听过赫尔曼·维纳（Hermann Wiener）的一个讲座，内容是关于几何基础与结构的。维纳对几何实质的抽象观点影响了希尔伯特，在返回柯尼斯堡的路上，他在柏林车站若有所思地对同伴们说：在一切几何命题中，"我们必定可以用桌子、椅子和啤酒杯来代替点、线、面。"这种朴素的说法，蕴含了他现在打算提出的讲演的实质。

为了理解希尔伯特对几何学所采取的研究途径，我们必须记住，数学起初是一堆并无严格次序的命题，这些命题或者是自明的，或者是从其他看来是自明的命题通过清楚的逻辑方式而获得的。这种明显性的准则，无保留地被应用来扩展数学知识。到公元前3世纪，有一位叫欧几里得的教师，用一种后来得到普遍采用的形式把当时的一些数学知识组织起来。首先，他定义了他要使用的术语——点，线，面等等。接着，他把明显性准则的应用归结为数十条命题，这些命题的真实性一般说来是如此清楚，人们不用证明就可以把它们当作真理来接受。只用这些定义和公理（人们后来这样称呼那些命题），他推导了大约500条几何定理。这些几何定理的真实性在许多情况下并不自明，但却由如下的事实所保证：所有这些定理都是从已经被接受为真理的定义和公理出发，根据大家接受的逻辑法则推导出来的。

虽然欧几里得并不是最富有想象力的希腊几何学家，公理方法也不是他所首创，但他对几何学的处理却受到了巨大的赞颂。不过，数学家们不久就开始认识到：欧几里得的工作尽管十分优美精湛，也还是有懈可击的；尤其是，对于推导所有的定理来说，这些公理确实还不充分。有时，其他一些未经明确说明的假定悄悄地溜了进来，特别是那些以视觉认识为基础的、认为在特定的几何图形中某些直线必定相交的假定。欧几里得公理之一——平行公理——似乎也远远超出了直觉上明显的范围，以致它实际上并不能作为不必证明的真理而被人接受。平行公理有各种形式，它们本质上等价于下述命题：通过平面上给定直线外任何一点，至多只能作一条直线不与该直线相交。然而，欧几里得几何中的这个缺陷以及其他一些缺陷，一般被当作容易消除的事情而未予深究。消除的办法，首先是扩充原始公理的个数，把那些不能明确说明的假定也包括进来；其次是把特别可疑的公理作为一条定理加以证明，或者用别的直觉上更明显的公理去代替，再或就是证明这公理的否命题将会导致矛盾。最后这种处理平行公理问题的极为成熟的方法，标志着数学中相容性或无矛盾性概念的萌芽。

高斯显然是第一位这样思考的数学家，他早在 1800 年就已经认识到，否定欧几里得平行公理并不会导致矛盾，因而除了欧几里得几何之外，其他的几何学也是可能的。但是这种思想带有形而上学的味道，因此，他从未发表过他对这问题的研究，仅仅在要求保密的条件下把他的想法写信告诉了最亲密的朋友。

然而，在 19 世纪 30 年代，有两位数学家独立地并且几乎是同时地进行了这样的尝试：改变平行公理，但保持其他的欧几里得几何公理不变，由此出发来推导他们所能推导的定理。他们的新公理本质上是说：通过不在已给直线上的任意一点，可以作无穷多条与该直线不相交的直线。这显然是与那种把熟知的东西认作真理的通常见解相违背的，因此，这两位数学家——俄国的

第八章 桌子、椅子、啤酒杯(1898—1899)

罗巴切夫斯基(N. I. Lobatchewsky)和匈牙利的波尔约(J. Bolyai),都希望能从这种公理方法的应用中推出矛盾来。可是相反,他们发现:虽然由这组新公理所建立的定理并不符合日常经验(例如一三角形内角之和并不像欧氏几何那样等于两直角),但在这样建立起来的新几何学中却没有出现所期望的矛盾。他们发现,在其真实性似乎并不自明或者看来甚至并不真实的公理(这与欧氏几何不同)基础上,有可能建立起一种相容的几何学。

奇怪的是,非欧几何的发现并没有引起高斯[在1829年1月27日给贝塞尔(F. W. Bessel)的信中]所说的"愚人们的叫嚷",由于害怕这种愚人的叫嚷,高斯没敢发表自己对这问题的研究。实际上,当时数学家们对这一发现并没有多大的兴趣。对于他们中大多数人来说,它似乎太抽象了。

这一新思想直到1870年才被普遍接受。当时,21岁的克莱因在凯莱的工作中发现了一个"模型",通过这个模型,他能够把非欧几何的基本对象和关系与欧氏几何中特定的对象和关系等同起来。他用这种方法证明了非欧几何与欧氏几何一样地相容,因为在非欧几何中存在的矛盾也必然会在欧氏几何中出现。

这样一来,终于表明:平行公理不可能得到证明,这事实"就像任何其他数学真理一样是绝对可靠的"。但人们仍然没有立刻意识到这一发现的充分意义。大多数数学家现在虽已承认通过改变平行公理而得到的几种非欧几何,却未能看出这样一个必然的事实:欧几里得的其他公理同样也都是任意的假设,它们可以用别的假设来代替,因而还可能有其他的非欧几何。

有一些数学家试图对几何学作进一步的处理,以充分揭示非欧几何发现的意义,同时消除一切有损欧氏几何逻辑美的隐蔽假设。第一个这样的处理由莫里兹·帕施(Moritz Pasch)提出,他将几何学归结为纯粹的逻辑语法练习,以此来避免对那些以视觉明显性为基础的假设的不自觉依赖。朱塞佩·皮亚诺(Giuseppe Peano)走得更远。他实质上是用他自己发明的符号逻辑的语言来转述帕施的工作。皮亚诺的几何观点是纯粹抽象的——几何学被看作为变元之间关系的演算。

很难理解，希尔伯特怎么能够指望在这样一个数学思想领域里超越前人。然而，为了揭示几何学的实质，希尔伯特在他的讲演中采取了与上述那种纯粹抽象的符号化倾向不同的做法。他又回到了欧几里得的点、线、面，又回到了那些老的关系，即关联关系、顺序关系、线段和角（都是熟悉的图形）的合同关系。不过，这并不意味着他又要回到把欧几里得几何看作是对物理世界真理的陈述这种老的假象上来。相反，他是想用旧瓶装新酒，在欧氏几何的古典框架内提出现代的观点，而这种现代观点比帕施和皮亚诺的观点更清楚，更令人信服。

就像平面上的直线是两点之间的最短距离一样，希尔伯特遵循 6 年前在柏林车站所说的思想，径直推出它的逻辑结论。他一开始就对听众们解释：欧几里得关于点、直线和平面的定义，在数学上其实并不重要。它们成为讨论的中心，仅仅是由于它们同所选择的诸公理的关系。换句话说，不论是管它们叫点、线、面还是桌子、椅子、啤酒杯，它们都能成为这样一种对象：对它们而言，公理所表述的关系都成立。在某种意义上这好像是说：一个未知的单词，当它在各种上下文之中出现，其意义就越来越清楚。每一个用到这个单词的新的语句，都会淘汰掉某些意义，而在先前的陈述中，这被淘汰的意义一直是成立的。

希尔伯特在讲演中简单地选用了欧几里得的传统语言：

"设想有三组不同的对象"，他说道，"第一组对象叫做点，用 A,B,C……来表示……"

另外两组对象被称之为"直线"和"平面"。这些"对象"之间存在着一定的相互关系，对于这些关系，他仍然选用属于、介于、平行、合同、连续等这样一些熟悉的术语来表示。像三组对象一样，这些关系的表述其意义也不是由人们的日常经验来确定。例如，对于每一对叫做点的对象，对应且只对应一个叫做直线的对象，只要适合这条公理，其中的基本术语就可以表示任何别的对象，对于其他公理亦是如此。

从这种处理引出的结果是：由公理推得的定理，对于基本概念和基本关系的任意解释都能成立,只要这些概念和关系满足公理就行。(许多年之后,由于发现可以通过一组特定的公理来推导出果蝇的遗传规律,希尔伯特感到欢欣鼓舞,他高兴地说道:"如此简单和精确,同时又如此巧妙,任何大胆的想象都难以想到!")

现在,希尔伯特提出:在此基础上建立一组简单而又完备的、相互独立的公理,通过这组公理就可以证明欧几里得几何中早已熟知的全部定理。他的方法——将抽象的观点与具体的传统语言创造性地结合起来——非常有效。他后来的一位学生写道:"只有少数目光敏锐的人在朦胧中探路前进,透过这灰暗的背景,忽然出现一片光明。"发展一组关于欧几里得几何的公理(它们与欧几里得本人的公理并无实质差异),同时采用极少量的符号,通过这些,希尔伯特能够比帕施或皮亚诺更清楚地提出关于公理化方法实质的新概念。他的方法可以为他班上那些只知道欧几里得几何《原本》的学生所理解。对于那些素来以《原本》为第一部数学入门书的成名数学家来说,希尔伯特的讲演尤其富有吸引力,"人们仿佛看到了一副非常熟悉但却变得更加崇高的面孔。"

当这些几何讲演进行之时,格丁根正在筹备高斯和威廉·韦伯(Wilhelm Weber)纪念碑的落成典礼,这两个人,一位是数学家,一位是物理学家,格丁根大学的双重科学传统就是由他们而开始。对克莱因来说,这次落成典礼似乎提供了一个机会,来再次强调数学与物理学的有机统一。高斯的天文台从来不是一座象牙之塔。除了数学上的发现外,他对物理学、天文学、大地测量学、电磁学和力学都做出了几乎是同样重大的贡献。他的广阔的兴趣,由于同威廉·韦伯的合作而更添一筹。两人共同发明了一种电磁电报,传送距离超过2 700米;即将落成的这座纪念碑,显示了两位学者试验这项发明的情景。将数学的抽象与对物理问题的浓厚兴趣结合起来,继承并发扬这一传统,这是克莱因对格丁根所梦寐以求的事情。因此,他现在请埃米尔·魏恰特为一部纪念文集编写他最近关于电磁学基础的讲义,同时请希尔伯特为这部文集编写几何基础的讲义。(就是这同一个魏恰特,曾经是希尔伯特在柯尼斯堡升职答辩中正式指定的对手,现在也在格丁根做教授。)

作为这部将要出版的著作的卷首题词,希尔伯特引用了康德的一段话:"人类的一切知识皆始于直观,其次是概念,最后发展为理念。"

康德关于几何公理实质的先验看法,已经由于公理方法的新观点而受到动摇。这一段引文,是希尔伯特对他这位老乡的优美的颂词。

时间紧迫,但他还是抽空将校样寄到苏黎世,让闵可夫斯基审阅。一如往常,闵可夫斯基有眼力,有预见,他认为希尔伯特的著作是一部经典,必将对当前和未来数学家的思想产生巨大的影响。

"乍看起来,你似乎没有必要在快结束的时候搞得这么匆忙,"他对希尔伯特说,"但要是你花更多的时间,那这本书就会失掉它的新鲜。"

闵可夫斯基在苏黎世呆得不很愉快。"打开天窗说亮话(请你不要吃惊),我宁愿回德国。"他的思想方法和讲演风格在苏黎世都不那么受欢迎,"那里的学生,哪怕是最有能力的学生,都习惯于通过注入的方式来吸取每一点知识。"可是他又不大愿意让自己回德国的想法在国内被人知道。"我感到,即使我有希望能得到一个位置,我也会使自己在众人眼里显得荒唐可笑。"

希尔伯特邀请他来格丁根参加高斯-韦伯纪念碑的落成典礼,想借此让他振作起来。对闵可夫斯基来说,他在格丁根度过的这几天,仿佛是"一个梦",周末,他又必须回苏黎世,回到那"冷酷无情的现实"中去了。"但是,正如你的算术公理 $18 = 17 + 1$ 一样,这些如梦的日子,它们的存在性是毋庸置疑的……任何一个最近到过格丁根的人,都会对那儿的激励人心的气氛留下深刻的印象。"

希尔伯特的讲义取名《几何基础》,这本著作一经出版,立即吸引了整个数学界。

一位德国评论者发现这本书是那样简洁明了,以致鲁莽地预言说:它可能很快就会被采用为初等教育的教科书。

庞加莱发表了意见,他认为这是一部经典的著作:"(当代有些几何学家觉得:在承认以否定平行公设为基础的可能的非欧几何方面,他们已经达到了极限。)如果他们读一读希尔伯特教授的这部著作,那么这种错觉就会消除,在这

第八章 桌子、椅子、啤酒杯(1898—1899)

部著作中,他们将会发现:他们作茧自缚的屏障,已经被彻底冲垮了。"

在庞加莱看来,这部著作只有一个缺点。

"希尔伯特教授似乎只对逻辑的观点感兴趣,"他评论说,"给定一串命题,他发现所有的命题都可以从最初的命题逻辑地推出。至于这个最初命题的基础,它的心理学的起源,他并不关心……公理被假设了;我们不知道它们从何而来,假设 A 与假设 C 同样地容易……因此,他的著作是不完全的,但这并不是我对他的批评。事实上,人们永远不可能达到绝对的完全。希尔伯特教授使数学哲学向前迈进了一大步,这已经足够了……"

一位美国评论家预言说:"希尔伯特著作所涉及的原理,这方面知识的广为传播,对于一切科学的逻辑处理,并且一般地说对于清楚的思维与写作,都将产生更巨大的效果。"

根据马克斯·德恩(Max Dehn)——一位听过希尔伯特原始讲演的学生——的看法,在希尔伯特这部著作所产生的影响中,最有决定意义的是"那种特殊的希尔伯特精神……这就是:把逻辑力量与创造活力结合起来;藐视一切陈规旧俗;用一种几乎是康德哲学的意向将本质的东西转化成它的反题(antitheses);最充分地运用数学思想的自由等等!"

在很大程度上来说,希尔伯特与欧几里得一样,他之所以获得成功,与其说是由于他的创造性,不如说是由于他的表述方式与逻辑的完美。不过,除了以富有吸引力而又易于掌握的方式来详细阐明这种现代观点以外,他还提出了更为重要的东西。他用一种彻底严格的现代方式建立起传统的思想阶梯(基本概念—公理—定理),接着便开始向崭新的水平前进。这条途径后来以"元数学"(metamathematics)而著称,照字面上理解,"metamathematics"的意思是"超出数学之外"。因为与欧几里得几何不同,希尔伯特还要求他的公理满足某种逻辑的要求:

它们必须是完备的,所有的定理都可以由这些公理推得;

它们必须是独立的,如果从这组公理中除去任何一条公理,至少就会有某些定理不可能得到证明;

它们必须是相容的,从这些公理出发不可能推出任何矛盾的定理。

希尔伯特著作中的这一部分,最重要之点就是力图证明最后的这条要求——即证明这些公理是相容的。这等价于证明:用这些公理进行的推理绝不会导致矛盾,简而言之,也就是要指出,这些公理不可能同时用来证明一个命题和它的否命题。将一个数学理论看作是通过演绎的方法从一组任意选择的假设推导出来的定理系统,而对于这些假设的真实性及其含义不加任何限制,在这种新观念之下,数学理论的相容性概念,乃是直觉真理的唯一的替代物。

正如以上所见,我们已经用到过一个证明这种相容性的方法,通过这种方法可以证明:非欧几何中存在的任何矛盾,在欧几里得几何中必定也会存在,非欧几何被证明至少是与欧氏几何一样地相容。

希尔伯特现在迈出了下一步,这一步尽管十分明显,却始终没有被其他人想到。运用解析几何,希尔伯特证明了:欧几里得几何中存在的任何矛盾,必定会表现为实数算术中的一个矛盾。无论是非欧几何还是欧氏几何,都被证明至少是与实数算术一样地相容,而实数算术的相容性则是所有数学家都愿意接受的。

希尔伯特关于几何基础的这本小书,在出版以后的几个月内成了最畅销的数学书。译成法文和英文的计划已经做好,后来,它又被译成了其他语言。希尔伯特那些原先只听他谈论代数数域的学生,现在都不无惊奇地注视着这部著作的成功。希尔伯特是怎样能够再度闯入一个新的数学领域,并且很快就在其中做出伟大而成熟的工作呢?但甚至就在他们问这种问题的时候,希尔伯特又开始在另一个完全不同的数学领域里发表研究成果了。

第九章
问　　题
（1899—1900）

"用新方法来解决老问题，可以推动纯数学的发展，"克莱因喜欢对他的学生们这样讲，"当我们对老问题有了更好的理解，自然就会提出新的问题。"

再没有比希尔伯特现在所从事的工作更能说明克莱因这段话的意义了。1899年夏，《几何基础》刚刚出版不久，希尔伯特就转向一个著名的老问题，这问题通常称为"狄利克雷原理"，它联系着格丁根数学传统上所有伟大人物的名字。

在魏尔斯特拉斯以前，人们普遍忽视了一个与这问题的实质有关的逻辑问题。高斯、狄利克雷、黎曼和其他数学家都假设：拉普拉斯方程的边值问题一定存在着一个解。这个假设在直觉上是合理的，因为该数学问题所描述的相应物理状态必定有一个确定的物理结果，或者说是物理解。而且从数学方面来看，高斯曾注意到：拉普拉斯方程的边值问题可以归结为对于具有在边界上取给定值的连续偏导数的函数寻求某个二重积分的极小值的问题。由于这个二重积分是非负的，显然存在着积分值的最大下界；高斯进一步假定：在满足上述条件的所有函数中，确实存在一个使积分达到最大下界的函数。

1851年，黎曼在他的博士论文中自由地运用这一推理方法，作为其几何函数论的基础。黎曼并给这原理冠上了他的老师狄利克雷的名字，后者曾在特殊情形下研究过这个原理，从此，这原理就一直以"狄利克雷原理"而闻名于世。

黎曼的学位论文后来被认为是近代数学史上最重要的事件之一。但在当时,由于魏尔斯特拉斯对狄利克雷原理的批判,这篇论文却声誉不振。魏尔斯特拉斯指出:不经证明就假设在所考虑的函数中确实存在着一个使积分达到极小值的函数,这是不合理的。

在不是数学家的人看来,对于一个在描述物理状况时用之有效的原理的数学证明,魏尔斯特拉斯的要求似乎是过分苛刻了。但黎曼本人却认为魏尔斯特拉斯的批评是正当的。只有严格的数学证明,才能确保一个数学结构的最终的可靠性,并使这个结构所适用的物理现象的数学描述永远有意义。

不过,黎曼并没有因为魏尔斯特拉斯的批判而动摇。在类似的、特别是与电流行为有关的物理状况的实验基础上,他曾做出了许多函数论的发现,因此,他相信,一个"在物理上有意义"的问题,也一定"在数学上有意义"。他还相信,如果有必要的话,总可以对所求的使积分取极小值的函数的存在性给出数学上的证明,但他不到40岁就去世了。他死后不到几年,魏尔斯特拉斯最终证明了狄利克雷原理不可能永远成立。魏尔斯特拉斯构造了一个反例,在这个例子中,在给定边界条件下使积分达到极小值的函数并不存在。

狄利克雷原理应该被认为是到此而寿终正寝了吧。但事实却并非如此。虽然黎曼的理论有一个时期受到了忽视,但狄利克雷原理在数学物理中实在太有用了,不可能被完全抛弃。由于这原理本身不能普遍成立,数学家们便寻求各种巧妙的证明存在性定理的特殊方法,而当初这些定理是由黎曼在狄利克雷原理的基础上建立起来的。这样,他们企图在本质上达到与黎曼同样的结果,但所用的方法却不如黎曼的优美。

当希尔伯特开始注意狄利克雷原理时,数学家们已经放弃了挽救这个原理本身的一切希望。就在最近,在这个领域里做过重要工作的卡尔·诺伊曼(Carl Neumann,弗朗茨·诺伊曼之子)还哀叹道:"如此美而又有如此广阔的应用前景的狄利克雷原理,已经从我们的视线里永远消失了。"

大多数与希尔伯特同时代的数学家都把严格性的要求看作一种沉重的负

担。希尔伯特却不是这样,他坚定地相信严格性有助于方法的简化。他高度赞赏魏尔斯特拉斯将直觉的连续统分析改造为严格的逻辑系统的工作,但却不同意魏尔斯特拉斯对狄利克雷原理的批判。在他看来,正如他自己所说,这个原理的"诱人的简明性和无可否认的丰富的应用可能性"是与"它的内在的真实性"密切相关的。

希尔伯特数学方法的特征,就是回复到问题的本源,回复到原始概念的简明性。正如他后来的一位学生所评论的那样,希尔伯特"以只有真正伟大的探索者才具有的那种质朴无华、摆脱任何传统偏见的精神"对狄利克雷原理进行了探索。1899年夏,在黎曼的学位论文发表差不多整整50年之后,希尔伯特向德国数学会提出了挽救狄利克雷原理的初步尝试,针对诺伊曼的议论,希尔伯特把这个尝试叫做狄利克雷原理的"复活"。

整个论文包括引言在内还不到6页长。在几分钟之内,他就向听众们表明:只要对曲线和边界值的性质加上某些限制,就可以消除魏尔斯特拉斯所批评的缺陷,使黎曼的理论恢复它原有的简明和优美。据当时在场的一位美国听众回忆,这种妙手回春的处理,激起了"满场的惊叹和赞美"。整个思路简单明了,但直观上无论如何并不显然。克莱因赞赏地说:"希尔伯特成功地给曲面剪了毛。"

(6年以后,在格丁根科学协会成立150周年之际,希尔伯特又回到这个问题上来,并给出了狄利克雷原理的第二个证明。)

"希尔伯特在这个领域里的工作,可以说是他最深刻、最有分量的成就。这些工作并不是一项发展的结束,"他的一位在同一领域里也做了重要工作的学生写道,"经过许多数学家的努力,希尔伯特的存在性证明后来又得到进一步的简化和推广,不仅如此,希尔伯特的工作还引起了这个领域里一系列创造性的变革。在希尔伯特工作的启发下,物理学家瓦尔特·里茨(Walther Ritz)从经过修正的狄利克雷原理出发,发现了一个通过偏微分方程求边值问题数值解的强有力的方法,由于这个方法,今天计算机才有可能成为日益成功的数值计算工具。"

挽救狄利克雷原理获得成功以后，希尔伯特决定于1899—1900年的冬季学期讲授变分法——在他的教授生涯中，希尔伯特还是第一次开这门课。变分法是分析的一个分支，它处理这样一类极值问题，其中（与狄利克雷问题的情形一样）适合极小或极大值条件的变元并不是单个或有限多个数值变量，而是整个变动的曲线或函数，甚至是一组函数。

根据他本人的愉快经验，希尔伯特深切体会到：重大的个别问题是数学的活的血液。由于这个原因，变分法对希尔伯特有着巨大的魅力。这门数学理论正是在解决个别问题的基础上发展起来的。

在17世纪末，约翰·伯努利(Johann Bernoulli)提出了"最速下降线"问题，他以这个问题向同时代的数学家，特别是向他的哥哥雅各布(Jakob)——约翰曾在公开的场合嘲笑他无能——进行挑战。有几位数学家（包括牛顿）获得了一些结果，可是恰恰是那位受到奚落的哥哥，他对这问题的"很不优美"的解答却胜过了所有其他结果。因为在雅各布的解答中，他看到了其他人没有看到的事实——这个从无穷多条曲线中选出一条满足极值条件的曲线的问题，实质上是一类新问题，这类问题的解决需要发现新方法。

当时听过希尔伯特变分学讲演的学生中，有一位是马克斯·冯·劳厄(Max von Laue)。

冯·劳厄在回忆学生时代的生活时写道："……看到借助于数学方法可以获得多么丰富的自然信息，我感到无比惊奇，这是一个有决定意义的印象。当本来是一片模糊的事实变得豁然明朗，一种对理论的崇敬之情就会浸透我的心灵。尤其是大卫·希尔伯特的出色的讲演，使我对纯数学留下了深刻的印象。"

"在我的记忆中，"这位未来的诺贝尔奖获得者继续写道，"这个人是我所见到的最伟大的天才。"

由于魏尔斯特拉斯的工作，变分学已经变得更为严格了。但相对而言，它仍然是一个受到忽视的数学分支。在这一年冬季的讲演中，希尔伯特对这个数学领域做出了若干重要的贡献，其中包括一条定理，希尔伯特在这条定理中

第九章 问题(1899—1900)

叙述并证明了极小弧的可微性条件,在许多场合里,它保证了极小值的存在。

然而希尔伯特在这一时期的数学兴趣,比他在柯尼斯堡当讲师以来的任何时候都要广泛。他继续研究几何学,并发表了几篇有关的论文。他还发表了一篇题为《数的概念》的文章,在这篇文章中,他受着对公理方法的新热情的鼓舞,提出了一种对实数的公理化的处理,来代替一般的"发生学"*(如他所称)的处理。同时利用完备性公理引进了极大(或不可扩充)模型的概念。正是在这种丰富多彩的研究活动中,希尔伯特收到了一份邀请,希望他在第二次国际数学家代表大会(将于1900年夏天在巴黎举行)上作一个主要发言。

新世纪诱人地展现在他的面前,犹如一张白纸,一支新笔,等待他去写最精彩的文章,画最美丽的图画。他想发表一个与这个重要时机相称的演说。在给闵可夫斯基的新年贺信中,他提到了这个邀请,并回顾了第一次代表大会给他留下了深刻印象的两个演说——赫维茨关于现代函数论历史的才思横溢的专门讲演,以及庞加莱讨论分析与物理的相互关系的一般性发言。希尔伯特总想作一个替纯数学**辩护的演讲来回答庞加莱,但他也还有其他的想法。他一直在思考数学发展中个别问题的重要性。也许可以讨论一下新世纪数学发展的方向,指出一些数学家们应集中力量加以解决的重要问题。闵可夫斯基的意见如何呢?

闵可夫斯基回信说,对这件事情他需要考虑考虑。

1900 年 1 月 5 日,闵可夫斯基又给希尔伯特写了一封信。

"我重读了庞加莱的演说……我觉得他所有的意见都是用一种温和的形式表述,使人很难提出异议……因为你将要在专家们面前讲演,我认为还是做一个赫维茨式的演说好,而不是像庞加莱那样只做一个一般性发言……确实,演讲的效果可能更多地取决于演讲的方式。但题材的选择,仍然可以使你的听众成倍地增加。"

---

* "genetic":希尔伯特借用这个名词来表示数学上的构造性处理。——译注
** 原文为"mathematics for its own sake",(即"为数学的数学",今意译为"纯数学")。——译注

"最有吸引力的题材，莫过于展望数学的未来，列出在新的世纪里数学家们应当努力解决的问题。这样一个题材，将会使你的讲演在今后几十年的时间里成为人们议论的话题。"

不过闵可夫斯基对这个题材也发表了一些不同的意见：希尔伯特未必愿意把自己解决某些问题的想法公诸于众。国际上的听众未必会像德国听众那样对哲学讨论感兴趣。再说，做预言毕竟不是一件容易的事情。

希尔伯特没有回信。

1月25日，闵可夫斯基给格丁根寄去一封抱怨的信。

"怎么听不到你的声音，这是怎么回事呢？我上一封信的意见只是说：如果你想做一个漂亮的演说，那它就会做得非常漂亮。可是要给一个适当的忠告却不是那么容易的。"

但关于演说的题目，希尔伯特还没有下定最后的决心。

3月29日，他写信同赫维茨商量。

"我必须着手为巴黎会议准备一个主要的发言，我正在犹豫选什么样的题目……最好的题目是展望未来。关于下个世纪里数学发展的可能的方向，你有什么考虑吗？很想听听你的意见，这对我将是有益的。"

没有关于赫维茨回答的记录。

希尔伯特在继续思考20世纪数学的发展。一直到6月份，他的讲演还没有写出来，会议日程表已经发出，其中没有列入他的讲演。

闵可夫斯基很失望，他写信给希尔伯特说："我已经没有去参加这次会议的愿望了。"

但是到7月中旬，希尔伯特终于寄来了一包清样，这是他的讲演稿。题目很简单，就叫《数学问题》，这个讲演将在巴黎大会上提出，同时在格丁根科学协会通讯上发表。

闵可夫斯基不再说他不想去巴黎了。

他以极大的兴趣仔细地阅读校样。在讲演中，希尔伯特强调了决定着一门学科发展方向的问题的重要性，考察了重大而富有成果的问题的特点，阐述

第九章 问题(1899—1900)

了对于问题的"解答"的要求。然后他就提出并讨论了 23 个个别的问题。他相信,这些问题的解决,必将大大推动 20 世纪数学的发展。

头 6 个问题与数学基础有关。希尔伯特认为,刚刚过去的这个世纪里最伟大的数学成就,乃是非欧几何的发现以及算术连续统(或实数系统)概念的明确化。关于数学基础的 6 个问题,正是在这一观点的启发下提出的。这些问题反映出最近在几何基础方面的工作对他的强烈影响和他对公理方法的效用的巨大热情。其他的问题都是专门的和个别的问题,有一些是老问题,是众所周知的,有一些则是新问题,不过它们全是选自希尔伯特本人过去、现在或将来所关心的领域。最后一个问题(第 23 个问题)与其说是一个问题,不如说是对将来的一个建议。希尔伯特认为变分法这个数学领域在过去受到了不适当的忽视,他希望在下个世纪里数学家们能对这个领域给予更多的注意。

闵可夫斯基对希尔伯特列出的第二个问题发表了特别热情的意见。这就是 20 世纪数学中所谓"相容性问题"的第一次陈述。

应该记得,在关于几何基础的著作中,几何公理的相容性被归结为所有数学家都承认的实数算术的相容性。但实数算术究竟怎样呢?它确实相容吗?正如希尔伯特在最近一篇关于"数的概念"的论文中所指出,如果用公理化方法来建立算术理论,那就必须回答这个问题。

对于算术相容性这件事情,一个律师也许会满足于所谓"压倒的证据",就是说只要有了"压倒的证据",算术的相容性在他看来就没有问题。但希尔伯特并不是一个律师。作为一个数学家,他认为算术的相容性必须以在法律和除数学之外的任何人类知识领域中都不可能想象的精确程度来加以证明。在第二问题中,他要求对实数算术公理的相容性给出一个"数学证明"。

为了指出这个问题的重要性,他还补充了这样一段评论:

"如果一个概念具有矛盾的属性,那我就认为这概念在数学上不存在……在目前的场合,我们关心的是算术中的实数公理,此时算术公理相容性的证明同时也就是完备的实数系或连续统的数学存在性的证明。确实,算术公理相容性的证明一旦得到充分解决,不时产生的关于完备的实数系是否存在的怀疑就将变得毫无根据。"

希尔伯特认为,这将会对克罗内克的观点给出最终的回答。

闵可夫斯基评论道:"将数学家们长期以来一直坚信无疑的财富——算术公理提出来作为未来需要解决的问题,这是具有高度独创性的见解。不知道那些外行的听众会怎么想?他们对我们的尊敬会不会因此而增加一点呢?你得准备一场与哲学家的战斗。"

在以后的几个星期里,闵可夫斯基与赫维茨继续研究希尔伯特讲演的校样,并且对演讲的方式提出了一些建议。他们两个人都觉得讲演稿太长了。希尔伯特在提出数学问题之前那段长长的导言中表达了一个坚定的信念("这信念为所有数学家所共有,但至少迄今还没有一个人能够给以证明"):每个确定的数学问题都应该能得到明确的解决,或者是对这问题做出肯定的回答,或者是证明该问题解的不可能性,从而指出解答原问题的一切努力都必然归于失败。在刚过去的这个世纪里,埃米尔·杜波瓦-雷蒙的著作曾使这样一句话流行一时:"我们无知,我们将永远无知!"现在,希尔伯特利用这次讲演的机会对这句话进行了公开的、断然的批判,他用一段激动人心的话来重申他在前面已经论述过的信念,以此作为导言部分的结束:

"在我们中间,常常听到这样的呼声:这里有一个数学问题,去找出它的答案,你能够通过纯思维找到它,因为在数学中没有ignorabimus(不可知)!"

闵可夫斯基和赫维茨都认为这段话可以作为整个讲演的强有力的结尾,而问题表也许可以另外分发给与会代表。

闵可夫斯基劝告说:"假如你不需要用完给定的时间,效果可能会更好。"

7月28日,闵可夫斯基将校样寄还给希尔伯特。

"世界上每一个数学家无疑都会阅读你的讲演,通过这次讲演,我相信你对于青年数学家的吸引力将会大大增加——如果还可能增加的话。"

8月5日,星期日,两位好朋友在巴黎会面了。

本来有一千多名数学家表示要参加巴黎的大会,他们将携带七百多名家眷前往参观百年一次的博览会。但是,拥挤的人群,飞涨的物价,炎热的天气……

第九章 问题(1899—1900)

来自巴黎的这些传闻,使许多人取消了自己的打算。8月6日上午,当庞加莱宣布第二次国际数学家代表大会开幕时,出席会议的代表总数不到250人。

开幕式以后的第二天,数学家们从博览会会所搬到了左边僻静的小山上,那儿,工科大学和高等师范的校舍立于拿破仑纪念堂的两侧,一条狭窄的街道通向巴黎大学灰黑色的建筑物。

虽然在上一世纪里已经有许多新的数学分支发展起来,但会议仍按传统的习惯分组。纯粹数学分成算术、代数、几何和分析。应用数学只有一个力学组。一般问题包括了两个组,一个是关于文献学和数学史的,另一个是关于教育和方法论的。这两个组的地位被认为比数学组低些。据一位出席会议的美国代表回忆,在这两个组上提出的讲演都是普遍感兴趣的,但"在数学上却不一定最有价值"。希尔伯特的演说本来是安排在开幕式上做的,但由于希尔伯特本人的迟疑,结果只好放到8月8日(星期三)上午两个一般问题组的联席会议上去报告。

这天上午,一位不到40岁模样的人登上了讲坛。此人中等身材,矫健敏捷,宽广的前额引人注目。已经光秃的头顶,疏朗地余留着淡红色的发丝。高高的鼻梁上架着一副眼镜。不大的连鬓胡。略显散乱的唇髭下,一张丰满的大嘴,同细巧的下巴形成对照。明亮的蓝眼睛,透过闪亮的镜片射出纯真而又坚定的目光。这位讲演者,虽然外表朴素无华,他那刚强的品格和卓越的才智所酿成的气氛,却吸引着每一个听众的心。

他准备了一个法文的讲演摘要,将它分发给听众。在当时,会议并没有规定要这样做。大家以感谢的心情等待讲演的开始。

为了照顾不很懂德语的听众,希尔伯特缓慢地、审慎地开始了他的讲演。

第十章
数 学 的 未 来*
（1900）

"我们当中有谁不想揭开未来的帷幕，看一看在今后的世纪里我们这门科学发展的前景和奥秘呢？我们下一代的主要数学思潮将追求什么样的特殊目标？在广阔而丰富的数学思想领域，新世纪将会带来什么样的新方法和新成果？

"历史教导我们，科学的发展具有连续性。我们知道，每个时代都有它自己的问题，这些问题后来或者得以解决，或者因为无所裨益而被抛到一边并代之以新的问题。如果我们想对最近的将来数学知识可能的发展有一个概念，那就必须回顾一下以往尚未解决的问题，同时检阅一下当今科学提出的、期望在将来能够解决的问题。现在，当此世纪更迭之际，我认为正适于对问题进行这样一番检阅。因为，一个伟大时代的结束，不仅促使我们追溯过去，而且把我们的思想引向那未知的将来。

"某类问题对于一般数学进展的深远意义以及它们在研究者个人的工作中所起的重要作用是不可否认的。只要一门科学分支能提出大量的问题，它

---

* 本章内容是大卫·希尔伯特 1900 年在巴黎第二届国际数学家代表大会上的演说《数学问题》的总论部分，刊在《美国数学会通报》卷 8，1902，437—445，478—479。蒙出版者美国数学会之许而翻印。《通报》所载希尔伯特演说全文系由玛丽·温斯顿·纽森（Mary Winston Newson）博士在希尔伯特教授赞助下译成英文。

第十章 数学的未来(1900)

就充满着生命力,而问题缺乏则预示着独立发展的衰亡或中止。正如人类的每项事业都追求着确定的目标一样,数学研究也需要自己的问题。正是通过这些问题的解决,研究者锻炼其钢铁般的意志和力量,发现新方法和新观点,达到更为广阔和自由的境界。

"想要预先正确判断一个问题的价值是困难的,并且常常是不可能的,因为最终的判断取决于科学从该问题获得的收益。虽说如此,我们仍然要问:是否存在一般的准则可借以鉴别好的数学问题。一位老的法国数学家曾经说过:一种数学理论应该这样清晰,使你能向大街上遇到的第一个人解释它。在此以前,这一数学理论不能被认为是完善的。此地对数学理论所坚持的清晰性和易懂性,我想更应以之作为对一个堪称完善的数学问题的要求,因为,清楚的、易于理解的问题吸引着人们的兴趣,而复杂的问题却使我们望而却步。

"其次,为着具有吸引力,一个数学问题应该是困难的,但却不应是完全不可解决而使我们白费气力。在通向那隐藏的真理的曲折道路上,它应该是指引我们前进的一盏明灯,最终并以成功的喜悦作为对我们的报偿。

"以往的数学家们惯于以巨大的热情去致力解决那些特殊的难题。他们懂得困难问题的价值。我只提醒大家注意为伯努利所提出的'最速下降线'问题。在公开宣布这一问题时,伯努利说:经验告诉我们,正是摆在我们面前的那些困难而同时也是有用的问题,引导着有才智的人们为丰富人类的知识而奋斗。以梅森(M. Mersenne)、帕斯卡、费马、维维安尼(V. Viviani)等人为榜样,伯努利在当时杰出的分析学家面前提出了一个问题,这问题好比一块试金石,通过它,分析学家们可以检验其方法的价值,衡量他们的能力。伯努利希望因此而博得数学界的感谢。变分学的起源应归功于这个伯努利问题和相类似的一些问题。

"众所周知,费马曾断言丢番图方程

$$x^n + y^n = z^n (x、y 和 z 为正整数)$$

除去某些自明的情形外是不可解的。证明这种不可解性的尝试,提供了一个明显的例子,说明这样一个非常特殊、似乎不十分重要的问题会对科学产生怎样令人鼓舞的影响。受费马问题的启发,库默尔引进了理想数,并发现了把一个循环域的数分解为理想素因子的唯一分解定理,这定理今天已被戴德金和克罗内克推广到任意代数域,在近代数论中占着中心地位,其意义已远远超出数论的范围而深入到代数和函数论的领域。

"说到另一个很不相同的研究领域,我请大家注意三体问题。由庞加莱引进到天体力学中来的那些卓有成效的方法和影响深远的原则,今天也被实用天文学家所确认和应用,而它们正是起因于庞加莱对三体问题的研究,他重新研究了这个困难的问题并使它更接近于解决。

"上述两个问题——费马问题和三体问题——对我们来说似乎是两个相反的极端。前者是纯推理的发现,属于抽象数论的领域,后者则是天文学向我们提出的问题,是理解最简单的基本自然现象的需要。

"然而,常常也会发生这样的情形,即同一特殊的问题会在极不相同的数学分支中求得应用。例如,在几何基础、曲线曲面论、力学以及变分学中,短程线问题都起着根本的、在历史上十分重要的作用。克莱因在一本关于二十面体的书中对正多面体问题在初等几何、群论、方程论以及线性微分方程理论中的重要意义的描述是何等令人信服啊!

"为了说明某些问题的重要性,我还要提到魏尔斯特拉斯。魏尔斯特拉斯认为他的极大的幸运是在其科学事业之初,就找到了像雅可比逆问题这样一个重要的、可供研究的问题。

"在回顾了问题在数学中的一般重要性之后,我们现在要转向这样一个问题:数学这门科学究竟以什么作为其问题的源泉呢?在每个数学分支中那些最初、最老的问题肯定是起源于经验,是由外部现象世界所提出。整数运算法则就是以这种方式在人类文明的早期被发现的,正如今天的儿童通过经验的方法来学习运用这些规则一样。对于最初的几何问题,诸如自古相传的二倍立方问题、化圆为方问题等等,情形也是如此。同样地还有数值方程的解、曲线论、微积分、傅里叶级数和位势理论中那些最初的问题,更不用说更大量的、属于力学、天文和物理学方面的问题了。

第十章　数学的未来(1900)

"但是，随着一门数学分支的进一步发展，人类的智力，受着成功的鼓舞，开始意识到自己的独立性。它自身独立地发展着，通常并不受来自外部的明显影响，而只是借助于逻辑组合、一般化、特殊化，巧妙地对概念进行分析和综合，提出新的富有成果的问题，因而它自己就以一个真正提问者的身份出现，这样就产生出素数问题和其他算术问题，以及伽罗瓦(E. Galois)的方程式理论、代数不变量理论、阿贝尔函数和自守函数论等方面的一系列问题，确实，近代数论和函数论中几乎所有较深入的问题都是以这样的方式提出的。

"其间，当纯思维的创造力进行工作时，外部世界又重新开始起作用。通过实际现象向我们提出新的问题，开辟新的数学分支，而当我们试图征服这些新的、属于纯思维王国的知识领域时，常常会发现过去未曾解决的问题的答案，这同时就极有成效地推进着老的理论。据我看来，数学家们在他们这门科学各分支的问题提法、方法和概念中所经常感觉到的那种令人惊讶的相似性和仿佛事先有所安排的协调性，其根源就在于思维与经验之间这种反复出现的相互作用。

"还要简单地讨论一下：对于一个数学问题的解答，应该提出怎样的一般要求。我认为这首先是要有可能通过以有限个前提为基础的有限步推理来证明解的正确性，而这些前提包含在问题的陈述中并且必须对每个问题都有确切定义。这种借助有限推理进行逻辑演绎的要求，简单地说就是对于证明过程的严格性的要求。这种严格性要求在数学中已经像座右铭一样变得众所周知，它实际上是与我们悟性的普遍的哲学需要相应的；另一方面，只有满足这样的要求，问题的思想内容和它的丰富涵义才能充分体现。一个新的问题，特别是当它来源于外部经验世界时，很像一株幼嫩的新枝，只要我们小心地、按照严格的园艺学规则将它移植到已有数学成就粗实的老干上去，就会茁壮成长，开花结果。

"把证明的严格化与简单化决然对立起来是错误的。相反，我们可以通过大量例子来证实：严格的方法同时也是比较简单、比较容易理解的方法。正是追求严格化的努力驱使我们去寻求比较简单的推理方法。这还常常会引导到一些比严格性较差的老方法更有发展前途的方法。这样,借助于更为严格的函数论方法和协调地引入超越手段,代数曲线的理论经历了很大的简化并达到了更高的统一。还有,对幂级数可以应用四则算术运算并进行逐项微分与积分,这一事实的证明以及通过这种证明而获得的对幂级数用处的认识,大大促进了整个分析的简化,特别是消去法和微分方程论,还有这些理论所需要的存在性证明的简化。但是,我要提出的最突出的例子是变分法。处理定积分的一阶和二阶变分,有时需要复杂的计算。而以往数学家所采用的算法缺乏必要的严格性。魏尔斯特拉斯给我们指出了通向崭新而牢靠的变分学基础的道路。在本演讲的末尾,我将以单积分为例,简要地指出:遵循这条道路如何同时导致变分学的惊人简化,即在证明极小和极大值出现的充要条件时,二阶变分的计算,实际上还包括某些与一阶变分有关的令人厌倦的推导,都可以完全省去——更不用说这样的进步,即可以去掉对于变分要求其中函数的微商变化很小的限制了。

"另一方面,在坚持把证明的严格性作为完善地解决问题的一种要求的同时,我要反对这样一种意见,即认为只有分析的概念,甚至只有算术的概念才能严格地加以处理。这种意见,有时为一些颇有名望的人所提倡,我认为是完全错误的。对于严格性要求的这种片面理解,会立即导致对一切从几何、力学和物理中提出的概念的排斥,从而堵塞来自外部世界的新的材料源泉,最终实际上必然会拒绝接受连续统和无理数的思想。这样一来,由于排斥几何学和数学物理,一条多么重要的、关系到数学科学生命的神经被切断了!与这种意见相反,我认为:无论数学概念从何处提出,无论是来自认识论或几何学方面,还是来自自然科学理论方面,都会对数学提出这样的任务:研究构成这些概念的基础的原则,从而把这些概念建立在一种简单而完备的公理系统之上,使新概念的精确性及其对于演绎之适用程度无论在哪一方面都不会比以往的算术概念差。

"新符号必须服从于新概念。我们用这样的方式来选择这些符号,使得它们会令人想到曾经是形成新概念的缘由的那种现象。这样,几何图形就是直观空间的帮助记忆的符号,所有数学家正是如此来使用它们的。谁不会用同一直线上的三点配上不等式 $a>b>c$ 来作为'之间'这个概念的几何图形呢? 当需要证明一条关于函数连续性或聚点存在的困难定理时,谁不会使用一个套一个的线段或矩形图像呢?谁能够完全不使用三角形、带中心的圆或由三根互相垂直的轴组成的坐标架这样一些图形呢?谁又会放弃在微分几何、微分方程论、变分学基础以及其他纯数学分支中起着如此重要作用的向量场图示法或曲线、曲面族及其包络的图形呢?

"算术符号是文字化的图形,而几何图形则是图像化的公式。没有一个数学家能缺少这些图像化的公式,正如在数学演算中他们不能不使用加、脱括号的操作或其他的分析符号一样。

"采用几何符号作为严格证明的一种手段,是以对于构成这些图形基础的公理的确切理解和完全掌握为前提的。为了使这些几何图像可以融入数学符号的总宝库,就必须对它们的直观内容进行严格的公理化研究。正如在两数相加时,人们必须把相应的数字按位数上下对齐,使得这些数字的正确演算只受演算规则即算术公理的支配。几何图形的使用也是由几何概念的公理及其组合所决定。

"几何与算术思维之间的这种一致性还表现在:在算术中,也像在几何学中一样,我们通常都不会循着推理的链条去追溯最初的公理。相反地,特别是在开始解决一个问题时,我们往往凭借对算术符号的性质的某种算术直觉,迅速地、不自觉地去应用并不绝对可靠的公理组合。这种算术直觉在算术中是不可缺少的,就像在几何学中不能没有几何想象一样。作为用几何概念与几何符号来严格处理算术理论的一个例子,我要提出闵可夫斯基的著作:《数的几何》。

"下面,我想对在数学问题中常会遇到的困难和克服这些困难的办法作一些分析。

"在解决一个数学问题时,如果我们没有获得成功,原因常常在于我们没有认识到更一般的观点,从这种观点来看,眼下要解决的问题不过是一连串有关问题中的一个环节。采取这样的观点之后，不仅我们所研究的问题会容易得到解决，同时还会获得一种能应用于有关问题的普遍方法。柯西在定积分理论中引进复积分路径，库默尔在数论中引进'理想'的概念，就是这样的例子。这种寻求一般方法的途径肯定是最行得通也是最可靠的，因为手中没有明确的问题而去追求一般方法的人，他们的工作多半是徒劳无益的。

"在讨论数学问题时，我相信特殊化比一般化起着更为重要的作用。可能在大多数场合，我们寻找一个问题的答案而未能成功的原因，是在于这样的事实，即有一些比手头的问题更简单、更容易的问题没有完全解决或是完全没有解决。这时一切都有赖于找出这些比较容易的问题并用尽可能完善的方法和能够推广的概念来解决它们。这种方法是克服数学困难的最重要的杠杆之一，我认为人们是经常使用它的，虽然也许并不自觉。

"有时会碰到这样的情况：我们是在不充分的前提或不正确的意义下寻求问题的解答，因此不能获得成功。于是就会产生这样的任务：证明在所给的和所考虑的意义下原来的问题是不可能解决的。这样一种不可能性的证明古人就已实现，例如他们证明了一等腰直角三角形的斜边与直角边的比是无理量。在以后的数学中，关于某些解的不可能性的问题起着重要作用；这样，我们领悟到：一些古老而困难的问题，诸如平行公理的证明，化圆为方，或用根式求解五次方程等，业已获得充分满意和严格的解决，尽管是在与原先的企图不同的另一种意义上。也许正是这一值得注意的事实，加上其他哲学上的因素，给人们以这样的信念（这信念为所有数学家所共有，但至少迄今还没有人能给以证明），即每个确定的数学问题都应该能得到明确的解决，或者是成功地对所给问题做出回答，或者是证明该问题解的不可能性，从而指明解答原问题的一切努力都肯定要归于失败。拿任一确定的、尚未解决的问题来说，例如关于欧拉-马斯凯罗尼（Mascheroni）常数 C 的无理性问题或是否存在无限多个形如 2^n+1 的素数问题，无论这些问题在我们看来多么难以解决，无论在这些问题面前我们显得多么无能为力，我们仍然坚定地相信，它们的解答一定能通过有限步纯逻辑推理而得到。

第十章 数学的未来(1900)

"这条认为所有的问题都能解决的公理,仅仅是数学思想所独有的特征吗?抑或是我们的悟性所固有的一般规律,即它所提出的一切问题也能被它自身所回答?因为,在其他科学中,人们也常遇到一些老问题,通过不可能性的证明,这些问题被用一种对科学来说是最满意、最有用的方式解决了。我想援引永动机问题。在制造永动机的努力失败以后,科学家们研究了在这种机器不可能的情况下,自然力之间必定存在的关系;而这个反问题引导到能量守恒定律的发现,它反过来又解释了原先希望制造的永动机的不可能性。

"这种相信每一个数学问题都可以得到解决的信念,对于数学工作者是一种巨大的鼓舞。在我们中间,常常听到这样的呼声:这里有一个数学问题,要去找出它的答案。你能够通过纯思维找到它,因为在数学中没有 ignorabimus(不可知)!"

说到这里,为了缩短讲演,希尔伯特只从他的 23 个问题中选出 10 个来做了解说。以下列出的所有问题基本上是他出版其演讲稿时所用的标题。加星号(*)者是他在巴黎会议上提到的:

* 1. 康托尔的连续统基数问题。

* 2. 算术公理的相容性。

3. 两个等底等高的四面体体积之等组成。

4. 直线作为两点间最短距离的问题。

5. 李(S. Lie)的连续变换群概念,不要定义群的函数的可微性假设。

* 6. 物理公理的数学处理。

* 7. 某些数的无理性和超越性。

* 8. 素数问题(包括黎曼假设或称黎曼猜想)。

9. 任意数域中最一般的互反律之证明。

10. 丢番图方程可解性的判别。

---

* 希尔伯特演说和问题表的法文摘要刊登在 *L'enseignement mathématique* 第 2 卷,1900,349—355。

11. 系数为任意代数数的二次型。

12. 阿贝尔域上的克罗内克定理在任意代数有理域上的推广。

*13. 不可能用仅有两个变数的函数解一般的七次方程。

14. 证明某类完全函数系的有限性。

15. 舒伯特(Schubert)计数演算的严格基础。

*16. 代数曲线和曲面的拓扑。

17. 正定形式的平方表示式。

18. 由全等多面体构造空间。

*19. "正则"变分问题的解必定是解析的吗?

20. 一般边值问题。

*21. 具有给定单值群的线性微分方程存在性的证明。

*22. 通过自守函数使解析关系单值化。

23. 变分法的进一步发展。

"以上提出的(10个)问题,"希尔伯特对他的听众说道,"只不过是一些例子;但它们已经充分显示出今日的数学科学是何等丰富多彩,何等范围广阔! 我们面临这样的问题:数学会不会遭到像其他有些科学那样的厄运,被分割成许多孤立的分支,它们的代表人物很难互相理解,它们的关系变得更松懈了? 我不相信会有这样的情况,也不希望有这样的情况。我认为,数学科学是一个不可分割的有机整体,它的生命力正是在于各个部分之间的联系。尽管数学知识千差万别,我们仍然清楚地意识到:在作为整体的数学中,使用着相同的逻辑工具,存在着概念的亲缘关系,同时,在它的不同部分之间,也有大量相似之处。我们还注意到,数学理论越是向前发展,它的结构就变得越加调和一致,并且这门科学一向相互隔绝的分支之间也会显露出原先意想不到的关系。因此,随着数学的发展,它的有机的特性不会丧失,只会更清楚地呈现出来。

"然而,我们不禁要问:随着数学知识的不断扩展,单个的研究者想要了解这些知识的所有部门岂不是变得不可能了吗? 为了回答这个问题,我想指出:数学中每一步真正的进展都与更有力的工具和更简单的方法的发现密切联系着，这些工具和方法同时会有助于理解已有的理论，并把陈旧繁杂的东西抛到一边。数学科学发展的这种特点是根深蒂固的。因此，对于个别的数学工作者来说，只要掌握了这些有力的工具和简单的方法，他就有可能在数学的各个分支中比其他科学更容易地找到前进的道路。

"数学的有机统一，是这门科学固有的特点，因为它是一切精确自然科学知识的基础。为了圆满实现这个崇高的目标，让新世纪给这门科学带来天才的大师和无数热忱的信徒吧！"

第十一章
新 世 纪
(1900—1902)

希尔伯特关于数学问题的讲演到此结束,当时,巴黎大学讲演厅里,空气十分闷热,据一位美国数学会的记者报道,接着进行的讨论"相当草率"。

"……有人断言:关于七次方程,(某个德国研究者)所做的工作已经超过了希尔伯特的要求,虽然这种说法并无充分的根据。对希尔伯特关于算术公理的评述,皮亚诺提出了更明确的反对意见,他声称:具有所要求的性质的算术公理系统已经由他的一位同国人建立起来……"

当时真正的新闻,是在博览会上散发的《纽约时报》号外所报道的那些事件:在俄国和法国因西伯利亚和印度支那的战事而不能增兵的情况下,美、英、德、日正在加紧策划它们对中国的军事行动;意大利国王最近被暗杀,这个国家陷于混乱之中;维多利亚女王打算向国会发表演说;威廉·詹宁斯·布莱恩(William Jennings Bryan)再次当选为民主党候选人来对抗总统麦金利(McKinley)。

但是,在巴黎大学的小山上,在国际数学家代表大会其余的日子里,大卫·希尔伯特关于20世纪的数学问题表却吸引了整个数学界的想象力,这一点已经越来越清楚。希尔伯特的实际经验看来保证了这些问题都符合于他在讲演中所提出的标准,他的判断力则使人相信这些问题在今后的年月里一定能得到解决。由于希尔伯特的迅速增长的声望(现在只有庞加莱可与之匹

第十一章 新世纪(1900—1902)

敌),一个数学工作者只要解决了巴黎问题中的任何一个,就可使自己一举成名。

会议闭幕后,希尔伯特即前往劳兴镇度短假。他从那里给闵可夫斯基去了一封信,这使闵可夫斯基回忆起他们以往在这个海滨胜地一起度假的"美好时光"。闵可夫斯基写道:"我又愉快地体会到我早已认识了的事实:你不仅在数学上使人们获益不浅,而且你像哲学家一样敏感地欣赏生活的艺术,也使我们学到不少东西。"

与希尔伯特问题有关的第一个重要结果是在1900年当年得到的。他自己的学生,22岁的马克斯·德恩,证明了(正如希尔伯特所猜测的那样)一个正四面体不可能被剖分以后再拼合成一个体积相等的立方体。这给出了第三问题的部分解答。次年,德恩完全地解决了这个问题。他于是便成为对于解决希尔伯特23个问题作出贡献的、后来被称作"荣誉等级"(the honors class)的数学家行列中的第一名数学家。

巴黎会议之后,希尔伯特继续研究几何学,但他的大部分时间是用于探讨分析问题。这个领域在许多重要的方面不同于他以前所研究过的分支。在算术和代数中,通常只涉及有限多个量的运算,并且可以在有限步内完成。分析则涉及连续量的运算,并且往往是通过证明无限数列收敛于某个极限来获得结果。希尔伯特这时已经是公理方法的热情的倡导者;他认为他在分析这个领域里已经找到一个机会,可以运用这种强有力的公理方法来达到统一化、条理化和简明化的目标。

"我觉得,研究那些用以建立一门给定的分析理论的收敛条件,这是很有意思的事情。"希尔伯特后来说道,"通过这种研究,使我们能够确立一组最简单的基本事实,它们的证明需要一个特殊的收敛条件。然后,只要使用这样一个收敛条件(不必附加任何其他的收敛条件),就可以证明该分析理论中的全部定理。"

这个想法与黎曼关于狄利克雷原理所做的尝试有些类似,希尔伯特认为在变分法中也能找到一个他所需要的"简单的基本事实"。然而在1900—

希尔伯特——数学界的亚历山大

1901年冬,有一天一位瑞典学生给希尔伯特讨论班带来了一篇最近发表的、关于积分方程的论文,作者是他的同国人,名叫伊瓦尔·弗雷德霍姆(Ivar Fredholm)。

积分方程是一类函数方程,它的历史与数学物理问题尤其是连续介质的振动密切相关。关于这类方程的理论发展极其缓慢。但现在弗雷德霍姆用一种创造性的、优美的方式给出了某些特殊方程(这类方程后来就以他的名字命名)的解。弗雷德霍姆的方法揭示了积分方程和线性代数方程之间暗含的相似性。

希尔伯特立即认识到:弗雷德霍姆的工作比他自己在变分学方面的工作更接近于他所追求的目标,那就是从方法论的角度达到处理分析学问题的统一途径。希尔伯特引为自豪的是,他没有让自己感情用事地偏执于某个特定的计划——他总是按照事物的本来面目而不是根据个人的爱好来理解事物的。因此,现在他毫无反悔地放弃了自己原来的计划而以巨大的热情投入积分方程的研究。按照希尔伯特本来的计划,他是否能够给变分学方法带来那种为贯通和支撑整个分析所必需的灵活性和力量呢?这也许是一个永远无法回答的问题(正如布鲁门萨尔所说),因为现在希尔伯特对他的学生是只谈积分方程了。

就在这时,有一个公费留学的日本年轻人高木贞治来到格丁根。高木后来成为发展希尔伯特在关于代数数域的最后一篇论文中作了概述的类域理论的五六个数学家之一。他已经写了一本《算术新编》的小册子,这本书与希尔伯特最近的数论工作相比,自然显得过于简单,但相对于当时日本的数学水平而言,内容已相当先进了。他现在希望能与《数论报告》的作者一起研究数论。但当高木到达格丁根后,希尔伯特同他交谈时对数论却只字未提。相反,希尔伯特这时已经在谈话和讲演中向学生们描述了最终将在他的积分方程一般理论中使用的那些思想的轮廓。

这一时期来到格丁根的另一个学生是埃哈德·施密特(Erhard Schmidt)。他从柏林到这儿来"侦察"格丁根的数学教育,并把它与无敌的三人小组[富克

第十一章 新世纪(1900—1902)

斯、许瓦尔茨和弗罗贝尼乌斯(F. Frobenius)]指导下的首都数学教育进行比较。这位富克斯就是希尔伯特在海德堡跟他学习的那个富克斯。而许瓦尔茨是将克莱因推荐到格丁根来的有功之臣,他现在负责指导一个国际闻名的、每月举行两次的讨论班。至于弗罗贝尼乌斯,他的数学讲演被认为是德国最完美的讲演,"它们唯一的缺点是,"据一个学生说,"由于它们的完美,甚至提不出没有解决的问题。"但是,格丁根的数学却给年轻的施密特留下了极深的印象,以致他决定不再回柏林。

虽然讨论的课题已经变换,每周一次的数学散步却继续下来。但是,乡村的宁静现在时常被一种用引擎开动的怪物的吼叫声所扰乱。希尔伯特的朋友能斯特买来一辆新式摩托车;格丁根周围的那些小山丘,常常使其他摩托驾驶员败兴而归,但能斯特却毫不在乎。他在车上装了一个 N_2O 气缸,只要拧一下仪表板上的开关,让笑气注入混合的气体,他的摩托车就能够咆哮着胜利登上任何一个山包。

在 1901—1902 年冬季学期,希尔伯特讲授位势理论,并将最初的一些结果应用于积分方程。由于这些讲演思想新颖,学生们有时很难跟得上,即使是希尔伯特的助手阿尔伯特·安德雷(Albert Andrae)的讲义笔记也帮不了他们多少忙。事实上,安德雷有时会在笔记本上写下这样的警语:"从某某页到某某页记录内容不能保证正确。"在数学俱乐部的圣诞节庆祝会上,一个被位势理论弄得头昏脑涨的学生念了一首打油诗:"Der eine bleibt erst unverständlich/Der Andrae macht es klar."[德文中"安德雷"这个名字与代词"Andrae"(另一个人)相同,这首诗利用了这一点,翻译出来是:我们糊涂的,"安德雷"清楚。]

这一年春天,艾哈德·施密特对格丁根数学的热情引来了他在柏林的一些朋友,其中有一位就是康斯坦丁·卡拉泰奥多里(Constantin Carathéodory)。卡拉泰奥多里是希腊的一个富家子弟,他在 26 岁时放弃了很有前途的工程师职位而回到大学来专攻纯数学。他的家人们认为他的计划是一种愚蠢的罗曼蒂克:一般没有人会到 26 岁才开始他的数学生涯。"但通过不受束缚的、专心致志的数学研究,我的生活会变得更有意义,我无法抗拒这样的诱惑。"

这时,希尔伯特已开始享有一个数学家所能享有的最高声誉。正如布鲁门萨尔指出的那样,希尔伯特"以朴素而稳重的喜悦接受了这种成功,并没有用虚伪的谦虚来自扰"。从12年前攻克戈丹问题而开始的一连串胜利的记录,使布鲁门萨尔(这时已成为一名讲师)想起了拿破仑的意大利战役:关于不变量理论的登峰造极的研究——《数论报告》和深刻、丰富的类域论计划——广泛传播、影响深远的几何基础的小册子——狄利克雷原理的起死回生——变分学中的重要定理——巴黎问题。外国科学院纷纷选他为院士。德国政府授予他"枢密顾问"(Geheimrat,大致相当于英国的爵士)的头衔。

有人想给希尔伯特送点东西,当他口口声声用"枢密顾问阁下"来称呼希尔伯特时,希尔伯特显得很不高兴。此人着急了,便问希尔伯特说:"我打扰你了吗,枢密顾问阁下?"

"不,你没有打扰我,"希尔伯特回答道,"除了你的奉承之外!"

克莱因在成为枢密顾问之后,总喜欢别人用这个头衔来称呼他。那么,希尔伯特喜欢什么样的称呼呢?

"希尔伯特?"一位学生说道,"他不在乎。他是一个王,他是希尔伯特。"

这时,希尔伯特的双亲还健在。长期以来,希尔伯特法官对于儿子的事业与成功一直抱有"怀疑"。数学有它自己的特点,作为门外汉,他不可能真正地鉴赏他儿子的这些成就,但是,希尔伯特获得的许多荣誉,终于驱散了他父亲心中的疑虑。

在一次访问格丁根时,闵可夫斯基被围绕着他朋友的那种浓烈的数学气氛所深深打动。

"一个人哪怕只是在格丁根做一次短暂的停留,呼吸一下那儿的空气,"闵可夫斯基在回到苏黎世、重又置身于那依然不能令他称心的环境之中后写道,"都会产生强烈的工作欲望……我已经在为《年鉴》准备一篇论文了。"

然而,当1902年1月23日希尔伯特过40岁生日时,他并不是完全无忧无虑的。

第十一章　新世纪(1900—1902)

虽然他和克莱因分享着"完全的信赖和共同的兴趣"(用他自己的话说)，他们的关系却不能算是亲密无间。克莱因越来越热衷于数学研究本身以外的活动。除了教学任务和行政管理外，他还是一系列计划的支持者：30大卷数学辞典的编纂；新成立的国际学校教育委员会(研究"一切文明国家"中从幼儿园到大学教育方法的发展)；改良和扩大德国中学科学教育、并按大学水平来加强技术训练和数学教育的尝试；自从访问美国以来被激发起来的用纯数学方法丰富技术科学的美梦等等。希尔伯特对克莱因的这些计划却毫无兴趣。

而且，随着年事增高，克莱因变得越来越像一个神了。学生们喜欢讲这样一个笑话：在格丁根有两类数学家，一类数学家做他们自己要做但不是克莱因要他们做的事，另一类数学家则做克莱因要做但不是他们自己要做的事。克莱因既不属于前一类，也不属于后一类，因此克莱因不是数学家。

克莱因对自己的学生很感兴趣，并且喜欢同他们进行长时间的交谈。不过他总是保持着一种优越感。有一个学生后来回忆说，克莱因"像施舍财富的国王那样愉快地"把自己的思想分赐给学生，同时"以确定不疑的态度指导每一个学生，将他们引到最适合自己个性发展的方向上去"。这些学生在相互谈话之间称克莱因为"伟大的菲利克斯"。在格丁根有个传说：被请到克莱因家吃饭的学生，有时被严峻的主人弄得有点胆战心惊，以致当克莱因问一个问题时，他竟会不由自主地站起来回答。

但希尔伯特个人却没有感到克莱因的威胁。几年前，他曾收到邀他去莱比锡接任索弗斯·李的职位的聘约，他当时写信同闵可夫斯基商量是否接受这个离开格丁根的机会。闵可夫斯基指出：如果希尔伯特"在空间上"同克莱因分开，外界也许会更加认识到这样一个事实，即当代德国最伟大的数学家是希尔伯特。但这样的论证并没有产生效果，希尔伯特还是拒绝了莱比锡的聘请。

不过现在他越来越感到，在他与克莱因的关系中，缺少某种对他来说是不可缺少而克莱因由于个人的气质又不可能提供的东西。接着，在他刚过40岁生日后几个月，他又有离开格丁根的机会了。拉佐鲁什·富克斯去世了，他在柏林的光荣职位将聘请希尔伯特去担任。

这个消息在讲师和高年级学生中传播开来，使他们感到心烦意乱。他们中许多人之所以到格丁根来，仅仅是因为这儿有希尔伯特。有的人（如埃哈德·施密特和他的朋友们）本来就是从柏林来的。不过大家又都觉得，像希尔伯特这样领头的德国数学家，似乎很自然应该去首都工作。尽管并不抱有多少希望能够影响希尔伯特的决定，他们还是推出三名代表，由沃尔特·利茨曼（Walther Lietzmann）打头去希尔伯特家请求他留在格丁根。希尔伯特夫人在花园里用果子露甜酒招待他们。希尔伯特倾听了他们的请求，但未作表态。三个人怏怏而归。有很长一段时间，希尔伯特在考虑决策。他的频繁的首都之行，他在课堂上那种不常有的神经质，都使人以为他正在打算接受柏林的聘请了。

但实际上，希尔伯特是想用他在解决数学问题时惯用的方法来解决一个个人问题。他并不想离开格丁根。正如他在接到莱比锡的聘请时对闵可夫斯基解释的那样，他感到，为了精力充沛地从事数学研究，呆在小城市比大城市好。在一个小城市里，科学思想的交流更方便，同大自然接触的机会更多。他也很清楚克莱因的行政天才给他带来的好处。他还意识到领头的德国数学家生活在高斯的大学里是适得其所的。但是为了在格丁根呆得更愉快，他需要一个能够提供亲密的科学与个人友谊的同事，他在柯尼斯堡同闵可夫斯基之间建立起来的就是这种友谊。解决这个问题的方法是显然的。在格丁根，对于其他大学的聘请有一条不成文的规定，那就是一个人除了可以利用这种聘请来改善他个人的工作状况以外，还可以利用它来改善他所在的部门或专业的状况。最近能斯特收到慕尼黑的一个聘请，他就提出了在格丁根建立德国第一个物理-化学实验室的要求，作为继续留在格丁根的条件。现在，在克莱因的赞同和支持下，希尔伯特要求阿尔道夫在格丁根设立一个新的数学教授席位，并聘请闵可夫斯基来担任。

在新的位置尚未确定之前，希尔伯特没有向闵可夫斯基透露这种回德国的可能性。但他却设法使闵可夫斯基能够在新职位公布之日向格丁根科学会

第十一章 新世纪(1900—1902)

提交一篇论文。

这个新职位终于设立了。事后希尔伯特将全部功劳都归于阿尔道夫。他为了实现其大胆而成功的策略所运用的外交手腕由此可见一斑:

"将闵可夫斯基移植到更合适的土壤中去的,又是阿尔道夫。阿尔道夫以普鲁士大学行政史上前所未有的勇敢,在格丁根设立了一个新的教授席位……"

当数学俱乐部的成员们听说"希尔伯特不走并且闵可夫斯基要来格丁根"时,人人欢欣鼓舞。他们组织了一次祝宴,这是一种正式的烟酒晚会,是对一个教授表达敬意的两种方式之一。另一种方式是火炬游行,是只给予少数几个教授的最高荣誉,并且只是在他们长期的、卓越的教授生活结束时才举行。

这次祝宴的高潮是克莱因的讲话。他在讲话中全面而又精彩地概括了希尔伯特在数学研究和教育方面的成就及其对未来数学的影响。"如果允许的话,请给我一份书面的东西。"事后有人听到希尔伯特这样请求道。

闵可夫斯基满怀喜悦。他从苏黎世来信说:

"放眼未来的生活和工作,我看到了最美好的希望!"

第十二章
第二个青春
（1902—1904）

1902年秋闵可夫斯基来到格丁根之后，希尔伯特不再感到孤单了："打一个电话，或者是沿街走几步路，向他所在书房的角窗上扔一块小石子，都意味着要进行一项数学或非数学的活动。"

现在，闵可夫斯基代替了克莱因，与希尔伯特共同指导讨论班。

每星期天早晨，两个朋友照例要和他们的妻子一道出发去野餐。

希尔伯特夫妇现在已不到他们接受洗礼和举行婚礼的教堂去了。在格丁根，人们传说当小弗朗茨刚开始上学时，别人问他"你信什么教？"他回答不上来。哲学家埃德蒙·胡塞尔（Edmund Husserl，一个新皈依基督教的犹太人）的儿子便对小弗朗茨说："要是你不知道你信什么教，那你一定是一个犹太人啦！"

两家的孩子们后来也参加了星期天的远足。最常去的目的地是一个叫玛丽亚之春的游乐场所。他们在那儿的树荫下举行露天舞会。在那里，希尔伯特可以找一位同事的年轻漂亮的夫人来做临时的"女伴"，拥着她在舞场上快步回旋。这往往使在场的闵可夫斯基的女儿们垂眼羞看。她们觉得他的急速有力的舞蹈动作式样太老。"对他说来，这是一种运动！"音乐停止后，希尔伯特用他那粗毛大斗篷把舞伴包围起来，做一个拥抱和接吻的姿势。这时闵可夫斯基的女儿们就更不好意思看了。

第十二章 第二个青春(1902—1904)

由于文静的闵可夫斯基的光临,希尔伯特感到在自己家里频繁举行的晚会上,现在有了更大的欢乐。晚会上也常跳舞,这时地毯被卷到一边,一个留声机制造商送给这位著名数学家的留声机放送着伴奏的乐曲,希尔伯特则用法语发号施令。桌子上总是堆满了丰富的食品,但主要的内容是谈话。有人会提出一个话题,并问希尔伯特有何见解,比如他对占星学怎么看?没有片刻的犹豫,希尔伯特就会用他那毫无改变的东普鲁士口音(这种口音使他所讲的一切都带上有趣的色彩并令人经久难忘)斩钉截铁地回答说:"要是把天底下最聪明的十个人集合起来,请教他们世界上最愚蠢的事情是什么?他们一定会告诉你:没有比占星学再愚蠢的了!"有时大家会谈到对伽利略的宗教审判,有人责备伽利略没为了自己的信念坚持到底,希尔伯特则表示反对:"伽利略并不是一个傻瓜。只有傻瓜才相信科学真理需要宗教式的殉道,科学成就要依靠时间来证明自身的正确。"闵可夫斯基不像希尔伯特那样侃侃而谈,但他发表的意见却总是切中问题的核心。他喜欢引用《浮士德》里的诗句,并且用得很得体。当他讲话时,希尔伯特在一旁侧耳倾听。而希尔伯特自己在发表意见时就要大胆得多。将来最重要的技术成就是什么?"到月亮上去抓苍蝇。"为什么?"因为要实现这一目标,所必须解决的附加技术问题,就意味着要解决人类面临的几乎一切物质困难。"最重要的数学问题是什么?"ζ-函数*的零点问题,不仅在数学上最重要,而且是绝对的重要!"

小弗朗茨不参加晚会,但有时站在门口,安静地听着大家谈笑。

在人多的场合,闵可夫斯基常常"Lampenfieber"(怯场)。即使是在青年人中间,他也会在众目睽睽之下显得局促不安。在苏黎世的时候,他那羞涩而结巴的讲演赶跑了一个叫阿尔伯特·爱因斯坦的学生。但是在被人们称为"纯粹思维圣地"的格丁根,学生们很快就把闵可夫斯基看作是"一位真正的数学诗人",并且因为享有聆听这位数学诗人讲演的特权而感到光荣。对他们来

---

* 即黎曼 ζ-函数,这函数由下列级数所定义:
$$\zeta(s)=1+\frac{1}{2^s}+\frac{1}{3^s}+\frac{1}{4^s}+\cdots(s\text{ 为复数})。$$——译注

说，似乎闵可夫斯基所说的每一句话，都是新鲜生动、前所未闻的。

这种说法至少有一次是完完全全真切的。在讲授拓扑学时，闵可夫斯基提到了这个领域里一个尚未解决的著名问题——四色定理。（这定理说：有四种颜色就足以给任何一张地图着色而保证相邻两个区域不会着同一种颜色。）

"这条定理还没有得到证明，但这是因为到现在为止，只有一些第三流的数学家对它进行过专门研究，"闵可夫斯基以一种少有的自负向全班学生宣称，"我相信我能够证明它。"

他当场开始证明这条定理。这堂课结束时，他还没有证明出来。到下一次全班集合时，他又继续证明。就这样，一连几个星期过去了。最后，在一个阴雨的早晨，闵可夫斯基走进教室，这时恰好一道闪电，空中雷声大作。他站到讲坛上，面朝着大家，温和的圆脸显出一副深沉、严肃的表情。

"老天也被我的骄傲激怒啦，"他说，"我对四色定理的证明也是不完全的。"

接着他就从数周前中断的地方开始继续讲拓扑学。（到本书写作时为止，四色定理尚未获得证明[*]。）

希尔伯特现在开始像他早先研究不变量和数论时所做的那样，一门心思地研究起积分方程。关于这个课题，他的研究方法使人想起他在研究其他课题时所采取的途径。他这方面最初的论文，是向格丁根科学会提交的一篇通信。在这篇论文中，他对弗雷德霍姆理论给出了一个简明而独创的推导，比弗雷德霍姆本人的工作更清楚地揭示了这一理论的基本思想。通过这篇论文，还可以看到一些新鲜而富有成果的思想萌芽。通过直觉上对不同的数学部门之间以及数学与物理学之间存在的基本关系的掌握，希尔伯特认识到弗雷德霍姆方程可以解决分析和数学物理领域里一系列过去不能解决的问题。他眼下的目标，正是要把分析中最大可能范围内的线性问题囊括为一个统一的方

---

[*] 1976年，美国数学家阿佩尔(K. Appel)和哈肯(W. Haken)已利用高速电子计算机的协助证明了四色定理。——译注

第十二章 第二个青春(1902—1904)

程式理论。

闵可夫斯基又重新研究他心爱的数论了。据希尔伯特回忆,闵可夫斯基认为有许多数学家没有能呼吸到他所谓的数论的"特殊空气",在跨越1903—1904年的冬天,闵可夫斯基发表了一系列相对来说是非专门的讲演,后来又在这些讲演的基础上出版了一本书,以易于理解的方式阐述了他自己所创造的数论方法和获得的重要结果。希尔伯特也像闵可夫斯基一样强调"以柔美的旋律来演奏强有力的数论音乐"(这是闵可夫斯基的比喻),当他从前的一位美国学生利·瑞德(Legh Reid)写了一本关于这方面的书时,希尔伯特做了热情推荐。数论是"其他科学的典范……数学知识的永不枯竭的源泉,并对其他一切领域的研究提供了不断的刺激……"一个数论问题不会过时,"就像一件真正的艺术作品不会过时一样"。由于闵可夫斯基的工作,德国现在又再度成为世界数论研究的中心。"但是,每一个数论爱好者都希望,数论应当成为所有国家的共同财富,这块园地应该由各国学者来共同耕耘,这方面的理论应该得到广泛传播,特别是在年轻人中间——未来属于年轻的一代。"

1903年间,赫尔曼·外尔(Hermann Weyl)来到格丁根。这是一个18岁的乡村小伙子,说起话来似乎有点口齿不清,两只眼睛却炯炯有神,对自己的能力充满信心。他所以选择了格丁根大学,是因为他的中学校长是一位"名叫大卫·希尔伯特"的数学教授的堂兄弟。

"我当时还十分无知,"许多年之后外尔在新泽西州普林斯顿高等研究所写道,"在这样的情况下,我大胆选听了希尔伯特预告的这学期的课程,这些课程是讲述数的概念和化圆为方的。大部分内容都从我脑子里一闪而过,但在我面前却打开了新世界的门户。跟随希尔伯特学习没有很久,我年轻的心灵中就下定决心:一定要竭尽全力阅读和研究这个人所写的一切。"

希尔伯特的"乐观,热情,他对于科学的价值的无可动摇的信仰,以及对于简明的问题追求简明答案的推理能力的坚定信心",这一切都有着不可抗拒的魅力。外尔仿佛听到"一个穿花衣服的吹笛手吹奏的甜蜜笛音……这笛声引诱一大群老鼠跟着他走进数学的深河"。这一年夏天,他怀里夹着一本《报告》

回家度假。虽然并没有这方面的数学准备知识，他却花了整整一个假期来攻读这本书。

外尔是一个除了数学还对语言有爱好的青年人，他在阅读《报告》时发现，希尔伯特清澈明晰的行文风格，反映着他那特有的希尔伯特式的思维方式。外尔羡慕地说：

"仿佛是在一片阳光灿烂的开阔地上疾步穿行，在需要攀登一座山峰之前，放眼环顾，山石的轮廓和连通的道路都一目了然，然后，你就可以取径一直向上，没有迂回曲折，也不容徜徉自在。"

这年夏天，外尔就这样在研读《报告》中度过了。他后来总是把这几个月说成是他一生中最幸福的日子。

也是在闵可夫斯基来格丁根后的头几年里，马克斯·玻恩（Max Born），布雷斯劳一位著名医学家的儿子，来到了格丁根。他是在朋友恩斯特·黑林格（Ernst Hellinger）和奥托·托普利茨（Otto Toeplitz）的劝说下到这里来的，他们告诉他说：格丁根是"德国数学的麦加"。

玻恩的继母在柯尼斯堡时与闵可夫斯基相识，因此，刚到格丁根不久，这位新来的学生就被闵可夫斯基教授请到家里吃午饭，并被介绍给闵可夫斯基的夫人及其两个小女儿。午饭后，希尔伯特和克特来了，大家一起徒步去德普莱塞，这是一座古堡，从那里可以鸟瞰莱茵河谷和格丁根的红瓦屋顶。

玻恩永远也不会忘记这个下午。

"这两个朋友之间的谈话，闪射着智慧的火花。妙语连珠，充满幽默，同时又十分深刻严肃。我个人的成长环境，绝不是与生动活泼的讨论和对传统价值的批判无缘的。我父亲的朋友们大多数是像他一样的医学家，都喜欢活跃而自由的议论。但与在高度抽象的气氛中从事脑力劳动的数学家相比，医生与日常生活关系更为密切，个人特质也更为简单。我还从未听到过像现在这样对科学、艺术和政治的一切现状所进行的坦率的、有独立见解和视野广阔的批判。"

在外尔、玻恩和其他学生看来，希尔伯特和闵可夫斯基似乎是创造奇迹的

第十二章 第二个青春(1902—1904)

"英雄",而克莱因则君临其上,仿佛是一个"远在云端的神"。这位老人现在越来越多地把时间和精力用于实现他的梦想,这就是使格丁根成为科学世界的中心。在世纪交替之前,他曾聚集起一批经济学领导人和科学专家成立了一个叫"格丁根应用数学和力学促进协会"的组织。这个组织(通常简称为"格丁根协会")活动的一个结果,就是一系列科学和技术研究所的建立,这些研究所逐渐包围了格丁根大学,它乃是后来美国许多大学周围设立科学技术复合体的雏形。

克莱因对自己和他的许多计划的过分严肃的态度,有时颇为好笑。有人说"他一年只说两次笑话,一次是在春季学期,另一次是在秋季学期"。他不让自己享受普通人的乐趣。他的时间,每分钟都有计划,即使是他的女儿找父亲谈话,也必须事先预约。

对于克莱因的做法,希尔伯特和闵可夫斯基从未提出异议,但他们总是设法使自己不受约束。有一次,克莱因在一块很大的黑板上写满了密密麻麻的有关德国中学情况的数字(他正在试图改革这些中学的科学教育),写完之后,他问在场的同事们有没有意见。"枢密顾问阁下,"闵可夫斯基以温和的语调问道,"您不觉得这些数字中素数的比例太高了吗?"另一次,克莱因在安排日程时想把每周一次的非正式数学散步改成系务会议。到下一周,希尔伯特压根儿就没有参加。不过,在大多数场合,这三个性格如此不同的人是以罕见的协调在一起共事的。

1904年,格丁根大学应用数学副教授(Extraordinariat)席位空缺,克莱因乘机向阿尔道夫提议为这一学科设立正教授的席位。在德国,专门为应用数学设立教授席位这还是第一次。克莱因心目中的候选人是卡尔·龙格(Carl Runge)。龙格当时还在汉诺威,他不仅是一位杰出的实验物理学家,由于谱线测量方面的工作而闻名,同时也是第一流的数学家,他的名字同解析函数的多项式逼近理论相联系着。

龙格在十年以前就已认识并很尊敬克莱因,近来他又结识了希尔伯特。他在给妻子的信中曾写道:"希尔伯特是一个很有魅力的人。他的理想主义,他的和蔼可亲、谦逊朴实，都使人对他产生好感。"龙格在汉诺威一直感到很孤单，当有可能与这样两个天才的数学家一道工作时，他的心情十分激动，以致不相信这样的好事会是真的而亲自跑到柏林去向阿尔道夫探问。"可是"，正如他女儿后来所说，"他不了解，阿尔道夫对克莱因的极为广泛全面的计划总是比对别人的计划赋予更多的同情。"只要他本人愿意，这个新职位就是他的。不过薪金要比在汉诺威略微低些。

"你不必过多地考虑经济问题，"他的妻子听到这个消息后在回信中强调说，"即使少一千马克，我们也可以过得去，这不会使我和孩子们感到为难的。"

1904—1905 年冬季学期开始时，龙格成了格丁根大学的教授。数学教授们继续坚持一周一次的数学散步，他们现在是四个人了。每星期四下午三点散步准时开始。克莱因已不再安排他的日程表。数学散步成为一种愉快的非正式活动，讨论的话题包括了系里的事务。当然，正如希尔伯特高兴地指出的那样，"科学的内容也没有减少"。

龙格的计算天才使他的新同事们印象很深。有一次，他们想对定于几年以后举行的一次会议作一个预先的安排，为此需要知道这一年复活节的日期。由于复活节的推算并不简单，它涉及诸如月相变化之类的事情*，这些数学家们便开始寻找日历。但龙格一声不响地坐在那儿，只过了一会儿，他就宣布这一年的复活节应该是某月某日。

使数学家们感到同样惊奇的另一件事，是龙格对于机械学也有研究。当莱特兄弟造出第一架飞机以后，龙格用纸片做了一架飞机模型，并在上面别上一些针，使它具有一定重量，然后让它滑翔落地。用这样的办法，龙格"相当准确"地估计了发动机的能力，而在当时，莱特兄弟飞机的技术细节还是一个秘密。

当龙格来到格丁根时，其他科学家与数学家之间极为密切的关系也给了他深刻的印象。这些科学家中，有物理学家爱德华·里克（Eduard Riecke）和

---

* 西方的复活节规定设在 3 月 21 日或从该日起第一次月圆以后的第一个星期日。——译注

第十二章 第二个青春(1902—1904)

沃尔德马·福格特(Woldemar Voigt),应用电气学研究所所长西蒙(H. T. Simon),应用力学研究所所长路德维希·普朗特(Ludwig Prandtl),地球物理学研究所所长埃米尔·魏恰特以及天文学教授卡尔·史瓦西(Karl Schwarzschild)。

但这种令人鼓舞的友好交往,并不只是在这些地位较高的人之间进行。

后来一直以希尔伯特最老的学生而出名的奥托·布鲁门萨尔,虽然当时还只是一个讲师,但与教授们的关系却十分亲密。他是一个文质彬彬的年轻人,爱开玩笑,善于交际,能用好几国语言说话和阅读。除了数学和物理以外,布鲁门萨尔对文学、历史和神学也有浓厚的兴趣。虽然他出生于一个犹太家庭,后来却变成了基督教徒,并且口口声声"我们新教徒"如何如何。

有一件事情可以说明讲师和教授之间这种不寻常的亲密关系。有一次,布鲁门萨尔和另一个叫恩斯特·策梅洛(Ernst Zermelo)的讲师打算开一门初等数论的试验课程,为了使这个计划更有权威,希尔伯特和闵可夫斯基总是定期去听他们的讲演。

策梅洛比布鲁门萨尔稍大几岁,是一个神经质的、性格孤僻的人,喜欢随身带着威士忌。在皮尔里(R. Peary)的探险队出发之前,他企图证明要到达北极是不可能的。按照他的说法,为了到达某一纬度而需要消耗的威士忌酒量与这个纬度的正切成正比。这就是说,这个数量在北极本身将变成无穷大。刚来格丁根的人往往会问起他的奇怪的姓氏,这时他就对他们解释说:"我本来是姓华尔策梅洛德(Walzermelodie)*,但后来觉得有必要把头一个音节和最后一个音节去掉,于是就变成了策梅洛。"

就是这位策梅洛,最近向希尔伯特指出了集合论中一个恼人的悖论。这个悖论与年轻的英国逻辑学家伯特兰·罗素在戈特洛布·弗雷格(Gottlob Frege)关于算术基础的决定性著作准备付印时向他指出的那个悖论是一样的。这个悖论是通过使用自亚里士多德以来一直被数学家和其他所有人接受

---

* 德文,意为"华尔兹舞曲"。——译注

的逻辑推理方法而得出的,它与下述众所周知的事实有关,即某些集合是其自身的成员,而另一些集合却不是。例如,一切有三个以上元素的集合所组成的集合是其自身的成员,因为它含有三个以上的元素。另一方面,一切数所成的集合则不是其自身的成员,因为它根本不是一个数。但现在策梅洛和罗素却各自独立地提出了所有不是其自身成员的集合之集合的问题。因为此集合的元素是那些不是其自身的成员的集合,于是引出一个矛盾:该集合是其自身的成员,当且仅当它不是其自身的成员。

自从罗素悖论发表以后,到1904年,它就已经给数学带来了"严重的灾难性效果"(照希尔伯特的看法)。一个又一个伟大而天才的集合论研究者,包括弗雷格本人以及戴德金,都在这个悖论面前败北而去。最简单和最重要的演绎方法,最普通和最有成果的概念,看来都受到了威胁,因为这个悖论以及其他一些悖论,都仅仅是采用传统数学定义和演绎方法的结果。甚至希尔伯特现在也不得不承认克罗内克的主张或许是对的——古典逻辑的概念和方法确实不合乎集合论的要求。

过去,希尔伯特一直相信,只要用相容性(或无矛盾性)来代替整数构造过程而作为判别数学存在性的标准,并进而证明所要求的实数算术的相容性,就可以消除克罗内克对于集合论的可靠性和部分分析学所持的怀疑。直到罗素悖论发现之前,他仍然有这样的意见,即适当修正无理数理论中熟知的推理方法,就有可能比较容易地实现所要求的相容性证明。但这些推理方法大都是以集合论为基础的,因而随着集合论悖论的发现,他感到必须改变自己的观点。1904年夏末,当第三次国际数学家大会在海德堡举行时,他暂时离开了积分方程而把注意力放到数学基础问题上来。

克罗内克的观点是:整数是算术的基础,因而借有限多个整数而进行的构造过程是判别数学存在性的唯一可能的标准。希尔伯特一如既往仍然强烈反对对数学和数学方法的这种限制。像康托尔一样,他坚信数学的本质正是在于它的自由。他认为,对于这门科学来说,任何限制都会带来危险。他还相信存在着消除悖论的方法,并且不必付出按克罗内克的观点需要做出的那种牺性。然而,他的解答却比克罗内克的观点走得还要远。

希尔伯特强调:整数本身"能够而且必须"有一个基础。

"算术常常被认为是逻辑的一部分,当我们解决建立算术基础这个问题时,往往会把传统的逻辑基本概念当做前提,"希尔伯特对聚集在海德堡的数学家们说道,"但是如果我们深入考察,那就会承认:在我们叙述传统的逻辑定律时,即已用到某些基本的算术概念;例如用到了集合的概念,甚至在某种程度上用到了数的概念。于是我们发现自己陷入了某种循环,这就说明,如果我们想要避免悖论,那就必须在某种程度上同时进行对逻辑定律和算术定律的研究。"

希尔伯特对出席会议的数学家们说:他相信,通过这样的方法,可以为数的概念提供一个"严格的、完全令人满意的基础",而他所说的"数",不仅包括克罗内克的自然数和它们的比(即通常的分数),而且还包括克罗内克激烈反对的无理数。按照希尔伯特的意见,如果没有无理数,"整个分析将变成一块不毛之地"。

希尔伯特的海德堡计划,在数学史上破天荒第一次提出了应该把证明本身也作为数学研究对象的思想。

庞加莱发表了几次评论,他不赞成希尔伯特的思想。这位法国人深深地相信完全的或数学的归纳原理是人类智力的特征("用克罗内克的语言,"正如希尔伯特有一次解释庞加莱的立场时所说,"就是上帝的创造"),因此,这个原理不可能以完全归纳法本身之外的其他方法来作基础。

希尔伯特并没有进一步贯彻他的海德堡计划。相反,他继续从事积分方程论的研究,同时根据闵可夫斯基的建议,与闵可夫斯基一起开始研究古典物理。

闵可夫斯基已经具有相当可观的物理学专门知识。希尔伯特却不然,对于这个领域,他还只能说是知其大概。尽管如此,他对这门学科却满怀热情。他开始进行一系列"书本研究",自从大学毕业以后,这还是第二次(第一次是为了写《报告》),它给布鲁门萨尔留下了很深的印象,布鲁门萨尔此时已开始了对自己老师性格特点的贯串终生的研究。他记得还是在学生时代,有一次阅读文献时他发现自己毕业论文中最漂亮的结果已经在别人的论文中出现过,因此感到有点灰心丧气。据他回忆,希尔伯特知道后,只是耸了耸肩膀并说道:"你怎么也知道这么多文献呢?"

克莱因也很有兴趣地关注着这两个人共同进行的物理学研究。他17岁在波恩时曾做过尤利乌斯·普吕克(Julius Plücker)的助手。当时他下决心要"在具备必要的数学知识以后"把自己的一生贡献给物理学。可是两年后普吕克去世了(这段经历与闵可夫斯基相似,当闵可夫斯基在波恩时,海因里希·赫兹去世了)。克莱因从波恩转到格丁根,那里的数学家远比物理学家活跃,这终于使克莱因成了一名数学家而没有成为物理学家。

随着物理学研究的进展,闵可夫斯基越来越醉心于最近在洛伦兹(H. A. Lorentz)的著作中详细阐述的电磁学之谜。但希尔伯特个人却仍把主要的精力放在积分方程的研究上。1904年,他向科学会提交了第二篇通讯,对弗雷德霍姆的思想作了重要的推广。弗雷德霍姆在自己的经典性著作中认识了积分方程与线性代数方程之间的相似性。希尔伯特现在进一步建立起积分方程理论与将 n 个变元的二次型主轴化的代数理论之间的相似性。他综合运用分析、代数和几何的方法,发展了特征函数和特征值的理论,后来发现,这一理论与物理中的本征振动理论有直接关系。

对于外行人来说,希尔伯特这一工作的精神实质和重要意义可以通过他后来一位学生的评述而有所了解:

"科学成就的重要性往往并不只是表现为在已有的材料上添加新东西,"理查德·库朗(Richard Courant)写道,"对于科学的进步来说,使已有的但是繁难的研究领域条理化、简单化和明确化,这样一种探讨绝不是次要的。通过这样的探讨,有助于(或至少有可能)从整体上来观察、理解和把握这门科学。我们不应忘记希尔伯特在分析方面的工作所反映的这一观点……因为所有这些工作都体现了他的特殊的努力,即在解决新问题的同时寻求使老问题化难为易的方法,在已有的材料之间建立新的联系,同时使许多个别研究的分散支

第十二章 第二个青春(1902—1904)

流汇入一条统一的河道。"

就在这幸福多产的时期,希尔伯特又收到了要他离开格丁根的聘请:如果他愿意接任的话,莱奥·柯尼希斯贝格尔(Leo Koenigsberger)将放弃他在海德堡的位置。

虽然克特希望换换环境,希尔伯特却没有接受这个聘请。

不过,作为留在格丁根的代价,他并没有忘记利用这个机会来进一步改善自己从事数学研究的条件。在他提出的要求中,只有一条阿尔道夫没有同意,阿尔道夫对他说:"要知道就是在柏林我们也做不到啊!"

"Ja,"* 希尔伯特愉快地答复道,"不过柏林毕竟不是格丁根呵!"

---

* Ja:德语,意为"是",相当于英语中的"yes"。——译注

第十三章
热情洋溢的科学生活
（1904—1908）

20世纪初，全世界数学专业的学生都受到同样的忠告：
"打起你的背包，到格丁根去！"

有时有这样的传闻：这座小城里住的全是数学家。但是应该指出，这里还住着别样的人。在有些人看来，重要的事情根本就不是数学。有位法国记者想考察德国学生们的自然生活方式，他选中了格丁根作为最理想的地点。格丁根大学主楼第三层上的"羁押室"给他留下了最深刻的印象。而在文德街，他看到的不是数学家，却是"像贵族那样散步"的年轻人。他们的帽子用鲜艳的彩带遮裹着，标明他们所属的学生击剑社团。这些人的脸上通常都缠着绷带。"他们的身后留下一股令人作呕的三碘甲烷气味，"这位记者报告说，"这种味道渗透到了格丁根的每个角落。"当然，数学家们喜欢详细地讲述另一幅景象：闵可夫斯基如何在文德街散步，发现一位年轻人正在默想一个显然是很重要的问题，于是闵可夫斯基拍了拍他的肩膀，告诉他"收敛是肯定的"——年轻人听后感激地笑了。

时光流逝，希尔伯特给富兰克林教授一个人讲授解析函数课的时代早已过去。现在，经常有好几百人挤在大厅里听他讲课，有些人甚至栖在窗台上。希尔伯特的举止决不受听众的多寡或地位高低的影响。"即使皇帝亲自来到这间大厅，"这时已在格丁根的胡戈·施泰因豪斯（Hugo Steinhaus）说，"希尔伯特也不会变样。"

希尔伯特为什么会有这种表现,是因为他是德国领头的数学家吗?"不,假如他只有一片面包,他还会是这个样子。"

玻恩现在当了希尔伯特的"私人"助理。按照当时的习惯,德国大学里唯有从事实验科学的教授才配备助手,他们帮助教授做实验室里的工作。在克莱因掌管格丁根的数学之后不久,他设法弄到了一笔资金,请来一名管理阅览室的职员。第一任管理员是阿诺德·索末菲。不言而喻,这名职员就完全成了克莱因的助手。至于希尔伯特的助手,这时还是没有薪金的。

据玻恩说,这是件"相当不明确"的工作。"但是,其价值是无法形容的,因为它能使我每天见到他并跟他交谈。"早上,玻恩来到希尔伯特的家里,一般他都能发现闵可夫斯基已经在那儿了。接着,三个人在一起讨论希尔伯特将要讲授的教材——往往是当天上午就要用的。

希尔伯特不能容忍数学课只是填鸭式地向学生灌输各种事实而不去教会他们怎样提出问题和解决问题。他过去经常告诉学生,"问题的完美提法意味着问题已经解决了一半。"

"他会用充分的时间去解释一个问题,"施泰因豪斯回忆道,"使得接下去的正式证明显得那么自然,以致使我们惊异为什么自己没想到它。"

在跟闵可夫斯基和玻恩备课的时候,希尔伯特只对那些将在课上提出的一般原理感兴趣。他拒绝准备那些细目,他不屑地说,"学生们能很容易地填补上这些内容,写出一份好笔记。"他的目标是要把学生们卷进科学发展的进程,详细地阐明困难所在,"为解决具体的问题搭一座桥"。至于详细的表述,他呆会儿在讲台上就会有的。

说起跟希尔伯特和闵可夫斯基的这些讨论,玻恩写道,"不仅在科学方面,而且在为人处世方面,它都为我提供了宝贵的学习机会。我敬慕、热爱他们两位;他们也把我看作一名年轻的同事相待,决不让我感到我们之间在知识和经验方面的悬殊差距。"

当希尔伯特去上课时,转回家去的闵可夫斯基常常带着玻恩同行。闵可夫斯基的公寓坐落在普朗克大街,离希尔伯特家只隔两个街区,但由于聚精会神的谈话,他们往往要"做一次长时间的散步"才能到家。闵可夫斯基的小女儿会跑着来迎接她们的父亲,先到的一个被举上肩上,她紧紧抓牢他的厚厚的黑发,高兴地尖叫着被背进屋里。闵可夫斯基懂得孩子们的心理,他从孩子们身上享受到乐趣。希尔伯特则不然,他只跟青年人亲密无间,对娃娃们却没有那种感情。闵可夫斯基的鼓励和玩笑曾最终逗引宝贝弗朗茨开口讲话;他给希尔伯特写信时也总要写上一些转告弗朗茨的话。闵可夫斯基自己的孩子忘不了她们有这样一位父亲:为了让小的一个也有机会跟他说话,他每天总要花几分钟时间分别去看望她们每一个人。"希尔伯特叔叔",她们会记得,他是个"跟孩子们不要好"的人。

由于他备课方式非常简略,希尔伯特的课是会讲砸的。有时候,细节他推不出来或推错了。他被缠在那里不得脱身。那位助手——如果在场的话——也许能帮他排解,营救他。"学生给弄糊涂了,教授先生,是符号错了。"不过,他和全班的人常常都无法理解这种帮助。他可能耸耸肩膀,"对啦,我应该准备得好一些"。然后就下课。更多的时候,他倾向于匆匆地继续往下讲。

诚然,在格丁根的一般人都承认,这里没有一个教师能赶得上希尔伯特。听他的课,学生们会觉得数学是"活"的;比起克莱因那种精心准备、百科全书式的"完美"讲演来,学生中的大多数人更喜欢希尔伯特的课。

希尔伯特对教育学很有兴趣,这是相当出人意料的。他不十分看重普通学生的能力,而相信绝大多数的事情要听过几次才能被接受。"五次,赫尔曼,要五次!"当年轻的外尔开始教书生涯时,希尔伯特给了他这一难忘的忠告。"要保持做乘法表那种最低水平的计算",并且"要从最简单的例子开始"。——这又是他的一些最得意的规则。他自己在提出重要概念时,就试图采用特别生动的方式,总要寻找一些对照物以便让这些概念更加明显又难于忘却。

常微分方程课从黑板上的两个方程开始:$y''=0$ 和 $y''+y=0$。"诸位先生,"他会说,"你们能从这两个方程来学习整个的理论,甚至包括初值问题和

第十三章 热情洋溢的科学生活(1904—1908)

边值问题在意义上的差异。"

"'每个叫克特的女孩子都长得漂亮'这句话不是普遍规律,"他在另一门课上说,"因为它跟起名字有关,而这是任意的。"

他用下面的例子说明纯粹的存在性命题和特殊对象之间的差别,学生们听了总是哄堂大笑:"在这间课堂里,有这么一位,他的头发根数最少。"

除了他自己的课,希尔伯特按部就班地和闵可夫斯基一起主持一个联合的讨论班。1905年,在学了一年物理之后,他们决定在讨论班上研究运动物体的电动力学——一个物理学课题。闵可夫斯基是开展这项研究计划的倡导者,希尔伯特则是积极的参加者和真正的合作者。按玻恩的说法,希尔伯特"时常在把一些问题搞得更清晰,而且他永远在追求着清晰性"。

玻恩和其他学生觉得,这个讨论班的活动扣人心弦而且富于刺激力。斐兹杰拉德收缩,洛伦兹地方时,迈克耳逊-莫雷干涉实验,所有这一切都在讨论班上彻底研究过,"我们听到了有关电动力学的种种古怪有趣的论述"。

无独有偶,科学史上是不乏同时获得一项发明的例子的。就在这一年的讨论班上,他们有了跟伯尔尼专利局职员所具有的类似思想。这位职员在他关于电动力学和狭义相对论的论文中,提出了这种思想。"但是,当时的格丁根一点儿也不知道伯尔尼方面的情况,"玻恩说,"在希尔伯特-闵可夫斯基讨论班上,绝没有提到过爱因斯坦的名字。"

玻恩由于受到讨论班上的思想的深刻影响,他打算选择该领域的题目来做他的学位论文。但是,他在另一个讨论班上已经引起了克莱因的不悦。谁要是失宠于克莱因,他就别想万事顺遂,这是格丁根的一条公理。玻恩为了免遭由克莱因来考他几何的危险,他宁愿转而选择天文方面的课题。这样,他虽然还逃不过让数学家来考他,但这个数学家将是希尔伯特。

考试前,玻恩询问希尔伯特应该怎样准备数学考试。

"你觉得自己哪方面准备得最差?"希尔伯特问。

"理想论。"

希尔伯特没再说什么,玻恩以为不会考他这个领域的问题了,结果呢,希尔伯特在考试那天问的全是有关理想论的问题。

"啊，啊，"他后来说，"我正好想瞧瞧你对于你所不了解的东西懂得多少。"

1905年后，闵可夫斯基几乎把全部精力集中在研究电动力学上。格丁根知道了伯尔尼那位专利局职员的著作，闵可夫斯基也回忆了他早年的学生。"Ach, der Einstein,"他懊悔地说，"der schwänzte immer die Vorlesungen——dem hätte ich das gar nicht zugetraut."（噢，那个爱因斯坦，总是不来上课——我真想不到他能有这样的作为！）

希尔伯特还在继续他的积分方程研究。为了让研究和教学保持紧密联系，他时常在课堂和讨论班上报告他的那些还没最后成型的结果。这些研究工作也就往往以他跟学生合作的方式继续下去了。希尔伯特后来指出，他的这些学生"不断地获得更加精确的、系统的理论表述，有时候还真的扩展了该领域的研究范围"。例如，他在1904年发表了他的特征函数和特征值理论，但这个理论在一个关键之处"艰涩难证"。到1905年，艾哈德·施密特就以他的学位论文为希尔伯特的理论确立起一个新的基础，当然，由于希尔伯特的理论简洁明了，它必然发挥了重要作用。

1905年还发生了这样一件事：匈牙利科学院突然宣布要颁发一种奖金，使整个数学界大为震惊，有一笔10 000金克朗的奖金将授予那样一位数学家，他在过去25年中所取得的成就为数学的进步做出了最巨大的贡献。为了纪念约翰·波尔约——匈牙利人，非欧几何的创始人之一，以及他的父亲沃尔夫冈·波尔约（Wolfgang Bolyai）——高斯的同学和终身密友，奖金被命名为波尔约奖。

匈牙利科学院指定了一个委员会来评定获奖者，委员会的成员是：尤利乌斯·柯尼希（Julius König）、古斯塔夫·拉多斯（Gustav Rados）、加斯东·达布（Gaston Darboux）和菲利克斯·克莱因。然而，即使在委员们开会之前，数学界里没有一个人不清楚，他们将在两个人中择一。最后的投票是一致的，决定把波尔约奖授予亨利·庞加莱，他从1879年起就从事数学研究，而希尔伯特当时还只是个预科学校的学生，但是，委员会还表示了对大卫·希尔伯特的最崇高的敬意,委员们一致决定,在那份提交给科学院的、说明他们所作选择的报告中,将用和评述庞加莱的工作相同的分量阐明希尔伯特的贡献。

"没有黄金,但有荣誉。"克莱因深感惋惜地从布达佩斯写信给希尔伯特。

当克莱因返回格丁根之后,他向布鲁门萨尔解释说,奖金之所以落入庞加莱之手,起决定作用的因素是这个法国人已经走遍了"数学科学的整个活动范围"。

"但是,"克莱因预言,"希尔伯特迟早会像庞加莱一样,走遍一个广阔的领域!"

克莱因的这个预言说得恰是时候,眼下,希尔伯特正在创造那项即将成为他在分析研究方面的登峰造极的成果——无穷多个变量的理论,后来的人们一般称它是"希尔伯特空间"理论。

将具有 2 和 3 个变量的代数二次型理论推广到具有任意有限个变量的情形,乃是上一世纪代数学家们喜爱的课题。又因为一对变数表示平面上的一个点,3 个一组的变数表示三维空间的一个点,那么,他们就很容易在变量个数增加时导出维数更高的"空间"。贝尔(E. T. Bell)说过,"对一个能干的代数学家而言,他是很容易设计出"这种推广的。但是,要把变量的数目拓广到无穷多个的话,就必须考虑收敛性,"谁都无法轻而易举地"解决由此产生的分析学问题。举例来说,用连续函数表示空间中的点就是一个需要进一步推广的问题。

由于希尔伯特正在研究的问题过于一般化,他感到几乎无从下手。然而,他还是大胆地向它逼近。

"如果我们真的不想让必须考虑的事情把自己弄得狼狈不堪,那就要像齐格弗里德*一样战斗,大火都在他面前退缩了。现在,困难正在召唤我们前进,它将一直引导着我们去夺取最美好的奖赏:代数和分析在方法上的统一框架!"

---

* 齐格弗里德是德国中古神话中的英雄。——译注

利用空间这种方便而逼真的形象化描述，许多分析关系可以依照人们熟悉的概念来表达。大量用分析方法系统阐述起来复杂和隐晦的东西，当用几何方法系统描述时也变得非常直观而明显。因为这个缘故，希尔伯特空间理论——希尔伯特最初由于技术上的理由把它叫做"谱理论"——提供了一种很有启发性的语言，它能够容易而直接地表述非常抽象的结果。希尔伯特本人根据这种理论相当容易地得到了众多的成果和许多方法，但它的主要意义却并不在于此。

"最具决定性的，"库朗后来写道，"是这种一般函数理论在整个方法论方面引起的条理化和简明化作用，以及引起了在分析学研究中概念的扩张。"

希尔伯特一面开发着这种非常高深和抽象的数学理论，一面仍然为一年级学生讲微积分。

他在1906年讲的微积分课，虽然仍保持了他在教这类课程时所表现的高超技巧，但在这个美好的滑雪季节，它多少跟以前和后来的微积分课有所不同。在龙格的鼓励下——龙格的母亲是英国人，他自然成了教授会中的运动员——希尔伯特和一些年轻教师决定学习滑雪。滑雪具是从挪威进口的，因为当时的德国并不生产这些东西。训练课在一片普通的名叫罗恩斯（Rohns）的小客栈下面的缓坡上进行，龙格是当然的教练。

"嘿，你知道，这玩意儿非常有趣，也很费力。"希尔伯特在数学俱乐部的周会上向闵可夫斯基吐露真情。

"今天下午，我不知怎么回事就已经掉进一条沟里去了。我仰面朝天躺倒在地，两只滑雪屐翻到了上面，其中一只又飞出去滑下了山岗。这么一来，我不得不把另一只也脱掉，扛着它穿过深雪。你知道，这可不简单呐。"

"那么，"没有参加这项新运动的闵可夫斯基说，"你为什么不让第二只滑雪屐也像第一只那样顺着同样的路滑下去呢？它会跑到它身边的。"

"啊，"希尔伯特说，"龙格绝没想到这一点！"

希尔伯特家和上微积分课的课堂之间是一段缓缓的斜坡。只要地上积起足够多的雪，希尔伯特喜欢滑着雪去上课。碰上这种日子，他会上气不接下气

第十三章 热情洋溢的科学生活(1904—1908)

地冲进讲课大厅,依旧穿着那双前头带尖、背后带扣环的肥大的挪威滑雪靴。跳上讲台的工夫他已经在开讲了。

讲课时,他习惯于先仔细复习上堂课的内容。如果上一次用 40 分钟讲了一个主题,现在他要花 20 分钟复习,只有做完复习才讲新课。

"上次我们看到了如此种种。现在,在新的情形下它似乎不适用了。怎么可能呢?为什么老方法失败了呢?这是怎么回事?我们能做些什么呢?我们怎样才能摆脱这个困难呢?"

他会用一些时间顺着这种思路讲下去。他也会从其他领域引出概念并指出非常好的结果和最近的工作。学生们被强烈地吸引住了:按照事物正常的进程,在若干年中他们也不可能见到这么多的数学概念和领域的。与此同时,他们也会变得越来越没耐心去解决今天的主题。恰在他们准备放弃成功的希望时,必要的新概念出现了——"就像一座洁白的雕像闪现在夜晚的公园里面"。

"妙极了,"1906 年的微积分课上的学生保罗·埃瓦尔德(Paul Ewald)说,"当它终于出现时,我们好像身临其境地瞧见了希尔伯特创造了这个必需的新概念。"

到这个时候,希尔伯特的助手们都已领到了工资。有时候,希尔伯特甚至还可能给大班配备专门的辅导老师。这一年更是别开生面,希尔伯特巧计安排,弄到了一笔非数学的资金,用它来为数学服务:埃瓦尔德被雇来当辅导老师,可是,他是作为附近村落的"林业工人"而领到工资的。埃瓦尔德的任务是把他在希尔伯特的课堂上记的笔记整理成清楚的抄本,然后由希尔伯特的助手黑林格(他现在是玻恩的朋友)加以核对、通过。

即使像微积分这样初等的课程,希尔伯特也常常会不知不觉地给讲乱了。遇到这种情况,黑林格每每发愁地瞧着埃瓦尔德的笔记,说道,"哎,又给他弄混了。我们只好坐下来把它搞清楚。"当这些笔记最终使黑林格满意之后,它们将放在阅览室供学生们查阅。

埃瓦尔德后来成了一名卓越的物理学家。他总是说,他所需要的几乎全部分析知识都是在希尔伯特的微积分课上和课后跟黑林格讨论时学到的。

在讲微积分课的这个春季学期，希尔伯特买了一辆自行车，这种交通工具刚刚在格丁根流行，45 岁的希尔伯特开始学习骑车。

如果说滑雪是一时的兴致，骑车则不然，它像散步和园艺一样，成为他从事创造活动的形影不离的好伙伴。他仍然喜欢在户外工作。现在，这辆自行车总是放在旁边。他会在那块挂在邻舍墙上的大黑板前工作一会儿，然后突然停下来，跳上自行车，围着那两个圆形的玫瑰花坛骑 8 字圈或什么别的花样。几分钟后，他又把自行车扔在地上回到黑板上来。别的时候，他会停下手头正做着的事，低垂着头，倒背双手，在盖有顶篷的回廊里缓慢地来回走动。有时，他又会中断他的工作，去修剪一棵树，锄一会儿地，或是拔去一些杂草。络绎不绝的访问者来到这所房子时，管家总是一面指点他们到花园，一面告诉说："假如看不到教授，就请往树上瞧瞧。"一般，希尔伯特的第一句话就会让你明白，尽管有客，他仍在以最高的热忱解决着某个专门的数学问题，他在继续着刚才的思索，当然此时要大声讲出来。如果访问者是带着自己的问题来的，那就另作别论，他将兴致勃勃地和你热情地讨论你的问题。

理查德·库朗——他最近参加了玻恩、黑林格和托普利茨的布雷斯劳* 小组——住在离希尔伯特家不远的地方，他经常从阳台上看到希尔伯特在花园里的活动。他认为那是"高度紧张和完全放松两者之间的古怪有趣的平衡"。

希尔伯特把他的无穷个变量的理论提交给科学会的第二年，埃哈德·施密特——这时已是柏林大学的讲师，发表了自己非常简单和漂亮的解决办法。像他的学位论文一样，它又一次把他老师的工作推进了一步。

格丁根的科学生活，对身临其境的人是难以忘怀的，但是来访的记者们却并没有注意到它！

---

* 布雷斯劳是普鲁士西里西亚省的首府。——译注

第十四章
空间、时间和数
(1908—1909)

目前是太平安稳的时期。格丁根这个过去的王国似乎被人们半遗忘了。1866年,普鲁士吞并了战败的汉诺威公国——格丁根是它的一部分。40年光阴流逝,残存的汉诺威贵族却还在秘密地反抗胜利者的统治。乔治二世治理这个国家时的标志完整地保留在他的德国大学之中,就像他讲的英语永远带着自己的喉音一样。排列在文德街两侧的建筑原是汉诺威的公爵和王子们的财产,但是,这些府邸的称号全是用英语而不是德语书写的。格丁根科学会的正式名称也是英国式的,叫做"die Königliche Gesellschaft der Wissenschaften"——皇家科学会。不列颠的陆军部长照例到格丁根来度夏。在那些因为热爱数学而从世界各地汇集而来的年轻人眼里,格丁根的生活似乎永远是如此美好,但他们的前辈却不会这样认为。

到1908年,希尔伯特已经跟闵可夫斯基交了四分之一世纪的朋友。希尔伯特现年46岁;闵可夫斯基也44岁了。

一年一度,春尽夏来。在这个夏天的一段时间里,非常健康和乐观的希尔伯特消失了,他变成了一个神经过敏、精神消沉的人。

这种精力的衰退看来并非由于遭受了什么特殊事件而引起的。有些人,比如布鲁门萨尔,认为这是过去几年中体力和脑力劳动过度的后果。另一些人觉得,从事创造性工作的人都有这种特征。

"我所认识的几乎每个大科学家都曾经陷入过这类严重的忧郁症。"库朗说,"克莱因是如此,还有其他许多人也一样。从事创造性工作的人,在一生中会遇上这种时期,那时他自己感到——也许是真的,丧失了他的力量。这是巨大的打击。"

希尔伯特对于他的病,总是先理智地进行分析,然后采取慎重的办法以恢复健康。他在靠近哈兹(Harz)山的疗养院休息了几个月,到秋天,他又像往常一样走上了课堂。

与希尔伯特相比,1908年夏天的闵可夫斯基却正处在巨大的创造活动的高峰。9月,他在科隆举行的德国科学家和医生协会年会上,提出了一些关于电动力学的新结果。他为他的演讲选择的标题是"空间和时间"。

"我想向你们提出的空时观,"他以温和而踌躇的声音开始讲演,"是在实验物理学的土壤中发芽生长的,这正是它们的力量所在。这些观念是带根本性的。今后,单独的空间和单独的时间注定会消失于虚幻之中,唯有两者的结合体将保有其独立的真实性。"

在格丁根时,他常跟他的学生们说,"爱因斯坦的深刻理论的数学表达方式是粗糙的——我能这样说,因为他是在苏黎世跟我学的数学。"

爱因斯坦的狭义相对论证明:当利用钟和尺测量物理事件时,这种测量依赖于被使用的仪器所在的实验室的运动;爱因斯坦还阐明了同一物理事件的不同描述方式之间的数学关系。

现在,人们称作"几何化的伟大时刻"到来了,这就是闵可夫斯基的科隆讲演。只短短的几分钟时间,闵可夫斯基为相对论引进了他自己极为简单的数学空-时观,根据这种思想,同一现象的不同描述能用极其简单的数学方式给出。

"三维几何变成了四维物理中的一章。"

"现在,"他告诉听众,"你们知道了我为什么要在开讲时说:空间和时间将消失在虚幻之中,而唯有世界本身将会永存。"

听众当中有马克斯·玻恩,爱因斯坦近期的工作重新勾起了他对相对论

第十四章 空间、时间和数(1908—1909)

的兴趣。闵可夫斯基想让玻恩回格丁根跟他合作。他需要一个懂光学的人,而玻恩正好有这方面的知识。但是,他首先要这名过去的学生更加熟悉他自己关于这个领域的新思想。他让玻恩拿着他最新的电动力学工作回布雷斯劳。

这个年轻人在闵可夫斯基的工作中找到了"相对论数学的整个武器库……从此以后,所有的理论物理学家天天都在使用它"。还不到12月,他就自己决定该准备返回格丁根了。

"接下去的几个星期,我每天都见到闵可夫斯基并和他交谈。这段时间过得很愉快,充满了科学研究的激情,也丰富了为人处世的阅历。一种真正的友谊——在考虑到年龄和经历的差异的情况下使用这个词——开始了。"

他们讨论完相对论问题,还总要谈谈数论:"跟希尔伯特一样,闵可夫斯基认为数论是人类智力和精神的一种最奇妙的创造,它既是一门科学,又是最伟大的艺术。"

说来凑巧,当闵可夫斯基为了电动力学而把数论摞在一边时,从夏天的心衰力竭之中恢复过来的希尔伯特却被一个声名昭著的经典数论问题诱进了圈套。1770年,不凡的英国数学家爱德华·华林(Edward Waring)断言(显然没有任何证明):每一个正整数必可表为4个平方数之和、9个立方数之和、19个四次方数之和等等,一般地,对应每一个n次方幂都有一个有限的数*。大约就在同一时期,另外的一个定理证明了每一个正整数确实可以被表成4个平方数之和。对于平方数的情形,华林是正确的,那么,对于其他幂次呢?没有下文能够说明华林也是对的。甚至连每个数能表成有限个立方数、四次方数之和等结果都没得到。对幂指数高于2的某些或全体方幂所需确定的那个数,也许还会随着要被表示的数的增大而无限增大。总之,从1770年以来,在证明华林的这个论断上没什么进展。然而,最近却出现了运用某种分析方

---

* 即任给一个有限的正整数n,必存在一个整数k,使得对任意的正整数N,下述不定方程有正整数解:
$$N = x_1^n + x_2^n + \cdots + x_k^n, x_i \geq 0 (i=1,2,\cdots,k)。$$——译注

法去成功地解决它的可能，于是，数学家们对华林问题又有了新的兴趣。赫维茨曾顺着这个方向工作过，但像过去所有试图证明华林定理的数学家一样，他最后也只得放手作罢。但是，赫维茨的工作引起了希尔伯特对这个问题的兴趣。他现在暂时丢开了积分方程。他从赫维茨停手的地方开始，甚至于用了一个赫维茨所建立的那类恒等式作为出发点。1908年年底，希尔伯特得到了华林定理的一个证明，距华林首次提出他的猜想正好138年。

具有代表性的是，希尔伯特的目标是证明存在性而不是给出实际构造。然而，这一回又不同于戈丹定理的证明，他虽然没有具体给出 n 次幂时所要求的那个数，但却提供了一种方法，按照这种方法，至少在原则上可以对每一种情况做出一个估计。

无论怎么说，这都不是一个简单明了的证明。事实上，正如俄国数论学家辛钦(Khinchin)所指出的，它"不仅形式上冗长，以一种复杂的分析理论作为它的基础……而且在概念方面缺乏明晰性"。但是，鉴于过去处理该问题时遇到的难度，它仍不失为一项重大的成就。

"我对能解决掉这个历史问题钦佩之极，"哈代(G. H. Hardy)后来写道[那时他跟利特尔伍德(J. E. Littlewood)已经给出了该定理的另一种证法]，"在它本身所涉及的范围之内，这是绝对的成功……是现代数论的里程碑之一。"

希尔伯特本人也非常满意并引以为豪。"他跟赫维茨这样一位高手比试，"布鲁门萨尔注意到，"用赫维茨自己武库中的武器，在赫维茨看不出有成功的可能之处，居然赢得了胜利。"希尔伯特高兴地想把这一结果在下一封信里通知老朋友赫维茨，但在事前，他要在新一年的第一次聚会上向闵可夫斯基和联合讨论班的成员报告华林定理的证明。

圣诞节假期，闵可夫斯基离开了格丁根，1月6日(星期三)他就返回了。第二天是星期四，四位数学教授一起作每周一次的徒步旅行：准三点出发，去坐落在丛林山的凯尔旅馆。荒凉的山丘、光秃的树木影响不了远足的乐趣，愉快的高谈笑语回荡于寒冷的空气之中。闵可夫斯基"以他特有的充满朝气的

第十四章 空间、时间和数(1908—1909)

快乐"列举了他最近在电动力学研究中取得的结果。希尔伯特则以宣告将在下一次讨论班上提出华林定理的证明而使每一个人都惊讶不止。

星期五,闵可夫斯基照例去讲课,之后又主持了一次博士考试。

不料,星期天下午晚饭后,他突然暴发了急性阑尾炎。当晚,决定施行困难的切除穿孔阑尾手术。

到了星期一,闵可夫斯基的病情更趋恶化。他神志清楚,完全知道他的病势已无挽回的希望。在医院的病床上,他看了他最近一篇研究论文的校样,考虑是否能把未完成的部分解释得更好。

希尔伯特后来回忆道:"他说,他对他的命运感到惋惜,因为他还能做得更多;他认为,把校样修改得使他最近的电动力学研究成果更容易读、更便于理解是有益的。"他说,在他死后,那些反对他的新思想的意见也许比较容易克服了。

"即使在医院的病榻上受着濒死的折磨,但他仍牵挂着一件事:他不能参加下次讨论班,不能听我报告关于华林问题的解答了。"

星期二中午,那天是1909年1月12日,闵可夫斯基要求再见见他的家属和希尔伯特。一接到通知,希尔伯特立即出发,但是到医院的时候,闵可夫斯基已经死了。他还不满45岁,"正充满着生命的活力,正投身于他最喜爱的工作,正处在他科学创造活动的高峰,"可是,他被夺去了生命。

那天接近黄昏时,希尔伯特写信给赫维茨。"我亲爱的老朋友,"信是这样开头的,"对于我,现在只有你一个人是……"

字迹,比通常的大些,但当短短的信文往下书写时,它竟变得模糊了。他说,他原来计划要写"一个好想法",那是为解决华林问题而"从你的漂亮论文中"(登在格丁根的《通报》上)得到的;"但是,你收到的却是这封悲惨的信。"他签名时自称"你的老朋友。"接着,好像为了使他们两人确信到底发生了什么事,他在信的"又及"部分复述了闵可夫斯基一周内的活动:星期三,到柏林旅行后返回;星期四下午,去凯尔旅馆的愉快远足;星期五,讲课和博士考试;星期天发病,星期天晚上进行手术。

"医生们站在他的病床周围,眼里充满泪水。"

星期三早晨,向学生们宣告了这件事。

"当希尔伯特告诉我们闵可夫斯基的噩耗时,我正在课堂。希尔伯特哭了。"一名过去的学生回忆道,"由于教授在当时的崇高地位以及他跟学生之间相敬相远的关系,看到希尔伯特流泪几乎比听到闵可夫斯基去世所受到的震动更大。"

星期四下午,没有谈论数学的散步。代替它的是数学教授们最后一次守护闵可夫斯基的遗体。时间——希尔伯特记道——又是准三点。

"强有力的数学家们也都像常人一样手足无措,"另一名学生在葬礼后写信给双亲,"显然,克莱因发现自己要平静地讲话是困难的。希尔伯特和龙格好像变了样,他们眼泪汪汪,眼睛都哭红了。"

华林问题的解不久就出版了——"亡故者那万无一失的目光已不会在校样上停留"——作者的题赠是:

"为了纪念赫尔曼·闵可夫斯基。"

第十五章
朋友和学生
(1909—1910)

在柏林的教育部里进行再多的明智协商,也不可能找到一位替代者,替代希尔伯特从闵可夫斯基那里获得的友谊和科学上的激励。但是,生活总得继续下去。

希尔伯特在精神的极度重负下工作。在闵可夫斯基死后不久的一次课上,发生了这样一件小事。听讲者中间有一个年轻人,他不顾这位教授心神的明显错乱,仍一个劲地向他提问,打断他的讲课。终于,希尔伯特对他喝阻道:

"我们不是在这里给你答疑。"

"可是您拿钱就是干这个的,枢密顾问先生!"

接着是一阵令人惊骇、叫人不知所措的沉默。显然,希尔伯特被震怒了,他在等这个冒犯者离开课堂。年轻人却倔强地留在他的座位上。最后,还是这位脸色变得苍白的教授转身走了出去。

"如果希尔伯特的情绪是正常的话,"在场的一个人说,"绝不会发生这样的小事故。"

当然,在大部分时间和场合,希尔伯特还是以哲学家的冷静忍受他的损失,就像他目睹他的朋友在接受死的降临时那样冷静安详。没有再发生那个夏天有过的极度抑郁症。

他积极地参与了挑选闵可夫斯基继任人的活动。他和克莱因都主张要物色一个年轻人，一个还会大有作为的人。这样，就把赫维茨排除在外了。他们考虑了好几个青年数学家，最后，选择缩小到奥斯卡·佩隆（Oskar Perron）和埃德蒙·兰道（Edmund Landau）身上。数学评议会的成员对这两个人各自的优点进行了大量讨论。

"喔，佩隆可真是个好人，"克莱因最后说，"谁都喜欢他。兰道脾气不好，很难跟别人和睦相处。但是，像我们这样的团体，最好有一位不是那么温厚宽容的人。"

这是决定性的声明。闵可夫斯基去世后的那个春天，32岁的兰道来格丁根就任数学教授。

兰道的专长是用分析方法研究数论。还在柏林当讲师的时候，他已经证明了关于素理想在任意代数数域中之分布的一个非常一般的定理，该定理相应于经典的素数定理。他在函数论方面也做了重要工作，他用一种完全出人意料的方法推广了皮卡的著名定理，以致他本人在最初都不相信自己是正确的，因而把发表文章的时间推迟了一年多。

就在他到达格丁根的同一年，他写的那本素数分布——解析数论的中心问题——的书问世了。"这本书，"哈代在许多年后写道，"第一次使解析数论成为一门系统的科学，而不再是几个零散的漂亮定理的汇集。"它把这个"直到那时为止还只是几位冒险英雄用武的猎场"，转变为数学研究中最富成果的领域之一。

在那个时代，大多数德国教授出身于中产阶级的上层，日子过得挺宽裕，而兰道却是非常富有。当人们问他怎么样找他在格丁根的房子时，他简单地说道："你找它不会有困难。它是城里最好的房子。"

兰道来这所大学后不久，他的故事就开始在数量上跟希尔伯特的故事相媲美了。

有个学生向兰道请教一块玛瑙的质量——在德文里，玛瑙写作 Bernstein（念伯恩斯坦）。兰道的回答是句双关语，同时讲出了他对当时都在格丁根的两个姓伯恩斯坦的数学家的评价。他说："菲利克斯（Felix）。"假如他回答说

第十五章 朋友和学生(1909—1910)

"泽格(Serge)",那就意味着他认为这块玛瑙是上等货。(初听起来,这样裁决不是在诅咒人吗!其实并不尽然。菲利克斯·伯恩斯坦是非常出色的数学家,以他在保险统计理论和统计学方面的工作著称;泽格·伯恩斯坦则是当时最伟大的俄国数学家。)

兰道没有闵可夫斯基那种对几何和数学物理的兴趣,他还绝对地蔑视应用数学。

有一次,施泰因豪斯向兰道讲述他的博士考试,为了通过那次考试,就必得让一位天文学家来考他。兰道似乎非常关心一名学纯数学的学生怎么能成功地回答一位应用数学家提出的问题,于是便追问道:"他问了你什么?"施泰因豪斯很高兴他的经历能赢得这位教授的关注,便解释说,天文学家问的是有关三体问题的微分方程。

"啊,如此说来,他知道那个!"兰道大声说道,"如此说来,他知道那个。"

这就是兰道。

同事和学生们不喜欢他的傲慢,惧怕他的机智和铁面无私。然而,大家都佩服和尊敬他出奇的勤奋以及他那种难以想象的献身于数学的忘我精神。"对别人的成就,我们之中的大多数人总会在内心里有点羡慕妒忌之情,"哈代有一次评论说,"(但是)兰道好像奇妙地超脱了这种不足取的情感。"

兰道在格丁根呆得很勉强,直到他向一名年轻的丹麦人哈拉德·玻尔(Harald Bohr)提出建议,要他到格丁根来和他一起搞研究。玻尔曾解决了兰道在一篇文章中提出的一个问题。

玻尔可不是一般的数学家。1908 年,他是丹麦奥林匹克足球亚军队的队员。报纸的体育栏曾报道了他的博士学位考试,这在数学史上也许是独一无二的。在未来的岁月中,他的名字将紧紧地和人们称作"殆周期函数"的学问联在一起。当然,他绝对做不到见球不踢。

闵可夫斯基去世后几个月,玻尔来到了格丁根,他感觉到这里有一种四海之内皆兄弟的真诚精神统御着年轻的数学家。兑汇外国货币容易极了,从来也没有人被问及护照的事。德国学生,尤其是年纪稍长一些的,对外国学生照顾得"体贴入微"。

"菲利克斯·克莱因……是位庄严的老人。所有的人,不论年轻还是年老,都对他的堂堂威仪表示极大的尊敬——你甚至可以说是敬畏……而大卫·希尔伯特的光辉天才照耀着格丁根的全部生活,它仿佛把我们紧紧地结合在一起……对希尔伯特说的每一句话,不管是关于我们这门科学的或是随便别的什么事,我们都觉得新鲜稀奇、富于内容。"

这个春天,希尔伯特没有寄给格丁根科学会有关积分方程的文章。他跟克特花了许多时间陪伴古斯特·闵可夫斯基(Guste Minkowski)和她年幼的女儿。希尔伯特还担任了编纂闵可夫斯基著作的总编辑,并开始筹划一篇纪念讲话。为了准备这个讲话,他把自大学以来闵可夫斯基给他的 90 封来信全部读了一遍。"它就像重演了我们的整个生活,"他写信给赫维茨,"我看到你在其中起了多么重要的作用。"

差不多就在闵可夫斯基去世的同时,邀请最卓越的科学家到格丁根进行私人学术交流的机会来了,这种交流是希尔伯特保持其自身的创造活力所必不可少的,在过去,他正是跟闵可夫斯基交流学术思想的。有一位达姆施塔特的数学教授,名叫保罗·沃尔夫斯凯尔(Paul Wolfskehl),他在遗嘱中留下了一笔 100 000 马克的奖金,它将授予第一个正确证明费马大定理*的人。在这笔奖金被人赢得之前,其利息将交由格丁根科学会的一个委员会自行处置。希尔伯特则当上了该委员会的主席。所以,他能在闵可夫斯基死后第一年的四月里,安排出 2 500 马克请亨利·庞加莱来访。

无论在人与人的关系方面还是在数学方面,形势都很微妙。那次改变了克莱因整个生活进程的体力衰退,正是他跟年轻的庞加莱竞争的结果。目前,世界上领头的数学家是希尔伯特和庞加莱,而波尔约奖落入了庞加莱之手。格丁根有许多人觉得,这位法国人的到场提示了一个不受欢迎的事实:数学世

---

* 费马(Pierre Fermat,1601—1665),法国大数学家。费马大定理说,对于不定方程 $x^n+y^n=z^n$,当 $n>2$ 时,它没有正整数解。1994 年被英国数学家怀尔斯(A. Wiles)解决。——译注

第十五章 朋友和学生(1909—1910)

界并不是以格丁根为中心的球,而是个椭球。

庞加莱选择的讲演题目对这种情势也无所裨益。他决定讲积分方程和相对论——他在这两个领域里做出过带根本性的贡献;也许,他之所以选这两个题目是因为知道格丁根的数学家对它们感兴趣。一名出席听讲的外国数学家对这位著名客人受到的冷遇非常吃惊。"我们也很惊讶,"格丁根的一名讲师解释说,"庞加莱会来对我们报告积分方程!"

然而,希尔伯特总是称庞加莱为"我亲爱的朋友"。他在讲演和文章中表示:庞加莱是"他那一代人中最光辉的数学家"。他和克特为这位法国人和克莱因——他的60寿辰正值这次来访期间——举行了盛大的招待会。

闵可夫斯基也曾给予庞加莱最高的赞誉。当闵可夫斯基年幼的女儿在威廉·韦伯大街住宅的台阶上见到这位伟人时,向他深深地请了个安,就像一个小女孩见到了一位国王时所应做的那样。

"今天,做一个数学家是何等的愉快呀!"希尔伯特在简短的演说中告诉他的客人们,"数学正在到处发芽,新的枝叶繁茂地生长着。就它在自然科学中的应用和它跟哲学的联系而言,数学正变得愈来愈重要并正在重新获得它过去有过的中心地位!"

但是,在给赫维茨的一封信里,希尔伯特一面感谢他对华林问题证明的友好评价,一面写道:这是"黑暗中的一线光明"。

5月1日,他在格丁根科学会举办的专门会议上发表了纪念闵可夫斯基的演说。

怀着衷心的惦念,希尔伯特描述了他的朋友的工作,列数了他的成就以及像埃尔米特、戴德金这样一些数学家对他的评价。"尽管他虚怀若谷、不愿意抛头露面,但他的内心却抱有坚定的信念:他的许多工作将比其他一些同时代作者的工作更富于生命力,它们最终将会受到普遍的赞赏。他认为,他发现的线性不等式的整数可解性定理,他关于数域中分歧数存在的证明以及把表示球的极大性质的三次不等式化约为二次不等式等工作,都跟最伟大的经典作家在研究与几何相结合的数论时所得到的最好成果有同等价值。"

他生命虽短，成就丰硕。"他的勤勉、刻苦是必定无疑了的!"无论走到哪里，他的科学总在他的身旁。无论是去修学旅行还是去夏日度假，无论是在艺术陈列馆、火车车厢还是在大都市的人行道旁，"科学无时无刻不在引起他的兴趣，永远不会使他疲倦。"

从学生时代起——希尔伯特告诉他的同事——闵可夫斯基一直是他最好的、最可信赖的朋友：

"我们的科学——我们对它的热爱超过了一切——把我们结合在一起。在我们眼里，它就像一座鲜花盛开的园林。花园里有被人踏就的路，空闲时你可以循着它去观花赏景，悠然自得而不用费力，当一旁有个情趣相投的朋友做伴时就更是如此。但是，我们还喜欢去寻找那些深藏不露的小径，去发现更多出人意料的能大饱眼福的景色；当一个人向另一个指点出这种奇景时，我们共同赞美它，真是其乐无穷。"

希尔伯特认为，他的朋友的气质犹如铜钟的音响，"他在工作时的愉快和性格之开朗是那样清澈透明；他的坚定和忠实是那样圆润饱满；他那理想主义的抱负和生活观念是那样纯正无杂。"

"对于我，他是天赐良玉——这样的宝物很少降临人身——我因能如此长久地保有它而感恩不尽。"

在未来的年月里，希尔伯特试图从格丁根大学的高年级学生和讲师中寻找情投意合的伙伴。他非常清楚，为了自己的科学创造，必须跟青年人保持接触。

"我跟年轻人坐在一起，"他在一次学术会议上宣称，"我总能从他们身上得到一些东西。"

跟希尔伯特交往了多年的一位青年人叫莱昂纳德·内尔松（Leonard Nelson）。他比希尔伯特小20岁，是一名哲学讲师。几年前，内尔松在柏林大学取得博士学位后到了格丁根，他试图在这里晋级获取讲课资格。希尔伯特跟他就是在那时候交上朋友的。内尔松这个青年人，强烈地嗜好争论、人物批评、哲学和政治。他的行为曾引起了哲学教授胡塞尔的不悦。他的晋级论文

第十五章 朋友和学生(1909—1910)

也遭到了哲学教授会——数学家也在其中——大多数成员的拒绝。不久,内尔松知道了这个坏消息,正当他在自己的房间里垂头丧气的时候,忽然传来了敲门声。"我大吃一惊,"他写信给双亲,"原来是希尔伯特来了,他邀请我到他家里吃晚饭……"在下一封信里,他又报告说,"希尔伯特绞尽了脑汁,考虑我们如何才能使我的晋级论文得以通过。"当这项计划成为现实时,它经已花费了希尔伯特好几年的工夫;现在,内尔松已是一名讲师,人们经常看见他和这位教授在一起"游城",他们深入地讨论着哲学、数学和逻辑学相交汇处的知识领域。

希尔伯特的另一个年轻朋友西奥多·冯·卡门(Theodor von Kármán)也不是数学家,他是普朗特应用力学研究所的助理。冯·卡门正在为制造齐柏林飞船的计划效力:政府打算在各种大气条件下进行飞船的试验。许多年以后,当他成为美国航空和空间研究方面有影响的人物时,他称希尔伯特是"科学史上最伟大的数学家……因为他把积分方程理论发展成一种工具,使得科学家在曾经是混乱模糊的领域内取得了突破性的进展"。

闵可夫斯基去世后,希尔伯特又重新恢复了他的老习惯:在数学俱乐部每周一次的聚会之后,带领一群年轻人去作长时间的散步。

"他年纪不轻了……但他还是一直保持着他的全部实力和青春的朝气,"22岁的玻尔认为,"由于他有着深奥的创造力,由于他摆脱了任何偏见——甚至可以说他摆脱了任何老框框,所以,我们每次和他在一起相聚,总能取得真正的收获。"

过去几年中若干名有才华的学生,目前正在努力奋斗,攀登上科学的阶梯。

经希尔伯特提议,闵可夫斯基夫人委托马克斯·玻恩来编辑她丈夫的物理学论文。其中有一篇文章,玻恩不得不根据极简略的笔记重新写过。他自己还写了一篇论文继续他老师的工作。文中,玻恩提出了计算电子的自具电磁能的新的严格方法。福格特听了介绍这篇文章的讲演后非常赞赏它,以致他给玻恩提供了理论物理研究所里的一个讲师职位。

赫尔曼·外尔大约也是在这个时期当上讲师的。他虽已显露出搞数学的才能，但在参加"三五成群"的数学界的社会活动时仍过于腼腆。所以，当他不久和一个被许多人追求过的年轻小姐订婚时，每个人都有点惊讶。这位小姐有十分的魅力：当她父亲扬言要让她从这所大学退学时，连教授们都签字请愿，祈求他重新加以考虑。

也是在这段时间里，希尔伯特开始了和理查德·库朗的友谊。

事情很清楚，这个年轻人的前途无量，而且不止是在数学方面。他从14岁起就开始独立生活，靠着给一所女子学校的学生当辅导挣钱谋生。最后，他又实现了差不多是不可能做到的事：没有预科学校的文凭而被容许进入一所大学。跟当时大多数的大学生不同，他是完全自食其力的。

一天，库朗听完希尔伯特的课之后，被这位教授请去喝茶，这使他颇感意外。当他赴约之后才知道希尔伯特夫妇有事求他。弗朗茨·希尔伯特现在已经十几岁了，在格丁根的学校里书读得不好。

（"我儿子的数学继承了他母亲的血统，"希尔伯特有时这样说，"其余的一切都得自于我。"）

希尔伯特夫人想，弗朗茨在另一所学校里也许能学得好一些。为了保证他能被别的学校录取，年轻的库朗愿意来辅导他吗？

"就这样，我花了不少时间跟弗朗茨·希尔伯特在一起。这孩子不笨也不愚，也很容易接近。他没学多少东西就被一所新的学校录取了，那是一所非常著名的乡村学校。我总有这样的印象，孩子的头脑像一张照相底片，你把它放进显影剂就映出了美妙的景象，但是，隔不多久就出现了一层膜，而且变得越来越模糊，最后，没有任何东西留在底片上。"

"小库朗"——这是人们对他的爱称——对格丁根广泛的科学传统已经有了深厚的感情。他还很有些演戏的才华。1910年2月，当库朗获得学位时，他不满足于按老习惯去市政厅广场给喷水池里的小牧鹅姑娘雕像一吻。相反，他请两位朋友租了一辆四轮敞篷马车绕城一周，大张旗鼓地向市民们宣告：现在，理查德·库朗已是一名成绩最优秀的哲学博士！

第十五章　朋友和学生(1909—1910)

在1910年期间,库朗是希尔伯特的助手。

同年,希尔伯特送交格丁根科学会一份关于积分方程的报告,这是自1906年以来的第一次,总的算是第六次,也是最后一次。

"人们确实可以说,希尔伯特的研究第一次揭示出积分方程论的真正意义,"库朗后来写道,"这个理论和其他极不相同的数学领域的各种关系,它具有的多方面的应用,其结构的内部协调一致和简明性,以及把过去大量孤立的研究统一起来后所产生的力量,这些都第一次在希尔伯特的工作中变得明白无疑了。"

从弗雷德霍姆开始,世界各地的、特别是德国和美国的许多数学家,都在研究积分方程这个课题。

但是,完全可以肯定,是希尔伯特为这个领域带来了它的全盛期。

在格丁根,生活又要继续向前了。

第十六章
物　理　学
(1910—1914)

　　1910年秋,匈牙利科学院宣布:第二届波尔约奖将授给大卫·希尔伯特。"由于思想的深刻性、方法的创造性以及证明的严密逻辑性,大卫·希尔伯特对数学的发展业已做出了巨大贡献。"

　　作为评奖委员会的秘书,这次轮到庞加莱来准备一个概要介绍希尔伯特工作的报告,这个报告将向匈牙利科学院提出,然后公开发表。

　　庞加莱在报告中强调了希尔伯特工作的几个特点,这就是:探索范围之广阔,研究问题之重要,方法的简洁、优美,叙述的清晰明了,以及对于绝对的严格性的追求。庞加莱称赞了希尔伯特著作的明快易读,同时指出:希尔伯特对数学进展的影响,不只是在于他个人的研究成就,而且还在于他所从事的教学活动,"他给予学生的帮助,使他们能够运用他所创造的方法对数学科学作出自己的贡献。"

　　庞加莱详细介绍了希尔伯特的成就(其中有很大篇幅是论述几何基础方面的工作的),并且试图阐明这些成就与其他数学家的成就的关系。

　　关于戈丹定理的证明——"只要把戈丹为证明这定理所写的大卷著作与希尔伯特先生给出的、他本人也感到满意的简明证明相比较,就可明了希尔伯特先生在这方面的贡献,并且没有比这更好的评价方法了。"

　　关于e和π超越性的新证明——"这项工作显示了将初看起来似乎很复

第十六章 物理学(1910—1914)

杂的问题简单化的能力,这正是希尔伯特先生卓越才能的标志之一。"

关于代数数域的工作——"库默尔和戴德金所引进的理想概念是十分重要的进展:它推广并澄清了高斯关于二次型和复合二次型的古典结果。希尔伯特先生的论文则迈出了新的一步,其重要性绝不亚于两位前驱的成就。"

关于几何基础的研究——"在几何哲学史上有三个重要的时期:第一个时期,数学家们(我们应该首先提到波尔约)发展了非欧几何;第二个时期,亥姆霍兹和索弗斯·李共同揭示了运动与群的概念在几何学中的重要作用;而第三个时期则是由希尔伯特先生开创的。"

关于挽救狄利克雷原理——"这一发现的重要性已毋庸赘述,其意义远远超出了特殊的狄利克雷问题的范围,有许多研究者现在正沿着希尔伯特先生所开辟的道路前进,这是极其自然的。"

关于华林定理的证明——"当这些研究成果为数学家们充分理解之后,它们无疑将会在比华林定理远为广泛的问题中获得重要应用。"

关于最近在积分方程论方面的工作——"弗雷德霍姆的发现肯定是当代最值得注意的数学成果之一……希尔伯特先生作了重要的改进,他这项工作的简单、明确和一般的特性是值得称道的。"

庞加莱为波尔约奖写的报告发表在 1911 年的《数学学报》(Acta Mathematica)上。当时大家都没有料到,庞加莱在报告中概括的内容竟将是希尔伯特对具有建设性的数学的全部贡献了。就在第二年,50 岁的希尔伯特变成了一位物理学家(当然,这是相对于同行的数学家而言)。

希尔伯特最近关于积分方程的工作(1912 年成书出版),把他带到了数学与物理的边缘地区。在这部著作中,他把许多不同的理论综合在一个全面的观点之下。同以往相比,这一结果具有更高的抽象性和统一性,更为清晰和严格。不过物理学家实际并没有得到太多的好处,因为在多数场合,最适用的仍然是通过微分方程来解决问题的老办法。但希尔伯特却找到了一个这样的物理领域,在这个领域里,物理概念必然引导到积分方程,积分方程是表述那些物理现象的唯一有效的工具而不可能有其他的选择。这个领域就是气体分子运动论。在关于积分方程的著作的前言中,希尔伯特表达了他对于发现这样一个领域而感到的喜悦。1912年春,希尔伯特发表了一篇有关这个理论的基础的论文,它向人们宣告:这位数学家的注意力现在已经转向了物理学。

还是在希尔伯特做讲师期间,赫兹证明了麦克斯韦预言的电磁波的存在。回顾起来,希尔伯特认为现代物理的新纪元就是从那时开始的。接着便是一连串的新发现:伦琴发现X射线,居里夫妇发现放射性,汤姆孙发现电子等等。在同一时期,普朗克提出了量子理论,爱因斯坦建立了狭义相对论。短短数十年间,伟大的发现如雨后春笋,数量之多,抵得上以往好几个世纪。"并且,"希尔伯特欣喜若狂地说,"其中任何一项发现都是非常了不起的,同过去那些成就相比毫不逊色!"

但是,作为一个数学家,他感到在物理学家的胜利中还缺少某种秩序。有这种看法的并不只他一个人。他早些时候的一位学生沃尔特·利茨曼回忆说:"在理论物理讲演中,我们常常会遇到这样或那样未经证明的原则以及由这些原则推出的各种命题和结论,每当这样的时候,我们数学家总是感到很不舒服。这就迫使我们去研究确定:这些互不相同的原则究竟是否相容?它们之间究竟有什么关系?"

在数学中,类似的问题已被希尔伯特在其几何基础的工作中探讨过,这就是公理的充分性、公理的独立性和公理的相容性。现在,他觉得是实现他在巴黎作为第六问题而提出的计划的时候了。这个向20世纪数学家们提出的第六问题,就是要使物理学和其他与数学密切相关的学科公理化。应该选出某些基本的物理现象来作为公理,从这些公理出发,通过严密的数学演绎,就可以畅通无阻、令人满意地推导出全部观测事实,就像欧几里得从他的公理出发推导出全部几何定理一样。但是这一计划的实现,需要一位数学家。

"物理学,"希尔伯特说,"对物理学家来说是太困难啦。"

这种说法似乎有点桀骜不驯,但物理学家却能理解希尔伯特的意思。后来有一位诺贝尔奖获得者说道:

"他虽然只是开个玩笑,但却表达了某种完全真实的心情,即对于这个纯

第十六章　物理学(1910—1914)

粹思维领域中提出的问题的困难之尊重,而且只有以自己的全部才智去攻克这些问题的人才能够认识到这一点。"

在巴黎会议上,希尔伯特特别提到,概率论公理的研究应与数学物理中均值方法的严格而充分的发展相结合,在气体运动论中情形尤其如此。这就是他实现这个新计划的出发点。

气体运动论的基础是这样一个原理:由于气体分子运动完全没有规律,这种运动可以通过统计方式来描述,并且可以在平均运动的基础上来预报与压力、密度、温度等因素有关的效应。但整个气体运动理论并不是以统一的方式发展起来的,在这里,不同的问题用不同的、毫无联系的方法来处理。借助于公理方法和积分方程理论的应用,希尔伯特得以建立起一个简单而统一的体系,从而将这一理论改造为便于使用和令人满意的数学工具。(多年后冯·卡门写道:"在宇宙飞行尚属科学幻想的60年前出现的这项工作,今天已成为有关人造卫星运行的大部分工程计算的基础,注意到这一点是十分有意思的。")希尔伯特对这一领域的探讨,其价值不仅在于物理定理的推导(这些定理是已经知道的东西),更重要的是在于对这些定理的结构、条件和有效范围的深入洞察。

虽然希尔伯特相信公理方法能够使物理学摆脱掉混乱、建立起秩序,但他还是承认:不可能单靠数学的力量来解决物理问题。他必须了解当前的发展。要做到这一点,一种方法是阅读研究杂志上发表的有关新发现的报告。但希尔伯特没有采用这种做法,而是求助于他的老朋友阿诺德·索末菲。

在慕尼黑,索末菲现在已成了德国最多产的一批年轻物理学家的中心人物。按照德国大学的惯例,每个物理教授都可以设立自己的"研究所",研究所又可以有自己的教授会、讲师、助教和学生。慕尼黑最大的、设备最齐全的研究所属于实验物理教授伦琴,索末菲的研究所最小。不过当索末菲来慕尼黑时,他曾坚持:除了一个理论物理研究所通常应有的图书资料和桌椅板凳外,他的研究所还必须配备实验设备。来慕尼黑以后,索末菲在自己的研究所里创造了一种少见的合作精神。伦琴的学生都是各自独立地工作,他"甚至不鼓励他们过多地串门来往"，而索末菲却经常和学生们一起到附近的阿尔卑斯山中去郊游，冬天滑雪，夏天登山，"上山下山时，一路上尽是在谈论物理学"。平常在慕尼黑的时候，他们差不多每天午后都要到学校附近一家咖啡馆聚会，"一边用茶点，一边讨论物理学"，并且常常就手将一些重要发现的公式图表写在大理石桌面上，服务员对此很不满意，过后总是嘟嘟囔囔地跑过来擦掉。

希尔伯特现在请他的老朋友帮他物色一位青年人当他的物理助手。索末菲让他的学生保罗·埃瓦尔德来担任这个角色，埃瓦尔德最近刚完成一篇关于光线通过晶体的学位论文。

当1912年春埃瓦尔德回到格丁根时，人们把他当作"希尔伯特的物理教师"来欢迎。这看来也正是希尔伯特添设这个新的助手职位的本意。他立刻给埃瓦尔德指定了许多物理学课题，这些题目都是希尔伯特本人想要了解的。

"我记得他给我指定的问题中有一个是这样的：长期以来，究竟有几个晶体弹性常数的问题一直存在争论（最早可以追溯到这一领域的创始人），希尔伯特希望我能阅读一下这方面的文献，并告诉他哪一种意见是正确的。于是我便去阅览室借阅了这方面已有的全部书刊，我发现这些资料都很有趣。争论的双方都有很好的论据。事实上，我在双方的文献中都找不出漏洞，因为无论是这些伟大的人物还是其他许多研究这问题的人确实都是精心推敲，决不会让自己随便出错的。于是我便将这些情况向希尔伯特做了汇报。几年以后，这个阻碍晶体物理发展达50年之久的问题才被马克斯·玻恩彻底解决。"

据埃瓦尔德回忆，希尔伯特这一时期的科学计划在顺序上可以这样概括："我们已经改造了数学，下一步是改造物理学，再往下就是化学。"希尔伯特把当时的化学比作是"女子中学里的烹调课程"。

现在希尔伯特打算对另一门物理分支开展研究，使它建立在可以接受的数学基础之上。他从气体运动论转向一个新的领域，这就是初等辐射理论，在这里，物理概念同样直接引导到积分方程。在随后的两三年内，他发表了一系列论文，以线性积分方程为工具，推导了初等辐射理论的基本定理，为这些定理奠定了公理化基础，并证明了他所提出的公理的相容性。希尔伯特对辐射

第十六章 物理学(1910—1914)

理论的处理,实质上是为他在巴黎提出的将物理学统一成一个整体的途径建立了一个模式。

埃瓦尔德回忆说,他个人当时对辐射理论似乎并不"热心"。他觉得希尔伯特的数学助手埃里克·赫克(Erich Hecke)实际上比他更清楚希尔伯特在讨论各种物理论文时所提出的问题的实质,这也许是因为赫克与希尔伯特一样具有一副数学的头脑。

赫克后来成为他那个时代的一位大数学家,但他总是把当希尔伯特助手的那些日子看作是自己一生的最高点。他担任这项差事每月收入是 50 马克(约相当于当时的 12.50 美元)。希尔伯特认为这个数目是不适当的,有一天他对赫克说:下次他去柏林时一定要亲自跟文化部长交涉这件事。希尔伯特不久就去柏林办事,可是当他同那位几乎对一切大学事务都有最后发言权的文化部长谈完公务后,一时却记不起来还落了件什么事。这时他立刻把脑袋伸出窗外,向在楼下花园里等候他的希尔伯特夫人喊道:"克特,克特!我要说的另一件事是什么呀?""赫克,大卫,赫克!"希尔伯特于是马上回身向着那位吃惊的部长,要求将赫克的工资增加一倍,部长同意了。

1912 年 5 月,在沃尔夫斯凯尔奖金委员会资助下,索末菲来格丁根讲学,介绍物理学的最新发现。这次他报告了马克斯·冯·劳厄等人最近以 X-射线通过晶体而获得的成功。这项成就揭示了 X-射线的本质,开辟了研究物质的新道路。听到这个消息之后,埃瓦尔德想起他来格丁根前与冯·劳厄的一次谈话。当时他去找这位较年长的物理学家讨论自己学位论文中的一些问题。谈了几分钟后,他发现冯·劳厄不知怎么有点心不在焉。

"如果让波长更短的波穿过晶体,会发生什么情况呢?"冯·劳厄问道。

"全在这些公式里头,"埃瓦尔德说,"欢迎您一道来讨论这些公式,我可以给您复制一份。可是这两三天内我必须报告这篇文章,还要准备口试,我现在没有时间。"

直至从索末菲那里听到关于冯·劳厄的发现的消息以前,埃瓦尔德没有再进一步考虑过这个问题。希尔伯特关于个人之间直接进行科学交往具有重大价值的信念,不可能受到比这更戏剧性的支持了!这天下午,埃瓦尔德急忙回到自己的寝室。在他的学位论文中,已经得到了研究冯·劳厄这项发现所需要的全部公式,他彻夜未眠,一直工作到天明。

但是在当希尔伯特助手的这个学期里,大部分时间是很悠闲的。埃瓦尔德利用这个机会对希尔伯特进行了比1906年他在微积分班上当学生时更为密切的观察。

有一天,奥托·托普利茨(现在是一名讲师)带了一篇论文来见希尔伯特,这篇文章是他讨论班上的一位旁听生交给他的。

"大多数博士论文只有半个思想,"他对教授这样说道,"好一点儿的论文有一个思想。但是,这篇论文却有两个好思想!"

但是有一个问题:这篇论文的作者,名叫雅各布·格罗梅(Jakob Grommer),不具备接受博士学位的条件。他没有必需的预科学校毕业文凭;事实上他从未进过预科学校,而是在一所犹太法典学校里受教育的,因为他本来希望做一个拉比*。按照他出生的东欧地区的习惯,新拉比必须跟老拉比的女儿结婚才行,不幸,格罗梅患有肢端肥大症,他的未婚妻——一位老拉比的女儿看到他那畸形的手脚,便不愿和他结婚了,这使他当拉比的希望化作泡影。这位失恋的情人便转而发奋攻读数学。

据埃瓦尔德回忆,希尔伯特听取了格罗梅的情况,"眼睛闪闪发光"。

"如果我能为这个没有预科学校文凭的、年轻的立陶宛犹太人争取到博士学位,那可真是做了件有意义的事情!"

(不用说,格罗梅后来果真得到了哲学博士的学位。)

埃瓦尔德对希尔伯特虽然十分爱慕、尊敬,但也感到希尔伯特身上有一种"引人注目的幼稚"。天气暖和时,希尔伯特喜欢穿一件开襟短袖衬衫去上课,在当时,这样的衣着对于一个教授来说是很不雅观的。他常常骑着自行车穿过大街,带上一束从自家花园里采来的、准备送给他那些"女朋友"的鲜花。有

---

* rabbi:犹太教教士或法学博士。——译注

第十六章 物理学(1910—1914)

时他还可能在车把上挂一篮作为礼物的堆肥。在音乐会上或餐馆里,无论在多么高雅的场合,只要感到有寒意,他就会从一位太太手里借一件皮大衣或羽毛披肩来披上。在有些人(如埃瓦尔德)看来,希尔伯特做这些事情是为了让那些喜欢因循守旧的市民感到吃惊。其他有些人则认为希尔伯特这样做是因为这些事情本来就没有什么不合理,他从不会因为它们与众不同而感到不安。不管怎样,他有这样一种自然的尊严,使得他无论做什么都不会受人讪笑。

他仍然喜欢跳舞,特别是喜欢参加校长每年为全体教授和夫人们举行的新年招待会上的舞会。他喜欢那些漂亮的年轻姑娘,常常津津乐道地向她们讲解数学思想。"可是,我的孩子,"他会这样说,"您必须理解这一点!"有一次他写了一首给"亲爱的天使"的小诗,表示希望他最喜欢的几位姑娘能收到出席舞会的邀请:

Lieber

Engel,

Mach mit Eile,

Dass Mareille,

Kar—, Ils—, und Wei—,

Diese drei

Auf jeden Fall

Kommen zum Rektorenball.

(亲爱的天使,快快去请玛利娅,还有 Kar—, Ils—和 Wei—这三位无论如何必须参加校长的舞会。)他把这首诗抄在一张剪成天使形状的纸上,然后匿名送到校长办公室。

希尔伯特喜欢把自己想象成一个打扮漂亮、精于世故的人。他用一顶巴拿马帽将秃顶遮盖起来,并公开声称:最好的度假计划就是带一位同事的夫人出去旅行。不过正如当时在格丁根学习的乔治·波利亚(George Pólya)回忆的那样,在所有这种时候,希尔伯特"确实是天真无邪的"。

有一件事可以说明克特·希尔伯特对丈夫这许多"女朋友"的态度。在庆

希尔伯特——数学界的亚历山大

祝希尔伯特50岁生日的晚会上,为了表示对教授的尊敬,几个学生想了一张字母表,他们管它叫"爱字表"。每一个字母都对应一首诗,说明希尔伯特所喜欢的一个人或一样东西。例如与字母"I"对应的一首诗是:"Wenn Sich unsere Haare lichten/Lieben wir die kleinen Nichten/Das ist menschliche Natur/Denkt an Ilschen Hilbert nur."(当我们头发稀少,渐入老境,我们就会喜欢自己的侄女。这是人类的天性,请想一想伊尔亨·希尔伯特吧。)但对字母"K",却没有人能想得起希尔伯特喜欢的哪个人或哪样东西是以"K"起头的。这时克特·希尔伯特对他们说:"这一回你们总该想想我了吧!"快乐的年轻人哄堂大笑,他们立刻凑成了这样一首诗:

Gott sei Dank, nicht so genau

Nimmt es Käthe, seine Frau.

(感谢上帝,克特,他的夫人,没有对他太认真。)

"没有克特,"埃瓦尔德说,"希尔伯特真会不知所措。"库朗也补充说:"没有她,希尔伯特不可能过他现在这样的生活。"

这一年夏天——希尔伯特50岁这一年的夏天,亨利·庞加莱去世了,终年59岁;在整整33个年头里,他是几乎一切数学领域里的一位惊人的多产作家。可是就在一年前,他请求一家数学杂志的编辑接受他的一篇没有完成的论文,他认为论文中所研究的问题极为重要:

"在我这样的年纪,已经不可能解决这个问题了。我所获得的结果将会把研究者们带到新的、出乎意料的道路上去。我觉得,这些结果尽管曾经造成假象,但仍然充满希望,因此决不能任其埋没,而应当发表出来。"

庞加莱这番话向他的同时代数学家们敲起了警钟:生命是短暂的。许多人发现自己陷入了某种对死亡的恐怖。当时意大利的领头数学家维托·沃尔泰拉(Vito Volterra)在一次论述庞加莱成就的演说中,表达了这种典型的感情:

"人们以各种方式来表达对生命的热爱。在有一种情形里,生活的欲望带着庄严的色彩。这与一般人对死亡的恐怖根本不同。常常有这样的时候,一

第十六章 物理学(1910—1914)

个科学家头脑里产生了新的思想。他明白这些新思想将会带来丰硕的成果,获得广泛的应用,但他也知道它们还很模糊,在一般人能够理解它们、鉴别它们的真正价值之前,他还必须经历漫长的分析研究过程,必须作进一步的发展。如果他意识到:突然降临的死神将会使这整个宏伟的思维世界顷刻湮灭,在这些新思想重新被人发现之前也许又要经历漫长的岁月,那就不难理解,为什么他会被突如其来的生存欲望所笼罩,为什么他会害怕自己有朝一日将永远停止工作而使探索的欢乐蒙上恐怖的阴影。"

由于庞加莱的逝世,究竟谁是活着的最伟大的数学家,这一点已不成问题了。而希尔伯特现在完全沉浸在物理学研究之中。

在埃瓦尔德离开格丁根以后,索末菲又派阿尔弗雷德·兰德(Alfred Landé)来做希尔伯特的物理助手。此时希尔伯特的物理讲演已从辐射理论转到物质分子论,下学期他打算研究电子理论。他对这些领域的研究与气体运动论、辐射理论类似,但却从未发表过。

希尔伯特现在想出了一个使用物理助手的更有效的方法。同兰德初次见面时,他交给兰德一大叠最近发表的物理学论文的抽印本让他阅读。

"各种各样的课题,固体物理、光谱学、流体力学、热学和电学,凡是他能得到的论文,我都要阅读,然后挑出我认为有意义的文章向他报告。"

每天上午,兰德都要到威廉·韦伯街的这座住宅来,向希尔伯特介绍自己挑选的论文的内容。

"这确实是我的科学生涯的开端,要不是希尔伯特,我也许一辈子也不会阅读所有这些论文,更谈不上去消化吸收了。当你必须给别人讲解一个课题时,自己首先就应该真正理解这个课题,并能用自己的语言来表述。"

给希尔伯特讲物理,感受如何呢?

"他有时可不是一个好教的学生,在他理解一个问题以前,我必须重复好几遍。他喜欢复述我告诉他的东西,但却是用一种更系统、更清楚、更简单的方式。有时我们碰头以后,他马上安排一次讲演,内容就是我们刚讨论过的课题。我记得我们常常肩并肩地从威廉·韦伯街他的宅邸步行去讲演厅,在这最后的几分钟里,我还在向他解释有关的问题。然后,他就试着到课堂上去讲解我对他讲过的东西,当然是用他自己的方式,这是一种数学家的方式,与物理学家的表达方式迥然不同。"

闲暇的时间,兰德研究希尔伯特论述积分方程的著作——"一本绝妙的著作"。晚上他经常参加晚会,同教授们的女儿一起跳舞。他发现,身为希尔伯特的物理助手,自己的社会地位有了明显的提高。这项职务对他来说只有一个不愉快的地方,那就是作为一名助手,在希尔伯特家举行晚会时,挑选、更换唱片的任务总是落到他头上。这桩差事,兰德在50年以后回忆起来仍是索然无味。当时,希尔伯特继续接受那位制造商赠送给他的最新式样的留声机,但他收藏的古典唱片却很少,而是喜欢音乐厅里的那些"流行歌曲"。兰德很难找到一张自己乐意听的唱片。更糟糕的是,希尔伯特喜欢响亮的音乐。在当时,音量是由唱针大小来决定的,希尔伯特总是坚持要用大唱针。有一次希尔伯特兴致勃勃地跑去听卡鲁索(Caruso)的音乐会,回来时却大失所望。"卡鲁索,"他说,"原来是用小唱针演唱的。"

1913年,保罗·舍雷尔(Paul Scherrer)来格丁根学习。他立刻就感觉到在格丁根平静的外表下"沸腾着的智力生活"。就在这时,光的量子理论终于被严肃地接受下来了,"虽然人们怎么也无法将它同波动说统一起来"。也是在1913年,哈拉德·玻尔的哥哥尼尔斯·玻尔(Niels Bohr)提出了原子的行星理论,"人们正努力使自己相信玻尔关于原子内部电子轨道的学说,尽管物理学家在接受沿围绕原子核的不变轨道运行的电子并不产生辐射这一假设时仍然感到犹豫。"

尼尔斯·玻尔像他弟弟哈拉德一样也是格丁根的常客。那儿的人称哈拉德是"L'Allegro"(快速),尼尔斯是"IL Penseroso"(沉思)*。但他们的父亲,一位颇以自己这两个儿子为骄傲的医学教授,却这样来形容他们:"哈拉德是

---

* Allegro 和 Penseroso 均为意大利文,原是音乐名词,Allegro 意为"快速调",Penseroso 意为"沉思调"。——译注

第十六章 物理学(1910—1914)

银子，"他说，话语间充满着父爱，"而尼尔斯——尼尔斯是纯金。"

希尔伯特很高兴有机会与尼尔斯·玻尔进行非正式的晤谈。把自己的思想告诉别人，同时让别人的思想在自己的头脑里生根——这样的科学交往是极其重要的。尤其是现在，数学科学已经是包罗万象的人类知识的复合，并处于突飞猛进的发展之中，在这样的情况下，希尔伯特认为一个科学家不能仅仅指望通过阅读科学文献来获得他所需要的全部信息。他认为，由于现时科学论文的抽象特征，还需要有其他手段来"充分揭示科学思想的精神实质与创造活力"。他想，要是能使第一流的物理学家们来一次聚会，用一周的时间发表讲演、交换意见，那将会产生何等巨大的价值啊！

当时还没有基金会和补助金之类的事情。但费马大定理一直没有被证明，所以那位达姆施塔特数学教授遗产的利息可以继续供数学家们使用。1910年，这笔息金被用于邀请洛伦兹来讲授相对论和辐射理论。1911年没有邀请访问学者，这笔5 000马克的奖金利息授给了策梅洛，"作为对他在集合论方面的成就的奖励和帮助他恢复健康的津贴"。1912年，邀请索末菲来格丁根讲学，介绍物理学的新进展。现在希尔伯特打算利用这笔资金来召开一次为期一周的沃尔夫斯凯尔会议，时间安排在1913年春天，内容是讨论物质运动理论。

"凡是出席会议的人，对于这样一次群英聚集的盛会，对于就他们这门科学的各种问题所展开的广泛自由的讨论，无不留下深刻难忘的印象。"莱维(F. W. Levi)后来写道。"希尔伯特是会议的主席……济济一堂的年轻人后来几乎都成了科学界的知名人物……这个一壁装有黑铁火炉的普通大厅，一时成了科学之王和科学王子们活动的舞台。"

"气体周"——这是与会者当时给会议起的绰号，在这一周里，希尔伯特认识了彼得·德拜(Peter Debye)，这是一位年轻的荷兰物理学家，索末菲在慕尼黑时最早的助手。希尔伯特对德拜印象很深，并希望能在格丁根为他安排一个合适的位置。希尔伯特向沃尔夫斯凯尔奖金委员会建议用下一年度的利息邀请一些客座数学教授于夏季学期到格丁根讲学。1914年夏，在格丁根出现了第一批达姆施塔特教授*，其中有一位是希尔伯特以前的学生、现在在克劳森堡担任教授的阿尔弗雷德·哈尔(Alfred Haar)，还有一位就是彼得·德拜。

（有人曾问希尔伯特为什么不去证明费马大定理以赢得沃尔夫斯凯尔奖，他回答说："干吗要杀死一只下金蛋的鹅呢？"）

同一年夏，克莱因关于建造独立的数学大楼（数学研究所）的计划看来就要付诸实施了。地皮已经得到，资金也已筹足，一切准备就绪，只等择日动工了。

可是，就在这个夏天，奥地利公爵斐迪南(Archduke Ferdinand of Austria)在萨拉热窝被一个塞尔维亚学生刺杀了。

---

* 系指用沃尔夫斯凯尔奖利息邀请的访问教授（这笔奖金最终奖给了怀尔斯）。——译注

第十七章
战　　争
(1914—1918)

8月1日,在格丁根,一个长长的假期开始了。奥匈帝国已对塞尔维亚宣战。法国军队动员起来了。德军穿过比利时向前推进。到8月底,已经有成打的国家卷入了战争。

希尔伯特认为战争是愚蠢的,他这样想,并且也这样说。

他从前的一些学生,不断从美国来信,继续表达他们对他的爱戴和尊敬。

德国的敌人,在"德国丘八的横暴"面前望风披靡,他们觉得很难把德国的"野蛮"同她在科学和艺术上的杰出成就调和在一起,于是提出一种解释,认为有两个德国——一个是德皇威廉二世的好战的德国,另一个是歌德、贝多芬和康德的文明的德国。为了回答这种舆论,德国政府让它的一批最著名的科学家和艺术家出来发表一个宣言,声明他们也像其他德国人一样坚决拥护德皇。这个"告文明世界"的宣言,列举了"敌人的谎言和诽谤",并逐条加以反驳。它开头第一句话就是:"说德国发动了这场战争,这不是事实。"

宣言起草者认为,无论多大的数学家,除了同行而外,一般人对他们并不熟悉。不过,克莱因和希尔伯特在国际上的名望是如此之高,所以两个人都被邀请在宣言上签名。

克莱因一向是一个极端的"爱国主义者"。在1870年,他曾从巴黎匆匆回国,志愿报名参军。现在他又同意在宣言上签名而对它的内容不作任何怀疑。

希尔伯特却相反,他从头至尾地检查每一个句子,"这不对吧……"最后,因为他不能判断宣言上所说的话是否都是事实而拒绝签名。

1914年10月15日,《告文明世界书》由德国政府发表。在上头签名的有这样一些著名的科学家:埃尔利希(P. Ehrlich)、费歇尔(H. Fischer)、能斯特、普朗克、伦琴、瓦色曼(A. Wasserman)、维恩等。没有签名的人当中,爱因斯坦最引人注目,他当时是在柏林的威廉皇帝物理研究所。据爱因斯坦的朋友和传记作者菲利普·弗兰克(Philipp Frank)分析,爱因斯坦同时是一位瑞士公民,这是使他免于被斥为卖国贼的唯一原因。希尔伯特却没有这样的保护衣。他之拒绝签名还有更加不能原谅之处:他不仅是一个德国人,而且还是一个普鲁士人。当11月初开学时,许多人不再来听希尔伯特的课,就好像他真是一个卖国贼似的。

不过,希尔伯特的大多数搞数学的同事都同情他的做法。即使是克莱因,也很快就后悔自己的冒失:他的过分的"爱国主义"使得他没有先核实一下内容就在宣言上签了名。不过,这份宣言没有能产生预期的效果。宣言中写着什么:"说德国侵犯了比利时的中立,这是不真实的。"如此等等。文明世界感到震惊,那些素受尊敬的人物怎么会同意在这样一份宣言上签上自己的名字!巴黎科学院开除了克莱因,但却准许希尔伯特保留他的位置。

尽管爆发了战争,在格丁根,每星期四午后的数学散步还是照常进行。现在参加的人比闵可夫斯基在这儿时还要多。兰道和路德维希·普朗特(应用力学教授)加入了。另一个新的参加者是卡拉泰奥多里。在克莱因的健康又一次恶化后,他回来帮助这位老人工作。这个性格随和、颇有教养的希腊人(他的家庭的格言是"没有过分的努力"),现在已成为一名具有格丁根风格的数学家了。在沃尔夫斯凯尔会议期间给了希尔伯特深刻印象的那位物理学家彼得·德拜,这时也成了教授会的正式成员。

差不多所有的青年人,学生和讲师,都已离开学校或将要离开学校。战前无论什么时候都挤得满满的阅览室,现在几乎空无一人。已经没有教育缓役这样的事情。聪明、优良的成绩、教授的保荐信、有培养前途等等,所有这一切

第十七章 战争（1914—1918）

都变得无足轻重。没有应征的青年人已寥寥无几。其中有一个就是希尔伯特的助手兰德，他的视力太差，所以一开始就被取消了服役资格。

战争开始这一年，弗朗茨·希尔伯特已经 21 岁，不过军队没有要他。长久以来，希尔伯特对他的儿子还抱有希望。有一阵弗朗茨跟着当地的一位园丁当学徒。希尔伯特对他当时的一位助手埃瓦尔德说："您决不会相信，我年轻的时候也有点傻。"后来，又给弗朗茨在法兰克福一家小书店里找了个事，可是他根本做不了这工作。越来越清楚：他是一个神经错乱的孩子。希尔伯特夫人很为她这个儿子担忧，法兰克福的朋友们定期向他报告弗朗茨的情况。

战争爆发前的一个夜晚，库朗正在希尔伯特家里，克特收到了一个消息，说她儿子这一天没有上班，并且不知道他上哪儿去了。当时库朗正准备去柏林，便自愿与希尔伯特夫人一起前往法兰克福寻找弗朗茨。当他们还坐在家里同希尔伯特聊天、等着上火车的时候，外边忽然起了一阵骚动，弗朗茨突然出现了，满身泥浆，十分激动。他是在一个乡村小站下了火车一直走回家来的。他声称他父、母背后有魔鬼，他是来救他们的。

"这情景现在对于我仍历历在目，"库朗回忆道，"希尔伯特对弗朗茨说：'噢，你这傻孩子，什么也没有啊——既没有鬼魂，也没有恶魔。'弗朗茨却越来越神魂颠倒了。一片叫喊声。弗朗茨继续对我们大声嚷嚷那些看不见的、想要伤害我们的怪物。希尔伯特则不断地用手拍着桌子说'没有鬼'。这确实是很奇怪的情景。很明显，必须马上采取措施。于是我便去把精神病学教授请来给弗朗茨打了一针，让他镇静下来，然后叫来一辆出租汽车把他送到大学附近的一家精神病诊所，他立刻就被收下了。"

当他们离开诊所时，已经是第二天的早晨。库朗和希尔伯特一起走了一段路。

"从现在起，"希尔伯特冷静地说，"我必须认为我没有儿子了。"

"他这话说得非常悲伤，但又非常决断。"

弗朗茨·希尔伯特的悲剧，在格丁根的数学家以及学数学的学生中引起了不安。这样两个聪明睿智的人怎么会有如此不幸的孩子呢？有人解释说希尔伯特夫妇是表兄妹。其实他们并不是亲表兄妹，而只是由婚姻关系联系起来的表兄妹。

丈夫对于弗朗茨的态度使克特·希尔伯特很伤心。她不能像希尔伯特那样认为自己已经没有儿子。年轻的数学家们很快就学会用一些关于弗朗茨的好话来劝慰希尔伯特夫人，这时她的情绪就会有所好转。然而，在整个战争期间，希尔伯特夫人从没有让个人的或社会的不幸来妨碍丈夫的科学事业。在她的精心照管下，威廉·韦伯街上的这座住宅，始终保持着为希尔伯特的工作所必需的友爱、舒适和有条不紊的气氛。

克莱因尽管健康不佳，仍然设法维持着希尔伯特所谓的"数学管理"。战争中止了这位老人的许多活动（例如国际学校教育委员会的事务），其他的活动也有所缩减。几年前，有人建议他写一本19世纪数学史的著作，但被他回绝了："我太老啦。这需要一个年轻人花几年的工夫来准备。我所能干的事情，就是作几次讲演，谈谈这个世纪发生的重大事件；但现在我太忙，就是这样的讲演也无暇准备。"

战争给了他时间。

关于19世纪数学史的讲演是在克莱因家的餐厅里进行的。根据库朗的说法，这些讲演是"克莱因晚年智慧的甜美的结晶"。库朗后来帮助编纂克莱因的19世纪数学史，但他本人从来没有听过这些讲演，他当时正在前线。

希尔伯特仍然埋头于物理学。他现在只有几个学生，多数是从国外来的。但由于1914年夏天德拜的到来，他开始集中全力了解物质结构，并且认为没有理由让战争来改变他的计划。他请德拜组织一个关于这一课题的讨论班，自己则仅仅在每次活动时用一句半幽默的问话来开个头："现在请诸位告诉我，究竟什么是原子？"

当时同德拜一起工作的舍雷尔也是讨论班的一个成员，他后来回忆说："希尔伯特是我所认识的最聪明的人。"

希尔伯特现在主要是对物理学基础问题及其数学表述感兴趣。有时他会在讨论班上抛出一个问题，同时加上这样的评论："这是一个纯粹的数学问

第十七章 战争(1914—1918)

题。"有时他又会说,"对于这个问题,物理学家有一架最大的计算机,就是大自然。"据德拜讲,希尔伯特认为麦克斯韦方程并没有触及物质结构问题的本质(在当时,电子是人们所知道的唯一的基本粒子),并认为还需要有能够导出这些粒子的存在性的方程。

在讨论班上,兰德用一种"经过提炼的、适合数学家口味的形式"向希尔伯特介绍关于随机事件的量子力学,这门学问在当时还处于原始的阶段。然而,在1914年12月,虽然并没有受征,兰德却决定志愿参加红十字队。希尔伯特一听说他的助手要离开他,就非常生气。而在兰德看来,希尔伯特的反应是他的极端自私自利的又一个例子:

"他只想到数学。因为庞加莱已经去世,他被认为是当前最伟大的数学家了,所以他觉得每个人的自由都应该由他来支配,从他的妻子到任何其他的人。他拼命从我身上榨取物理学,这就是我对于他的全部意义。"

(但是根据兰德的老师索末菲的看法,希尔伯特的"天真的自私,完全是为了他的事业,决不是为了个人的私利"。)

在圣诞节前夕,兰德离开了格丁根。他在红十字队里呆了两年,然后应征入伍,"因为那时他们什么人都要了"。

在格丁根,在每周进行的希尔伯特—德拜讨论班上,只剩下为数不多的几个学生,他们都感到,物理学研究的活生生的脉搏仿佛就在他们的指尖上跳动。爱因斯坦正在加紧研究广义相对论,他的工作引起了普遍的兴趣,同时引出了其他人的工作,他们企图达到与爱因斯坦同样的目标。其中古斯塔夫·米(Gustav Mie)的思想尤其吸引了希尔伯特的注意,此人当时在格赖夫斯瓦尔德,他正在发展一种以相对性原理为基础的物质理论。而在自己的研究工作中,希尔伯特能够将古斯塔夫·米的纯粹场论的计划同爱因斯坦的引力理论结合起来。就在这一时期,当爱因斯坦试图用一种迂回的方法来研究决定引力场的微分形式的十个系数的相互关系时,希尔伯特则用了完全不同的、更为直接的方法独立地解决了这个问题。

两个人几乎是同时到达他们的目的地。这一年冬季,当西线趋于平静的时候，爱因斯坦分别于 11 月 11 日和 25 日向柏林科学院提出了两篇"广义相对论"的论文；希尔伯特则于 1915 年 11 月 20 日向格丁根皇家协会提交了他关于"物理学基础"的第一份注记。

这真是惊人的巧合——它使人想起 1905 年闵可夫斯基在联合讨论班上关于狭义相对论的工作。但是照玻恩（他当时正在柏林与爱因斯坦共事）的看法，更令人注意的是，这不但没有引起一场优先权的争论，反而带来了一系列友好的往来和通信。

希尔伯特坦率地承认，并时常在讲演中声明，这一伟大的思想应该归功于爱因斯坦。

"格丁根马路上的每一个孩子，都比爱因斯坦更懂得四维几何，"他有一次评论说，"但是，尽管如此，发明相对论的仍然是爱因斯坦而不是数学家。"

另有一次，他在一个讲演中问道："你们知道为什么爱因斯坦能够提出当代关于空间与时间的最富有创造性和最深刻的观点吗？因为他没有学过任何关于空间和时间的哲学和数学！"

然而，每一个人基本上还是他自己所从事的科学领域里的人。爱因斯坦起初相信，初等的数学原理对于表述物理学的基本定律已经够用了。直到很久以后，他才明白情形完全相反。结果发现，正是那个闵可夫斯基（爱因斯坦曾经觉得他的讲演是那样枯燥无味），创造了空间与时间的数学概念，依靠这些数学概念，爱因斯坦才有可能奠定广义相对论的基础。

"格丁根的人，"爱因斯坦有一次带讽刺地开玩笑说，"有时给我很深的印象，就好像他们不是想要帮助别人解释清楚某些事情，而只是想证明他们比我们这些物理学家聪明得多。"

希尔伯特认为，爱因斯坦理论的漂亮之处在于它伟大的几何抽象。当 1915 年颁发第三次波尔约奖时，他推荐了爱因斯坦，"因为在他的一切成就中所体现的高度的数学精神"。

克莱因对相对论的发展也有贡献。希尔伯特关于物理学基础的论文给了他很深刻的印象。克莱因这时已年近古稀，他认为自己找到了一条路子，可以

第十七章 战争(1914—1918)

借埃朗根纲领的老思想来清理相对论的基本定律。利用他在无穷小变换方面的知识,他对希尔伯特的计算作了重要的简化。

战争在继续进行。

当凡尔登的命运还悬在战神手里时,一位年轻妇女来到了格丁根。她就是数学家马克斯·诺特(Max Noether)的女儿,也是戈丹的学生。风靡一时的"不变量之王"戈丹是她父亲的朋友,现在已经去世。她曾发表过六篇论文,并且当她父亲生病时,时常在他班上代课。现在,她父亲退休了,母亲又在不久前病故,她的弟弟弗里茨(Fritz,早先是在格丁根学数学的学生)加入了军队。这是一个转变的时机,她决定利用这个时机。

埃米·诺特(Emmy Noether)与传奇式的女数学家索尼娅·柯瓦列夫斯卡娅(Sonya Kowalewski)很不相同,索尼娅不仅卓有才智,而且年轻美貌,连魏尔斯特拉斯也被她打动了。而诺特,从外表或举止上甚至看不出她是一位女性。直到今天,这仍然是那些认识她的人所记得的第一个印象。"她有一副粗嗓门","看上去好像一个强健壮实但又高度近视的洗衣妇","衣服总是穿得宽松肥大"。他们还喜欢引用赫尔曼·外尔一句文雅的评语:"美神[*]没有光顾她的摇篮。"但是对于数学来说,她比迷人的索尼娅重要得多。即使是刚到格丁根时,她就已经拥有某些学科的可观的知识,这些知识正是为希尔伯特和克莱因从事相对论研究所必需的,所以两个人都决定要让她留在格丁根。虽然格丁根大学是德国第一所准许授予一位妇女以博士学位的大学,但要为诺特争取讲师的资格却仍然不是一件容易的事情。在通过学术论文时,必须由哲学院教授会全体成员进行投票,哲学院除了自然科学家与数学家以外,还有哲学家、语言学家和历史学家。那些非数学的成员尤其表示反对。

他们的正式理由是:"一个女人怎么能做讲师呢?如果让她当了讲师,那她以后就会成为教授,成为大学评议会的成员,难道能允许一名女人进入评议会吗?"而非正式的理由是:"当我们的士兵从战场上回到大学,发现他们将在

---

* 原文为 the Graces,希腊神话中赐人以美丽与欢乐的三女神。——译注

一个女人的脚下学习,他们会怎么想呢?"

在试图让同样的一些人通过格罗梅的学位论文时,希尔伯特已经领教过类似的不相干的议论。他当时对这些人说:"如果没有预科毕业文凭的学生都能写出像格罗梅这样的论文,那就必须做一条规定,禁止参加预科学校的毕业考试。"现在他以同样直截了当的方式来回答这些人:

"先生们,我不认为候选人的性别是不能让她当讲师的理由。大学评议会毕竟不是澡堂。"

尽管他力排众议,诺特还是没有能取得讲师的资格。希尔伯特只好自己想办法来解决让她留在格丁根的问题。有些课将以希尔伯特教授的名义开,但由诺特女士主讲。

战争仍在进行。

从一个英国港口开出的船只,每四艘就有一艘被德国的潜艇击沉。不过,英国的封锁也叫德国尝到了厉害。食品非常缺乏。1916 年出现了战争以来最严重的饥荒——这一年的冬天,正如人们所称呼的那样,是"芜菁之冬"*。希尔伯特尽可能地多去瑞士。在从前,他似乎认为德国的大学为了用一些根本不能与赫维茨相比的人而放走了赫维茨。但现在,风平浪静的苏黎世,倒使他觉得这变成了一件好事:体弱多病的赫维茨是经不起战时德国贫困的折磨的。

在战争期间,希尔伯特以天生的精明,在他妻子的不可缺少的帮助下亲自管理家务(这有时使他的朋友和同事们感到有趣),以维持他工作所必需的家庭舒适。

食品是个问题。他认为肉和蛋对于从事数学研究的脑力劳动者来说是绝对必需的。他常常奚落素食主义者的主张:"如果依着他们,我们就要给牛发养老金了。"他的花园供给他水果和蔬菜。但肉却越来越难弄到。有一天,大

---

* 1916 年秋,德国马铃薯大减产,德国人普遍以芜菁代替马铃薯,故德国人称 1916—1917 年挨饿的冬天为"芜菁之冬"。——译注

第十七章　战争(1914—1918)

学校长把全体教授召集到了大礼堂。

"哈,我倒很想知道这一次是什么!"希尔伯特对他的邻座说。在上次召集这样的会议时,学校从一个农民那里搞来一些鹅,把它们分给了教授。"这一次也许是猪!"

校长开始讲话了。他要告诉大家一个重要的新闻:"我们的最高统帅、皇帝陛下宣布,要对我们的敌人开展无限制的潜艇战!"

当大多数教授为此鼓掌欢呼的时候,希尔伯特厌恶地转过身去对旁边的人说道:"我还以为我们可以分到猪哩!可是你瞧,德国人却是这个样子,他们不想要猪,他们要无限制的潜艇战!"

缺少同外国数学家的接触,这使希尔伯特十分苦恼。就在战争爆发之前,伯特兰·罗素和怀特海(A. N. Whitehead)一起发表了《数学原理》。希尔伯特相信,罗素所主张的数学、哲学与逻辑的结合,将在科学中发挥更大的作用。因为他目前不可能请罗素到格丁根来,于是便着手改善他的朋友、哲学家莱昂纳德·内尔松的地位。

内尔松也是一位公理化方法的提倡者。他的哲学著作主要处理两个问题:奠定哲学的科学基础,以及系统发展哲学伦理学与"正义哲学"。他仍然遭到哲学教授胡塞尔的反对。在希尔伯特的档案袋里,有一份标名"内尔松事件"的很详尽的材料,记载着希尔伯特当时为内尔松争取副教授资格的情形。

内尔松(他终于成为一名副教授,但已是战后的事)后来把他的三卷《伦理学基础讲义》题献给希尔伯特,这本书"试图为这个精确科学的最高领域开拓新的疆土"。

1917年春,美国终于加入了反德战争。

同一年,加斯东·达布逝世的消息传到格丁根。希尔伯特对达布非常敬佩,这不只是因为他的数学成就,而且也因为他作为一个教师和品德高尚的人对于法国数学所产生的影响。他立即准备了一篇悼文送到格丁根的《通讯》上发表。这篇文章登出后,有一群凶悍的学生聚集到希尔伯特的住宅前,要求他收回这篇悼念"敌人的数学家"的文章,并销毁所有的复印本。希尔伯特拒绝了。他并且跑到校长办公室威胁说要辞职,除非就这些学生的无理行为向他作官方的道歉。他很快就收到了这样的道歉。悼念达布的文章(这是希尔伯特一生中所写的四篇悼文之一)继续刊行。(其他的三篇是悼念魏尔斯特拉斯、闵可夫斯基和赫维茨的。)

1918年初,因为克里姆林宫新的领导人内部有斗争*,德国与乌克兰单独媾和;亚历山大·奥斯特洛夫斯基(Alexander Ostrowski),一位年轻的乌克兰人,此时得以来到格丁根。战争期间,奥斯特洛夫斯基一直被囚在马堡(Marburg)。就在他被迫呆在马堡期间,奥斯特洛夫斯基深入研究了希尔伯特和克莱因的著作。来到格丁根后,他对这两位著名的数学家进行了例行的拜访——"这既是一种义务,也是一种权利。"

他发现克莱因对他很友好。"他同我谈了许多事情,并且对于我如此熟悉他的工作而感到惊奇。"希尔伯特的接待则彬彬有礼但又带着几分冷淡。"我相信他对于第一次见面的人都抱有相当的戒心。"

这一年春季的学期开始了,这时,德国领导的同盟国发动了巨大的攻势。有一阵,德国人似乎觉得已经胜利在望。

克莱因的朋友近来一直在鼓励他编全集。开始他拒绝了,他认为如果没有一位熟悉现代观点的年轻数学家来帮忙,他做不了这件事。遇见奥斯特洛夫斯基以后,他感到这样一个年轻人已经找到了,于是便着手进行这项工作。

克莱因始终是一位伟大的直觉天才。"在他年轻的时候,"卡拉泰奥多里有一次写道,"他经常考察最困难的问题并猜出它们的解答。"而对于他相信是正确的定理,克莱因很少有耐性去提供一个逻辑上完美无缺的证明。"他不愿意承认,这样的证明可以提高为一种艺术,而这种艺术的正确贯彻正是数学的真正实质。"

---

* 指1918年初,联共(布)党内以列宁为首的多数人与以托洛茨基为代表的部分人士之间围绕同德国签订布列斯特和约问题而展开的争论。——译注

第十七章 战争(1914—1918)

克莱因的这个特点,使奥斯特洛夫斯基的工作极为困难。

"有时,我们恰好必须讨论他著作中的一些结果,而我认为他对这些结果没有给出充分的证明。于是我便想从他那里得到一个证明。我问他:'喏,这儿是怎么回事呢?还有这儿。这些地方我不明白。'他作了解释,我还是不明白。最后我说:'枢密顾问阁下,我可以提问题吗?'于是我就把问题提得尽量尖锐些。他觉得自己受到了难堪的虐待。好像是有人硬要把他钉到墙上去似的。有时候他站起来走到窗前,让自己冷静一下。他决不会发脾气,但确实是作了很大的克制。"

在这几个月内,奥斯特洛夫斯基同希尔伯特也有了更多的接触。他感到,在这位自己曾深入地研究过他的数学著作的人身边直接学习他的为人品格,是非常有意思的。尤其使他印象深刻的是希尔伯特处理这样一个问题的方法:"一个才能出众的人应当如何同周围的人相处?"

"他显然很早就遇到了这个问题……并且可能很早就看到了处理这个问题的困难之处。他是闵可夫斯基的密友,而闵可夫斯基是一颗明星——一个赢得巴黎科学院大奖的大学生!人们都很敬慕闵可夫斯基,但在柯尼斯堡这样一所小大学里,也一定有许多人不喜欢他。闵可夫斯基很明显是一个犹太人,而且还是非德国出生的犹太人。在那个时候,我想希尔伯特就开始考虑才能出众的人如何同周围的人相处的问题了。这是一个经常遇到的问题,而我认为大多数人都没有及时地解决这个问题。他们或者是没有意识到这问题的存在,或者是需要利用他们的优越地位来克服某种自卑心理。照我的看法,希尔伯特很好地避开了这些困难。"

到这一年夏季,前线的形势急转直下。7月,德国开始退却。关于战争真相的消息,现在甚至传到了莱茵河的这一边。诗人理查德·德默尔(Richard Dehmel)发表诗歌呼吁老年人和年轻人起来同敌人作最后的抵抗。而希尔伯特童年时代的朋友克特·科尔维兹(现在是一个很受欢迎的艺术家,她在比利时失去了两个儿子中的一个)给报纸写了一封慷慨激昂的信,对理查德·德默尔进行了驳斥:

"死得已经够多了！不要再让别的人倒下！反对理查德·德默尔！请大家记住一位真正伟大的诗人的诗句：要播种的种子不应该送到磨坊去！"

在《告文明世界书》发表差不多整整四年以后，新上台的德国首相提出了停战要求。1918年11月9日清晨，德皇穿越国境逃往荷兰。

第十八章
数 学 基 础
（1918—1922）

一直呆在战壕里的青年人开始回课堂了，一个个体态僵硬，面带伤痕，空晃着袖筒和裤腿，不像荣归故里的骑士那样风光。

数学摆在他们面前，"像 5 月一样新鲜"。

在他们离开之时，爱因斯坦变革了空间、时间和物质的概念，引起了对一种全新几何学的需要。在三篇总共不到 17 页的论文中，一个名叫布劳威尔（L. Brouwer）的年轻荷兰人向这样的信念提出了挑战，这种信念认为：古典逻辑定律是绝对可靠的，不依赖于应用它们的具体对象。布劳威尔还提出了一个激进的计划，来解决由于 20 世纪初在集合论中发现悖论而造成的"基础危机"。

这些新思想卷走了希尔伯特天才的学生赫尔曼·外尔，他在德国军队中服役之后，此时已经回到了苏黎世。早在战前他就认识爱因斯坦。现在他做了一系列关于爱因斯坦思想的讲演，并把它们汇集成册发表出来，书名叫《空间、时间和物质》，在当时是一本科学畅销书。他的朋友们似乎觉得，外尔很乐意让自己被激荡着的时代新潮流席卷而去，或者哪怕只是经受一下这种新潮流的颠簸，他都会感到醉心的愉快。对他来说，"基础危机"是不可抗御的。1918 年，他写了篇论述连续统逻辑基础的文章，做出了自己的贡献。他还很仔细地研究了直觉主义（人们对布劳威尔计划的称呼）。

希尔伯特因为自己从前的学生迷上了布劳威尔的思想而感到烦恼。这个布劳威尔还使希尔伯特想起了克罗内克。布劳威尔比外尔略大几岁,比希尔伯特要小 20 岁。他对数学曾做出了很有影响的贡献。1911 年,他证明欧几里得空间的维数是一个拓扑不变量,开辟了拓扑学的新时期。他关于点集的论文被许多人认为是自康托尔以来最深刻的工作。但是,他也像从前的克罗内克一样,因为自己的哲学思想而心甘情愿地放弃自己的大部分数学成就。

对布劳威尔来说,无论语言还是逻辑,都不是数学的前提,按照他的观点,数学有其直觉的根源,而这种直觉使数学概念和数学推理顿时变得清楚起来。在外尔看来,布劳威尔似乎"打开了我们的眼界,使我们看到:一般人所接受的数学已经远远超出了以明显性为基础来判断其真实意义和真理性的陈述的范围"。

例如,布劳威尔拒绝接受逻辑排中律,虽然自亚里士多德时代以来,数学家们一直毫不怀疑地认为,对于任意一个语句 A,只有两种可能:要么 A 成立,要么—A(A 的否定)成立。布劳威尔现在却坚持主张还有第三种可能——换句话说,还存在着一种不能排除的中间状态。

他的论证如下:

设 A 是这样一个命题:"集合 S 中存在一个具有性质 P 的元素。"如果 S 是有限集,原则上就可以对 S 的每一个成员进行检查,并且可以确定:或者 S 中存在一个具有性质 P 的元素,或者 S 的每一个成员都没有性质 P。因此,对于有限集,布劳威尔承认排中律是有效的。而对于无限集,他就拒绝接受这条定律,因为如果 S 是无限集,我们就不可能——哪怕是原则上——对它的每一个成员进行检查。如果我们在检查过程中发现集合里有一个元素具有性质 P,那就说明第一种情形成立,但要是我们没有找到这样一个元素,却并不能断定就是第二种情形成立——因为或许这种检查恰好进行得还不够长!

人们常常这样来证明数学定理,即证明:当否定这条定理时,我们将会陷入矛盾。因此,布劳威尔提出的第三种可能,就使许多已经被普遍接受的数学命题带上了问号。

第十八章　数学基础(1918—1922)

"禁止数学家使用排中律,"希尔伯特说道,"就好比是禁止拳师使用他的拳头。"

可是,对于这种可能产生的损失,外尔却似乎并不担忧。

他坚持对他在苏黎世的朋友们说,布劳威尔的计划是大有前途的。

"赫尔曼,这是穿衬衫袖子的数学呀。"乔治·波利亚对他讲;换句话说,就是它穿戴不齐。

外尔立刻跟波利亚就两个特殊命题的前途打了一个赌,如果布劳威尔的思想被接受,这两个命题就要从数学中一笔勾销,外尔相信它们一定会被勾销——而且是在 20 年之内。赌者的胜负这样来决定,就是看到 1938 年的时候,波利亚是否愿意承认:下列两个命题实际上是非常含糊的,"对于它们的真假,就像对于黑格尔哲学主要思想的真假一样,人们很少能作什么判断。"这两个命题是:

1. 每个[非空]有界实数集都有一个上确界;
2. 每个无限实数集都有一个可数子集。

如果到 1938 年,波利亚与外尔两人之间对于这些问题在数学中的现状的看法不能统一,就以瑞士联邦研究院和苏黎世、柏林以及格丁根大学里大多数数学正教授的意见来做裁决。输者到时候必须在德国数学会的《年鉴》上公布打赌的条件,同时承认自己输了。

希尔伯特从来没有读过一行布劳威尔的著作。对于书面的文章,他看得越来越少,而喜欢通过讲演和谈话来了解情况。于是,外尔被请到格丁根来向数学俱乐部介绍直觉主义。

应该记得,在罗素和策梅洛发现集合论中的一个基本悖论之后不久,希尔伯特曾在海德堡会议上概要地提出过一个数理逻辑计划,他相信,这个计划将能"一劳永逸"地消除人们对数学基础以及数学推理方法可靠性的任何怀疑。在以后这些年里,他的精力开始集中在积分方程上,后来又转移到物理学方面,这个数理逻辑的计划显然是被他搁到一边了。事实上,就在战争爆发之前,有一次布鲁门萨尔与希尔伯特夫妇一起散步,他们一边走一边想起海德堡会议的情况,布鲁门萨尔议论说:现在看来,"证明论"大概是不会产生什么结果了。这时希尔伯特没有吱声,希尔伯特夫人(据布鲁门萨尔回忆)则微笑了一下。

自从海德堡会议以来,在数学基础的研究方面已经有了若干重要的进展。策梅洛证明了良序定理,并发展了他的集合论公理系统。罗素和怀特海出版了他们的《数学原理》。但到1917年为止,希尔伯特本人却并没有(至少是没有公开地)回到数学基础的研究上来。

在1917年春天访问苏黎世时,希尔伯特安排了一次散步,陪同他的是两位年轻的数学家,他们都是赫维茨圈子里的人物,其中一位是外尔的朋友波利亚,另一位是一个沉默腼腆、略微有点神经质的人,名字叫保罗·贝尔奈斯(Paul Bernays)。使波利亚和贝尔奈斯感到奇怪的是,在这次去苏黎世堡的散步中,谈话的主题不是数学而是哲学。对于这门学问,他们两个人都不在行。不过,贝尔奈斯多少学过一点哲学,并且当他在格丁根做学生时,还同莱昂纳德·内尔松有过交往。他的第一篇文章就是在内尔松的哲学杂志上发表的。所以,这会儿,贝尔奈斯尽管一向沉默寡言,在谈话中却比口若悬河的波利亚占了上风。散步结束时,希尔伯特邀请贝尔奈斯去格丁根做他的助手,贝尔奈斯接受了邀请。

同年9月,希尔伯特又回到苏黎世,给瑞士数学会做了一次讲演。时值战争爆发三周年之后一个多星期,希尔伯特的开场白正合时宜:

"在国家生活中,每一个国家,只有当它同邻国协调一致、和睦相处,才能繁荣昌盛;国家的利益,不仅要求在每个国家内部,而且要求在国与国之间的关系中建立普遍的秩序——在科学生活中亦是如此。"

讲演主要是讨论一个最受人喜爱的题目——数学在科学中的重要作用,这次讲演也许应该冠以名"对公理方法的赞美"。

"我相信,"希尔伯特坚定地说,"凡服从于科学思维的一切知识,只要准备发展成一门理论,就必然要受公理方法的支配,受数学的支配。"

也是在这次讲演过程中,他提出了一些问题,这些问题自1904年以来第

第十八章 数学基础(1918—1922)

一次公开透露了他对数学基础的兴趣并未中断,这些问题是:

每一个数学问题在原则上的可解性;

寻找判别数学证明简单性的标准;

数学中内容与形式的关系;

一个数学问题在有限步骤内的可判定性。

他指出,为了研究这些问题,首先就需要审查数学证明的概念。

但希尔伯特自己仍不打算出手干预数学基础的危机。家里有一些麻烦,包括私人的和工作上的问题。

弗朗茨已从医院里出来。通过学校的帮助给他找了一个小小的职业。可是他却不能长久地保住这个职业。于是,希尔伯特夫人只好把儿子带回家里,威廉·韦伯街上这所住宅的平静被扰乱了。

"希尔伯特感到很苦恼,因为他不能在这样一种气氛中工作,"库朗说道,"他需要一种安适宁静的生活。他的妻子自然不想抛弃、也不可能抛弃自己唯一的儿子,这就使夫妇之间的关系有点紧张。但希尔伯特是非常理智的人,所以并没有什么真正的危险。"

格丁根的协会已被解散。图书馆里藏书短缺不全。几乎所有德国的科学书刊出版商都萎缩不振。数学研究所的建设被迫停止了。到1919年,克莱因是70岁高龄了,希尔伯特也已年近花甲。卡拉泰奥多里离开格丁根到了柏林,在那里同他的老朋友埃哈德·施密特重新聚首。彼得·德拜接受了瑞士的一个职位。马克不断贬值,食品奇缺,住房拥挤。希尔伯特对贝尔奈斯诉苦说:他现在的工资所值,还抵不上他在柯尼斯堡当讲师的时候。前景看来是很暗淡的。

1919年夏天,当希尔伯特在瑞士度假时,他放了一点风,说他"也许正在考虑"、"并不完全反对"、"甚至倾向于接受"伯尔尼大学的一个职位。在正常的条件下,伯尔尼方面是不可能指望把希尔伯特从格丁根拉过来的,但现在条件不正常。伯尔尼大学看到这是一个机会,可以在它的教授名册中加进这位全世界最著名的数学家。伯尔尼大学不顾州法中关于所有空缺都必须登报招聘的规定,急急忙忙向希尔伯特发出了聘请。

现在看起来很清楚,希尔伯特从来没有真正打算接受这个聘请。在晚年的时候,他甚至没有把伯尔尼大学的聘请算在曾经接受过的聘请之列。显然,他只是把伯尔尼的聘请当作一块平衡的砝码,来改善自己在格丁根从事数学研究的条件罢了。

一般说来,他个人的要求是很低的。库朗回忆,希尔伯特在过50岁生日那天说了这样一段话(当时他的名声和影响都已登峰造极):

"从现在起,我可以乘坐头等车旅行,对于这样的享受,我将感到满足。"

来自伯尔尼的聘请似乎产生了希尔伯特所需要的效果。1919年8月间,他给新上任的科学、艺术与公共教育部长写信,磋商请外国客座教授来格丁根讲学的事宜。他早先为了这项活动而申请的5 000马克的费用,现在被增加到10 000马克了,可是由于不断的通货膨胀,"我们也许至少需要15 000马克"。

就在这一年秋天,1919年11月8日,赫维茨去世了。自从学生时代起,希尔伯特就对赫维茨佩服得五体投地。有一次,他在跟奥斯特洛夫斯基交谈时:他认为只有两类数学家,一类数学家研究、解决有价值的问题,另一类数学家则不是这样。

"我感到奇怪,这件事对他来说为什么这么肯定,为什么有些数学家确实很行,而另一些数学家他根本不屑一顾。我还奇怪他怎么会对我讲这样的话。这恐怕是唯一的一次,他的行为不像是一个'哲人'。如果他在公开的场合这样讲,那别人就很想要知道:在希尔伯特眼里他们是属于哪一类。但希尔伯特会把赫维茨划在哪一类是毫无疑问的。当时,他对我提到赫维茨的一篇论文,认为它完全取代了他自己的一篇论文。任何人都不会这样来谈论希尔伯特的工作,可他自己却这样说了。"

希尔伯特第二次在格丁根科学会发表悼词:这回是追念自己青年时代的朋友。在整整8年半的时间里,在柯尼斯堡那日复一日的散步中,他和赫维茨一起探索了数学的"每一个角落"。现在,他对同事们说道:赫维茨是"一位全

第十八章 数学基础(1918—1922)

面发展、具有开明哲学思想的人,乐于承认和欣赏别人的成就,对于科学的每一个进步,他都充满了衷心的喜悦"。使希尔伯特感到欣慰的是:赫维茨在昏迷中离开人世,他不需要跟自己的家人告别,而免去这种永别的痛苦,这正是赫维茨最后的愿望。

赫维茨去世后,有谣传说要请希尔伯特去苏黎世接替赫维茨的位置。于是有一群学生跑去看望希尔伯特,并用诗歌请求希尔伯特留在格丁根:"Hilbert, gehen Sie nicht nach Zürich/Leben da ist auch recht 'schwürich'."(希尔伯特,别去苏黎世,那儿的生活一样苦。)不过,瑞士并没有发出这样的邀请。

这一时期,希尔伯特科学兴趣的重心,可以根据他的两个助手来判断。贝尔奈斯代表数学,阿道夫·克拉策(Adolf Kratzer)代表物理。每次讲演的前夕,他们一同来到希尔伯特家。当希尔伯特的兴趣从物理转到数学时,这两位助手担当的角色也就相应地改变:

"1920年夏天,他主要是关心原子物理方面的问题,"克拉策说,"在这里,他的目标仍然是公理化。他向我提出问题,几乎大部分时间都是我讲,贝尔奈斯在一边听。但到了1920—1921年的冬天,他的兴趣开始转变了。现在他的主要目标是在逻辑的基础上使数学基础公理化,这回轮到贝尔奈斯讲,我在一边听。"

虽然在自己的著作中,希尔伯特正在发展着最抽象和最形式化的数学概念,但在这一时期他也作了一系列以严格的直观为基础的几何讲演,这些讲演常常都是为了向那些战后回到大学里来的年轻人普及数学而设计的。

"因为,一般说来,"他承认说,"数学确实不是一门通俗的学科。"

他认为,数学之所以缺乏通俗性,原因是"存在着一种普遍的迷信,觉得数学是算术艺术即数字游戏的进一步发展……"他认为,如果有可能使他的听众们"深入到数学的本质,而又不致被繁重的课程压得喘不过气来",那么他自己如此热爱的这门科学,就可以为更多的人所欣赏。为此,他设想让听众们"在几何学这座大花园里漫步,使每个人都能采集自己所喜爱的花束"。

第二年的夏天,希尔伯特讲授相对论,这是对大学全体教师的一系列讲演的一部分。根据玻恩的看法，希尔伯特在这里证明了："只有对一个困难而复杂的领域的逻辑结构了解得十分清楚的人，才能成功地向外行的听众介绍这个领域。"

希尔伯特十分欣赏这些通俗化的远足，在20世纪20年代，他经常就各种课题做这样的通俗讲演。

但现在，由于布劳威尔的数学观念在青年数学家中的影响日益增长，希尔伯特越来越感到不安。在他看来，直觉主义的计划给数学带来了明显而又现实的危险。他们的方法虽然可以用来证明不少古典数学的定理，但与传统的方法相比，却远为繁琐和复杂。古典数学的许多成就——包括所有纯粹的存在性证明、分析的大部分和康托尔的无限集理论——统统都要被弃之门外。

"存在"的概念渗透着希尔伯特的思想，不仅是在数学研究中，而且在日常生活中也是如此。有一件小事可以说明这一点，这件事是赫尔穆特·哈塞（Helmut Hasse）看到的。德国科学家与医生协会在莱比锡举行战后第一次会议。在保克勒酒店的那些夜晚，常常可以听到这类问题："A地的K教授怎么样？他还活着吗？"24岁的哈塞和其他几位青年数学家坐在一起，紧挨着希尔伯特那一桌。

"我正好听到他在向一个匈牙利数学家问这样的问题。这位数学家开始回答：'是的，他在教……并且很关心……理论，他几年以前结了婚，有三个孩子，最大的一个……'刚说了几句，希尔伯特就开始打断他：'是的，但……'当他终于成功地止住了这一串连珠炮似的答话以后，希尔伯特接着说：'是的，但所有这些我都不想知道，我只是问他还存在吗？'"

根据布劳威尔的观点，说一种具有给定性质的对象存在，这本身就意味着已经知道了一种至少在原则上能找出或构造出这类对象的方法。这样，布劳威尔就不承认希尔伯特年轻时对不变量组有限基的存在性或其他许多存在性的证明。

希尔伯特当然不会同意这种观点。他坚持说：

"……在我们这门科学的历史发展中，纯粹的存在性证明始终是最重要的

第十八章 数学基础(1918—1922)

里程碑。"

外尔正不断向布劳威尔的观点靠拢,这使得希尔伯特相当恼火。

在1919年,外尔发表了他自己对于数学基础的一些想法,这些想法在他脑子里已经转了很久。接着,1920年,他又作了几次关于布劳威尔计划的演说。在其中一次演说中,他宣布:"我现在放弃我自己的尝试而赞同布劳威尔的观点。"从来没有人称外尔为"布劳威尔的追随者",虽然人们本来是可以这样称呼他的。他开始利用自己的文学天才,使布劳威尔的思想得到更为广泛的传播。

这一切,对于希尔伯特来说是太过分了。

1922年,在汉堡的一次会议上,他大声咆哮着起来捍卫数学了。

他承认,由集合论悖论而引起的事态是不能容许的,但"功绩卓著的第一流数学家外尔和布劳威尔,却通过错误的方法来寻求这个问题的解答"。

从他的老教师的声音里,外尔听出了"愤怒和决心"。

"外尔和布劳威尔的所作所为,归根结底,是在步克罗内克的后尘!他们要将一切他们感到麻烦的东西扫地出门,以此来挽救数学……他们要对这门科学大砍大杀。如果听从他们所建议的这种改革,我们就要冒险,就会丧失大部分最宝贵的财富!"

他列举了一些例子:

无理数的一般概念;

函数,"甚至数论函数";

康托尔的超限数;

在无限多个(正)整数中有一个最小数的定理;

逻辑排中律。

如果采纳直觉主义的计划,这些财富就会被抛弃。这种"残缺不全"的数学,希尔伯特是不能接受的。他认为他已发现一种方法,可以恢复布劳威尔和外尔所要求的数学的客观性,而不必放弃按他们的计划必须牺牲的任何财富。这基本上就是他1904年在海德堡作过大致描画的"证明论"。

特别地，他采取的途径是对这问题的正面直攻。正如外尔后来不得不承认的，希尔伯特在当时"给数学基础和数学真理问题带来了全新的转机"。

"一般人所接受的数学远远超出了可以判断其真实意义的陈述范围"，这是直觉主义者提出他们的反对意见的理由。希尔伯特则来个釜底抽薪（外尔这样认为），通过完全抽掉其意义的做法来反驳直觉主义者的论证。

希尔伯特建议，将数学形式化为一个系统，这个形式系统的对象（数学定理及其证明），通过符号逻辑的语言表述为语句，而这些语句只有逻辑结构而无实际内容。形式系统的这些对象可以用这样的方式来选择：就一门数学的全体定理而言，这个形式系统忠实地表现了这门数学理论。这个形式系统（亦即数学）的相容性可以通过希尔伯特所谓的有限方法来证明。"有限"的意思是指："所述的讨论、判断或定义均保持在这样的范围之内，即对象的彻底的可构造性以及方法的彻底的实用性，因此，这些讨论、判断或定义可以通过具体的检验来实现。"

这样，通过跟布劳威尔和外尔的要求相符合的严格的有限方法，希尔伯特深信他能够克服新的基础危机，并一劳永逸地解决基础问题。

希尔伯特在 60 岁这一年提出了这种挽救整个古典数学的方法，他从前的学生认为希尔伯特的方法是"在不减少任何财富的情况下对古典数学的意义进行彻底的重新解释"。

在直觉主义者的计划中，希尔伯特似乎看见了克罗内克的阴魂，他对于直觉主义的猛烈抨击，同他预言这种哲学必然失败的坚定信心形成了奇怪的对照：

"我相信，正如克罗内克不能废除无理数一样……外尔和布劳威尔今天也不可能获得成功。布劳威尔并不像外尔所相信的那样是在进行什么改革，他只不过是在重演一场已经有人尝试过的暴动（Putsch），这场暴动在当初曾以更凶猛的形式进行，结果却彻底失败了，何况今日，数学王国已经是武装齐备，空前强固，因此，布劳威尔的新暴动，从一开始就注定要遭到同样的厄运。"

第十九章
新 体 制
（1922—1924）

1922年1月23日，希尔伯特60岁生日。

《自然科学》（Naturwissenschaften，相当于英国《自然》周刊的德国杂志）以1月份最后一期作为纪念专辑。这一期的扉页上刊登了一幅照片：希尔伯特坐在一张宽臂藤椅上。这些年来，他的外貌变化不大，但岁月在他脸上增添了智慧和思考的痕迹，使他的形象比年轻时更加庄严深刻。

纪念专辑以奥托·布鲁门萨尔的文章开头。布鲁门萨尔概括了希尔伯特的科学生涯和个人特质。作为希尔伯特"最老的学生"，布鲁门萨尔在几乎整整四分之一世纪的时间里对他这位"博士—教父"（Doctor-Father）进行了深入细致的观察。现在，希尔伯特的生活就像一幅幅浮雕，展现在他眼前。希尔伯特的研究生涯发祥于对具体问题的研究。然后，由于几何基础的工作，公理化方法已成为不可分割的要素，占据着他的头脑，指导着他的思维。但布鲁门萨尔认为希尔伯特科学生涯中最突出的特点，就是不同寻常的连续前进。一个问题刚刚解决，就毫不停顿地向另一个问题进击。那些不十分了解他的人确实把他看成是一个全能的数学家，一架逻辑机，问题的解决者和纯粹思维的化身。

"不过，我相信希尔伯特不喜欢这样的评价，"布鲁门萨尔写道，"我同他相处愈久，对他了解愈深，就愈认识到他是一个聪明豁达的人，一经意识到自己的能力,就为自己树立了一个始终不渝、全力追求的崇高目标,这就是:至少在精确科学的专门领域里达到统一的世界观。"

纪念专辑还发表了希尔伯特其他几位学生的文章,叙述了希尔伯特研究过的五个主要领域——代数、几何、分析、数学物理和数学哲学。[库朗和他的朋友斐迪南德·斯普林格(Ferdinand Springer)本来还准备写一篇题为《希尔伯特与妇女》的文章,但据库朗回忆说,"我们没有能按时完成。"]

生日那天举行了庆祝宴会。73岁的克莱因也坐着轮椅出席了宴会,并向这位已经誉满天下的教授赠送了一件礼物:年轻的希尔伯特博士1885年在莱比锡克莱因讨论班上所做报告的抄本。

从某种意义上说,这次庆祝会标志着格丁根老体制的结束。战后,理查德·库朗回大学任副教授,当埃里克·赫克离开以后,他又升为教授。下一年他就要继承克莱因的位置了。

库朗的性格与那位前任朱庇特很不一样。像侏儒一样小小的脸庞,柔和的声音,决不会有人把他描写成是一个"神"的。相反,他的学生们都记得"他的外表显得如何平淡无奇,处事如何优柔寡断,他又如何用几乎听不见的声音发牢骚,以及如何通过不干预来进行干预和领导,最终却能博得所有与他共事的人的欢心和尊敬"。

以一个德国教授而论,库朗是相当民主的。他的著作一部分也是集体努力的成果。一本书的清样出来以后,他通常要把助手们召集起来,大家围坐在一张长桌旁进行集体校对,这就是所谓"校对节"。这样的活动,维利·费勒(Willy Feller)、库尔特·弗里德里希(Kurt Friedrichs)、汉斯·莱维、奥托·诺伊格鲍尔(Otto Neugebauer)和弗朗茨·雷利希(Franz Rellich)是每次必到的。

"红墨水、胶水和个人的气质是要被大量用到的,"奥托·诺伊格鲍尔回忆说,他当时担任"首席助教",是一个重要而有影响的差事。"关于校正、文风、公式、图表以及其他许多细节问题,大家七嘴八舌,意见往往极为分散,在这种情形下,库朗要维护自己的观点,并且找出一个大家都能接受的方案,这可不

第十九章 新体制(1922—1924)

是一件容易的事情。每次校对会议结束时,他得把那些长条校样,甚至分页校样装进自己的公事皮包。这包校样,把它说成高亏格的黎曼曲面,恐怕是最恰当的比拟。要相信这样分歧众多的校对结果可以被映照到单叶型的书页上去,那非得对单值化定理的正确性有最坚定的信念才行。"

不过,库朗也像克莱因一样继承了格丁根博大的数学物理传统。他的工作的真正核心(正如诺伊格鲍尔后来所理解的那样),就是"有意识地继承和发展黎曼、克莱因和希尔伯特的思想,并坚定不移地证明所有数学分支的基本的统一性。"

在库朗接替克莱因的时候,数学系和理论物理系的学生依旧是在大学唯一的教学楼里听课。这幢三层楼的讲演厅,正好位于文德街与古城墙的交会之处。三楼仍然是数学活动的中心:数学俱乐部每周举行集会的公共会议室——按照克莱因的意见实行开架的数学书刊阅览室——学生们课前在那里聚集的、大教室外面廊道里的数学模型室等等。一只大木柜,里边装着格丁根数学行政管理所需的全部用具——图章和信笺。库朗的第一个改革措施就是由这儿开始的。他向文化部部长提出申请,要求将信头"格丁根大学"改为"格丁根大学数学研究所"。经过一段时间的拖延,他的申请终于被批准了。

"他们是想知道这要花他们多少钱。"这位新的研究所所长温和地解释说。

这样,在格丁根,一个新的体制开始了。

对科学的发展极为重要的出版问题,也被库朗解决了。战争期间,格丁根的数学家与出版商斐迪南德·斯普林格之间已经开始进行私人合作。战后(正如希尔伯特后来所说)"由于克莱因的个人影响和我本人的积极活动,斯普林格博士的公司开始致力于数学书刊的出版。"库朗和斯普林格变成了挚交;由于他们的共同努力,德国的科学出版活动开始恢复正常。

除了库朗之外,克莱因和希尔伯特还希望他们的另一个学生能回格丁根。这就是赫尔曼·外尔。1922年,即希尔伯特在汉堡发表演说抨击直觉主义的那一年,外尔收到了格丁根的聘请。

像库朗一样,外尔还只有三十几岁。他关于相对论的著作,五年内印行了五次，流传极广。在关于数学基础的争论中，他更是崭露头角，极为活跃。由于这一切，他在同辈数学家中恐怕是最声名显赫的一位了。不过，他的名声具有坚实的基础，那就是他在数学和数学物理领域里的卓越成就。目前，他正处在创造力最旺盛的年代。大量的论文被源源不断地产生出来，其内容不仅与他所研究的主要数学领域有关，同时还涉及他所感兴趣的任何数学问题。而且使外尔感兴趣的绝不止是数学，还有哲学、艺术和文学。他认为科学问题与哲学问题是不能分割的，并且认为数学与音乐、文学和艺术一样，也是人类的一项创造活动。他喜欢写文章，并且写得很不错。有人认为20世纪还没有其他的数学论文能像外尔的文章那样生动地表现出作者的个性。外尔有一次对别人说："在我看来，表现与形式甚至比知识本身还重要。"另一次他又说："在研究工作中，我总是力图做到真与美的统一；而如果必须在二者中间进行选择的话，我常常是选择美。"

外尔对克莱因和希尔伯特十分敬爱。他愿意为格丁根的传统贡献一生。但他并没有立即同意回母校工作。直到最后一刻他还在犹豫不决，与他的妻子一起在苏黎世住宅周围的马路上徘徊。将近午夜时分，他决心要接受格丁根的聘请，便急急匆匆地跑去发电报。数小时后他回到了家里，但拍出的却是拒绝的电报。

"习惯了苏黎世的平静与安逸，我怕自己适应不了战后德国动荡的生活。"他向别人解释说。

德国的生活确实动荡不定。德国投降以后，它经历了一段非常混乱的时期。后来，人民群众选举出国民议会。国民议会在魏玛召开会议制订了共和国宪法。可是新政府常常受到攻击。君主主义者妄图复辟帝制；共产主义者希望进行苏维埃式的实验；国家社会主义者则要求实行独裁，重新武装德国并废除凡尔赛条约。"德国人必须习惯于政治，就像穴居人必须习惯使用肥皂和水一样。"希尔伯特评论道。

就在这样一个动乱的时期，库朗开始为实现克莱因的梦想、建设一个名副其实的数学研究所而奋斗。

第十九章　新体制(1922—1924)

马克不断贬值。1922 年,新政府发行了大量纸币来适应财政需要,引起严重的通货膨胀。一本《数学年鉴》,1920 年的价格是 64 马克,到 1922 年初涨了一倍,同年年底上升至 400 马克,1923 年变成 800 马克,到 1923 年底竟达 28 000 马克。学生们在开学时交的学费,到学期末由学校转付给讲师时已所值无几。十万马克的沃尔夫斯凯尔奖金,其实际价值只能买几张白纸(可是在 1921 年,奖金的利息还可以用来举行"玻尔欢庆周"——即邀请尼尔斯·玻尔来格丁根做一系列讲演)。

库朗强调对应用数学和纯数学要有克莱因式的双重兴趣。他为新建的研究所装备了一架早期台式电动计算机。这台 19 个字长的计算机正好适于计算膨胀的通货。工资与物价先用基本数值来表示,将基本数值与所谓迅速增长系数 $c(t)$ 相乘,就得到给定时刻 t 时工资与物价的马克数。$c(t)$ 的现行值从政府那里秘密获得,每周都要用它来计算工资。库朗现在将计算机借给学校使用,交换条件是:在报纸上公布 $c(t)$ 数值前几小时把这个情报透露给他。通过这种简单的办法,库朗大大提高了数学研究所预算资金的实际购买力。这样得到的额外收入绝大部分都被用来填补战争所造成的阅览室藏书的严重空缺。因为库朗同克莱因一样,也把阅览室看作是格丁根数学活动的中心。

这个阅览室对学生的重要意义,范·德·瓦尔登(B. L. van der Waerden)深有体会。范·德·瓦尔登在阿姆斯特丹读完大学以后,由布劳威尔推荐来格丁根。这是一个聪明能干的年轻人。他的父亲,一位中学教师,有一次拿走了他手里的数学书,要他到室外去同别的孩子一道玩耍,呼吸呼吸新鲜空气。但是当这位父亲发现自己的儿子能够独立地发明三角学、并且自己创造了一套与传统不同的名词与符号,他又把那些书还给了孩子。

在格丁根,范·德·瓦尔登的大部分时间都在阅览室里度过。在荷兰是没有这样的阅览室的。他至今还记得,当时经常与他一起午餐和散步的赫尔穆特·克内泽尔(Helmuth Kneser)"往往从某个专门课题开始,发表一些我不能完全听懂的议论。于是我表示很想了解这个课题,并问他哪儿能找到这方面的文献,这时他就列出几本参考书的名字,告诉我阅览室就有这些书。一两天后,我就能回答他提出的问题,并发表自己的见解了,之后我又学到更多的东西。"有时,范·德·瓦尔登在找一本"作者 A"的书时,偶然会发现旁边有一本"作者 B"的书,这本书使他更感兴趣,并且更有用。"通过这种方法,我在几个月甚至几周内从阅览室学到的东西,比许多学生花几年时间学到的还要多。"

到 1923 年,由于采用了一种叫"财政马克"的流通单位,通货膨胀很快被制止了。希尔伯特对此表示怀疑,他说:"一个问题是不可能靠改变独立变量的名称而获得解决的。"不过,经济状况还是在逐步恢复稳定。

学生又开始从世界各地来到格丁根。

由于兰道的努力,格丁根成为 20 世纪 20 年代数论研究的中心。有人认为,"这是数论中一个可与高斯在 1801 年开创的时期相提并论的新时期的开端。"有两个问题似乎是人们最为关心的。一个是关于 ζ—函数零点的黎曼猜想,希尔伯特曾把它列为巴黎问题中的第八问题。另一个问题是要准确地确定华林定理中 n 次幂的个数,这方面的研究是由希尔伯特 1909 年证明华林定理的工作而开拓的,根据数学史家的看法,华林猜想是"数学中开辟新时代的问题之一"。

哈拉德·玻尔和哈代是格丁根的常客。他们在返回丹麦或英国时常常互相访问。当哈代告别玻尔,横渡波涛汹涌的北海海峡回国时,他每次总要给玻尔寄一张明信片,宣称"我已经证明了黎曼猜想!"——据哈代本人说,这样做是因为他相信:上帝同他有个人之间的冲突,不愿意让他带着这样的荣誉而淹死。

关于黎曼猜想,还可以讲这么一段故事,虽然是否实有其事并不清楚。有一次希尔伯特的一个学生交来一篇证明黎曼猜想的论文。希尔伯特仔细阅读了这篇文章,被它的深刻的论证吸引住了,但可惜在其中发现了一个他自己也无力纠正的错误。第二年,这个学生不幸去世。希尔伯特请求死者悲痛的双亲允许他发表一个葬礼演说。葬礼在一个阴雨的日子举行,在风雨萧瑟的墓地,死者的亲友们失声痛哭,这时希尔伯特走上前去致悼词。他首先指出,这

第十九章 新体制(1922—1924)

样一个年轻的天才,在他的才华得以充分发挥以前就离开了人世,这是多么令人痛惜啊!希尔伯特接着说道:这个年轻人对黎曼猜想的证明虽然有错,但沿着他的路子走下去,是有可能解决这个著名问题的。"事实上,"希尔伯特冒雨站在死去的学生的墓前,换了一种热烈的语调继续演说:"让我们考虑一个单变量的复变函数……"

就在同一时期,有一位高大而腼腆的青年人来到格丁根。他是未来杰出的数论大家,这个领域中新一代的闵可夫斯基。他曾因拒服兵役而被关进了精神病院,这个精神病院与兰道父亲的诊所只有一墙之隔。这样,年轻的卡尔·路德维希·西格尔(Carl Ludwig Siegel)——才气焕发但却身无分文——便有缘认识了这位格丁根大学教授。西格尔对兰道的印象,与差不多同时认识兰道的诺伯特·维纳(Norbert Wiener)不同,维纳把兰道描写成娇生惯养的天使,而西格尔却言简情深地对别人说:

"要不是兰道,我恐怕已经在九泉之下了。"

不过,当1919年西格尔来格丁根做学生时,他几乎是完全独立地进行学习和研究的。"我急于想要显示一下自己的能力,看一看自己能干些什么。"他与希尔伯特没有直接的个人接触,但他永远也不会忘记在这个时期听过的一次希尔伯特的讲演。在这次讲演中,希尔伯特试图举出一类特殊的数论问题,它们乍看起来似乎很简单,但实际解决起来却非常困难。作为例子,他提到了黎曼猜想、费马大定理和 $2^{\sqrt{2}}$ 超越性(即他在巴黎提出的第七问题)。希尔伯特接着发表了一段议论,认为最近黎曼猜想的研究已取得很大进展,他感到很有希望能在自己活着的时候看到它的证明。费马问题历史悠久,它的解决显然需要依靠全新的方法——也许在座的最年轻的听众可以看到这个问题的解决。至于 $2^{\sqrt{2}}$ 的超越性的证明,恐怕这个教室里没有一个人能看到了!

希尔伯特提到的前二个问题直到今天还未解决*。但就在他这次讲演后

---

* 费马大定理最终于1994年被怀尔斯解决。希尔伯特只对这个问题被解决的时间预计较准确些。——译注

不到10年,一位名叫格尔丰德(A. Gelfond)的俄国青年数学家证明了$2^{\sqrt{-2}}$的超越性。在格尔丰德工作的基础上,西格尔很快就证明了$2^{\sqrt{2}}$的超越性。

西格尔把自己的证明寄给了希尔伯特。他在信中提到了希尔伯特1920年的讲演中所说的那番话,同时强调了这一重要结果应归功于格尔丰德。希尔伯特处理事情有时带着一种偏见,"仿佛任何数学成果都是格丁根的产品"。为此他常常受到批评。他看到西格尔的结果后,立即写了一封热情洋溢的回信,信中对那位俄国青年的贡献却只字未提。他打算只发表西格尔的结果。但西格尔没有答应,他相信格尔丰德本人慢慢也会解决这个问题的。希尔伯特对这件事的全部兴趣便顿时消失了。

到汉堡同赫克(现在是那儿的一个教授)一起呆了一个学期后,西格尔仍回格丁根来担任库朗的助手,后来又升为讲师。他挣的钱很少,以致库朗为了能有一个骑自行车的同伴,不得不设法帮西格尔获得一笔额外的薪金来买一辆自行车。

库朗喜欢在克莱因、希尔伯特和有才能的年轻人之间牵线搭桥。于是通过他,西格尔与格丁根这两位大名鼎鼎的数学家建立了最初的个人接触。由于战后住房紧张,西格尔曾在克莱因家里住过一段。但即便是生活在同一座屋顶之下,他仍然感到人们通常所感到的那种与克莱因之间的距离。他总是有点提心吊胆,生怕自己"会说错什么话"。后来,有一次库朗带他到专为大学教职员工开辟的莱茵河游泳区去游泳。在教授们更换游泳衣的小板棚里,他遇到了希尔伯特。库朗向希尔伯特介绍说:年轻的西格尔,最近对赫克关于黎曼猜想的定理给出了一个新证明。希尔伯特非常热情。"他总是喜欢让年轻人充满希望。"在与希尔伯特相遇的这座小屋里,西格尔没有感到在克莱因家所感到的那种拘束。

在这次遇见希尔伯特以后不久,库朗让西格尔审一篇数学《年鉴》的稿子。这个年轻人发现这篇文章中有许多错误,即使是正确的地方,在方法上也显得毫无必要的繁琐。当时,希尔伯特仍是《年鉴》的主编之一,西格尔向他汇报了自己的意见,认为这篇文章不宜发表。

第十九章 新体制(1922—1924)

"不,不,必须发表!"希尔伯特坚持说。"这个人是1910年决定授予我波尔约奖的评奖委员会成员,现在我可不能拒绝发表他的文章!把这篇文章带回去,把一切应该修改的地方统统改掉,但是一定要发表!"

经过修改,这篇论文在《年鉴》上发表了。过了好几个月,西格尔相信希尔伯特早已把这件事忘掉了,可是有一天他忽然收到一个邮包,打开来是两卷闵可夫斯基选集,里页上题着字:"编者谨赠!"

战后格丁根最富有成果的研究圈子之一,是以埃米·诺特为中心开展活动的。她在1919年终于获得了讲师职位,这在大学里仍然是地位最低、没有薪金的特殊职位,但埃米·诺特对此却安之若素。自从在戈丹面前答辩博士论文以来的13年间,她已经走过了一段很长的道路。她得到了关于微分不变式的重要结果,俄国数学家保罗·亚历山德罗夫[*]认为,单是这一项成果,就足以使她获得第一流数学家的声誉,"这项工作对于数学的贡献,绝不亚于柯瓦列夫斯卡娅那些著名的研究"。但她本人却不愿将上述成果同她目前进行的主要科学工作相提并论。这项主要工作——她在39岁这一年开始迈出第一步——就是在公理化基础上建立一般的理想论。这方面的研究发源于希尔伯特早期的代数工作,但在诺特手里,公理方法不再"仅仅是澄清逻辑和深化基础的手段(像希尔伯特所做的那样),而且是进行具体数学研究的有力武器"。在格丁根,诺特的书桌上仍然悬挂着戈丹的肖像。在她青年时代,戈丹对她的影响是如此之深,她的学位论文就是以给定三元四次式的共变式完全系的表作为结束,并包含了三百多个用符号表示的式子。然而,她后来把自己这篇处女作说成是"Formelgestrüpp"(公式的丛林),在以后的十年里,她仿佛命中注定一样变成了希尔伯特"神学"的卫道者——她的工作的结果,终于使希尔伯特的"神学"被人们看作数学而接受了。

1922年,埃米·诺特成为一名"nicht beamteter ausserordentlicher Professor"——非正式的特别教授(extraordinary)或副教授。大学里一般没有这

---

[*] 原书此处有错,应为Pavel Alexandroff(1896—1982),即帕维尔·亚历山德罗夫。——译注

样的职位，诺特的这个新头衔仍然没有工资，其地位一般来说比普通教授低。关于这个职称，在格丁根有人开玩笑地解释道："一个特别教授不知道普通的事情，而一个普通教授不知道特别的事情。*"不过这时由于通货膨胀，许多学生都付不起学费，为了使讲师们不致挨饿，学校必须付给他们一笔很少的薪金，作为他们开设专门课程的报酬。埃米·诺特当时在开一门代数课，因此也拿到了这样的报酬。这算是她在格丁根得到的第一份也是唯一的一份工资。

总而言之，这位女数学家及其工作在她的祖国并没有受到应有的重视。她从来没有当选为格丁根科学会的成员。"现在是把有真才实学的人选进科学会的时候了。"希尔伯特在科学会的一次会议上评论说。"是嘛，过去这几年，我们到底选进了几个有真才实学的人呢？"他带着思索的表情环视着其他会员，最后说，"等于零，等于零呵！"

有一个荷兰人回忆他第一次去听埃米·诺特讲课时的情形：诺特用这样的话来欢迎他，"啊，又是一个外国人，我这儿光来外国人！"但在拜她为师的这些外国人中，却有着从荷兰来的范·德·瓦尔登，从奥地利来的阿廷（E. Artin），从俄国来的亚历山德罗夫！

正是这位亚历山德罗夫，称他的老师为"der Noether"（德·诺特），"der"在德语中是加在阳性名词前头的定冠词。不过，他后来说道："她有一颗体贴别人的心，广泛而又深切地关心着自己的同行，关心着全人类的利益，这种温文慧敏的情操，正是她的女性的体现。"

她并不是个好的教师。听她讲课的学生一般不超过五至十名。但有一回她在指定时间到教室去上课，却发现有 100 多名学生等在那儿。"你们一定走错教室啦！"她对他们说。但这些学生发出一阵用脚踏地的声音，这是德国大学里每堂课开始和结束时学生代替鼓掌的习惯动作。于是她便走上前去给这些人数大大超过了往常的学生讲课。课结束时，听众中有一个她班上的固定生递给她一份课堂笔记，上面写着："客人们像任何一个固定的学生一样听懂

---

* Extraordinary 原意是"非常的，特别的"。——译注

第十九章 新体制(1922—1924)

了这堂课的内容。"

确实,她并没有当教师的才能。她的智慧只向那些能够理解、同情它的人开放。总的来说,她的教学方法与她的思想方法一样,也是概念性的。她用粉笔写在黑板上的德文字母就是这些概念的表现。范·德·瓦尔登说道:"她甚至在用语言表述这些概念之前就想在黑板上把它们解释清楚,这种感人的努力,效果却适得其反。"但是在格丁根的后起之秀中,埃米·诺特将是对于未来数学的发展影响最大的一位。

当各种数学活动围绕着库朗、兰道和埃米·诺特而广泛开展时,马克斯·玻恩周围则云集了一批天才的青年物理学家。玻恩像库朗一样不过三十多岁,他在战后已升为理论物理教授。一开始,玻恩的目标就是要在格丁根建立一个可以与索末菲在慕尼黑的研究所相媲美的物理研究所。1922 年,他不失时机地将自己最亲密的朋友詹姆斯·弗兰克(James Franck)请到格丁根来担任实验物理教授。这不禁使人想起希尔伯特 1902 年安排闵可夫斯基来格丁根大学的类似之举。但就在弗朗克之前,20 世纪 20 年代涌向格丁根的大批物理学优秀人才的先锋就已经开始到达;玻恩最初的助手是沃尔夫冈·泡利(Wolfang Pauli)和维尔纳·海森伯(Werner Heisenberg)。

自从战争以来,德国人一直被排除在大多数国际性科学会议之外,但现在,格丁根仿佛又在经常召开国际会议了。

第二十章
无　　限
（1924—1925）

20世纪20年代格丁根数学活动中最精彩的节目，就是数学俱乐部每周定期举行的会议。

这个俱乐部是一种不拘形式的组织，没有负责人，没有会员，也不收会费。凡具有博士学位的人都可以自由参加俱乐部的集会，但鉴于格丁根的数学水平，这些集会总是被看作"非常高级的活动"。发表演说的人，有时是来格丁根访问的贵客，他们在会上报告自己最近的工作或他们的学生的工作；但更经常的则是格丁根范围以内的人，包括教授、讲师和学生。

在俱乐部的集会上，一些新参加的优秀的年轻人第一次目睹鼎鼎有名的希尔伯特行动和思考的情况。他们惊异地发现：他们自己很快就能理解的思想，希尔伯特却理解得相当慢。他常常听不懂演讲人的意思。这时演讲人就试着进行解释，其他人也参与解释。到最后，几乎所有在场的人都会出来帮助希尔伯特理解演讲人的意思。

"我之所以能在数学上做一点事情，"希尔伯特一次对哈拉德·玻尔说，"就是因为我老觉得它特别难。当我阅读或听别人讲解某个问题时，我老是觉得它很难理解或几乎不可能理解，这时我禁不住要问自己：这问题是否可以简单化一些呢？而在某些情形下，"他接着说道，脸上露出一丝仍带着几分天真的笑容，"我终于能够弄清楚，这实际上是一个更简单的问题！"

第二十章 无限(1924—1925)

有一些年轻人对希尔伯特提出的那许多问题很不耐烦,觉得是浪费了宝贵的时间;另外有些人却感到能够实际观察一下希尔伯特的思考过程是很有意思的。

"在一瞬间就把握住科学上的复杂事物,并且加以吸收,希尔伯特做不到这一点,他没有这样的才能,"库朗解释说,"他总是喜欢打破砂锅问到底。"

希尔伯特仍然坚持:数学俱乐部的讲演必须高度简要清晰。"只要蛋糕里的葡萄干。"这是他向讲演者提出的要求。如果计算太复杂,他就会用这样的话来打断别人的讲演:"我们不想在这里来检验这些符号是否正确。"如果他觉得讲演内容太浅显了,他往往这样批评道:"我们不是在上中学课啊。"

希尔伯特对待那些不符合他的要求的讲演者相当苛刻,这已经是众所周知的了。欧美有些著名的数学家甚至怕到格丁根俱乐部来发表讲演。在奥斯特洛夫斯基看来,这种严厉似无必要,他现在觉得希尔伯特仿佛已不再像过去那样,注意处理好能力较强的人如何与周围人相处的问题了。

有一次,一个年轻的斯堪的纳维亚人来格丁根访问,并在数学俱乐部报告了自己的工作。此人现在已是一位很有名的数学家了,他当时在格丁根报告的这个工作,奥斯特洛夫斯基认为"确实是很重要、很漂亮同时也是很困难的"。希尔伯特却一声不响地坐在那里,一直到演讲结束时才开口问了一句话:"这报告好在哪儿?"

另一次,他打断一位演讲人说:"我亲爱的同事,恕我冒昧,你恐怕还不清楚什么是微分方程吧。"讲演者被弄得狼狈不堪,只好转身离开会场,躲到隔壁的阅览室去了。"您真不该这么做!"每个人都批评希尔伯特,希尔伯特却坚持说:"可是他确实不清楚什么是微分方程啊。你们瞧,他不是到阅览室去查书了吗!"

还有一次,讲演人是年轻的诺伯特·维纳。多年以后,维纳在自传中用了十几页篇幅来评述他在格丁根的这次讲演,由此可见这项工作的重要性。演讲结束后,大家照例一起徒步去德·罗恩士(Der Rohns)餐厅共进晚餐。在晚餐席上,希尔伯特开始议论最近几年在格丁根听到的演讲。

"现在的演讲比过去差远了。在我年轻的时候，人们都很讲究演讲艺术。演讲人对于自己究竟要讲些什么以及怎样才能讲好，考虑是很多的。现在的年轻人却不这么干，在格丁根尤其如此。我想世界上最差的演讲恐怕就是在格丁根做的。今年情况更坏，我压根儿就没有听到一次好讲演。最近尤其糟糕。不过，今天下午有个例外……"

这时，那位年轻的"神童"以为希尔伯特要夸奖他了。

"今天下午的这个讲演嘛，"希尔伯特最后说道，"是最近所有这些讲演中最糟糕的一次！"

维纳在自传中并没有提到这件事。尽管有这种尖刻的批评，他仍然把希尔伯特看作是"能够把巨大的抽象能力与实际的物理意义密切结合起来的伟大数学家，是自己学习的楷模"。

在 20 世纪 20 年代之初，格丁根的人们还可以感到克莱因的举足轻重的影响。但现在，他已经不是高辉中天的皓日，而是行将西沉的夕阳了。全集的编辑已经完成。每一页上都有详细的注解，说明有关工作的历史渊源，同时也反映了他那个时代的数学发展史。库朗感觉到克莱因本人似乎也常常流露出一种使命已尽的心情。他仍然在从事着各种计划，如战时所做的 19 世纪数学史讲演的编纂等等，"但却知道这些事情最后大概得靠别人来完成了"。

有的青年数学家不能认真贯彻他的计划，这时克莱因就会把他们调开，"我年岁大了，我不能等待。"

1925 年春天，年轻的诺伯特·维纳拜访了克莱因。

"这位伟人坐在一张书桌后面的扶手椅上，膝上裹着一条毛毯。他……具有一种阅历深广的智者风度……当他谈到过去时代的伟大人物时，他们就不再仅仅是一些不可捉摸的论文作者，而都变成栩栩如生的人了。在他身上有着一种永恒的气息，时间对于这样一个人来说已经没有意义了。"

20 世纪 20 年代是现代物理学的"美好年代"。在以剑桥、哥本哈根和格丁根为顶点的三角地区内，物理学理论以魔术般的速度迅猛地发展着。1921 年，21 岁的维尔纳·海森伯从慕尼黑来到格丁根。他仍然穿着卡其布青年运

第二十章 无限(1924—1925)

动裤。到格丁根以后,海森伯看到一件给他留下深刻印象的事情:一些年轻物理学家都在关心希尔伯特当时所关心的一个问题——"一个无论在数学上还是在物理上都远远超出了我当时的知识水平的问题"。希尔伯特最近又回过头来考虑他战时关于相对论的想法。据外尔回忆,有一段时期,希尔伯特和他的同伴们对于建立统一场论抱有很大希望。但整个来讲,这与其说是反映了当时物理学的发展给予希尔伯特的影响,毋宁说是体现了希尔伯特自身的精神。

1922年以后,希尔伯特不再是一个物理学家了。他在战时与德拜一起举办的物质结构讨论班,现在由玻恩和弗兰克在那里主持。20世纪20年代先后参加过这个讨论班的主要人物有:海森伯、沃尔夫冈·泡利、罗伯特·奥本海默(Robert Oppenheimer)、康普顿(K. T. Compton)、帕斯夸尔·约当(Pascual Jordan)、保罗·狄拉克(Paul Dirac)、莱纳斯·鲍林(Linus Pauling)、弗里茨·豪特曼斯(Fritz Houtermans)以及布莱克特(P. M. S. Blackett)等。希尔伯特则很少参加。

在物理学方面,希尔伯特个人的成就并不理想。外尔后来概括地指出,"希尔伯特在物理学方面的成就,与他一生中任何一个时期的数学成就都不能相比。"物理学的公理化,自从他与闵可夫斯基开始共同的物理学研究以来就一直是他追求的目标,现在依然是一个使他困扰的问题。

外尔本人对数学物理有重要的贡献。他认为,"物理学家面临着由过多的实验事实组成的迷宫,这些需要他们去解释的实验事实,发展极为迅速,面貌日新月异,各自所占的比重变动频繁,因此除了已经彻底整理过的那部分物理知识以外,公理化方法似乎很难找到稳固的立脚之地。像爱因斯坦和尼尔斯·玻尔这样的物理学家,他们在黑暗中摸索着前进,并达到了广义相对论和原子结构的观念,他们所运用的经验和想象力与数学家们截然不同,虽然数学无疑是他们手中的重要工具。"

希尔伯特对于物理学的真正贡献在于他通过积分方程等工作而创造的数学方法,以及这项工作所造成的统一化倾向。1924年末,当库朗出版《数学物理方法》第一卷时,他把希尔伯特的名字与自己的名字一起并列在封面上。库朗在序言中说明,他之所以这样做,是因为书中大量内容是取材于希尔伯特的论文和讲演,同时也是出于这样的希望,即这本书能够在一定程度上体现对数学研究与教育有决定性影响的希尔伯特精神。

"写上希尔伯特的名字,这不单是一种奉献,"埃瓦尔德在为《自然科学》写的《数学物理方法》书评中指出,"全书闪耀着希尔伯特精神的光芒——热烈地追求简单明确的真理,把繁琐芜杂的东西抛到一边,并以无比清晰的巨匠手法阐明认识要点之间的相互联系——这种基本的精神,以巨大的科学热情熏陶了整整几个世代的研究者。"

"库朗-希尔伯特,"人们很快就这样来称呼这本书,同以往的应用数学经典著作相比,它标志着巨大的进步。事实上,人们还从未见过类似的著作。理论物理学家们过去都是从瑞利(J. Rayleigh)和其他理论物理学家的著作中汲取大部分数学知识的,而现在,他们欢迎"库朗-希尔伯特"。

希尔伯特仍然保留着一名助手来帮助他了解物理学的最新发展。从1922年开始,这个位置由洛塔尔·诺德海姆(Lothar Nordheim)担任,像以往一样,这个助手也是索末菲替希尔伯特选择的。

诺德海姆认为,希尔伯特此时仍然希望实现他的目标——使物理学公理化。不过,对于其助手们来说,希尔伯特已不再是一个传奇式的"伟大思想家"了。他的健康已不如往昔。他似乎赶不上时代的发展,不容易接受新事物,对许多事情抱有成见,自我主义也有所膨胀。"他不能想象:一个青年人会有比当他的助手更大的荣誉了。"诺德海姆希望在玻恩的研究所里找个位置。他感到,在希尔伯特家里同希尔伯特一起工作,使他脱离了物理学发展的主流。

在希尔伯特身上,已经可以看到明显的早期衰老的迹象。尽管如此,他与年轻人之间仍然保持着密切的接触。

诺德海姆定期到希尔伯特家去,与此同时,另一个年轻人也成了希尔伯特家的常客。这就是约翰·冯·诺伊曼(John von Neumann)。冯·诺伊曼在柏林是跟埃哈德·施密特学习的,后者在20世纪初做过希尔伯特的学生,对

第二十章 无限(1924—1925)

希尔伯特关于积分方程的工作有重要的推进。冯·诺伊曼的素质,至少有一点与希尔伯特完全不同。希尔伯特对事物"理解迟缓",而冯·诺伊曼,据诺德海姆回忆,却具有一副"我所见过的最敏捷的头脑"。他认为一个人的数学能力在 26 岁以后就要开始衰退,但可以设法用经验提供的智慧来弥补这种衰退。(在后来的生活中,他逐渐地把这个极限年龄提高了。)

1924 年,冯·诺伊曼 21 岁,他对希尔伯特的物理学和证明论思想有浓厚的兴趣。这两位年龄相差 40 多岁的数学家,在希尔伯特家的花园或书房里一起度过了许多时光。

不过,这一时期希尔伯特真正的合作者却是贝尔奈斯。有些人甚至认为希尔伯特剥削了他的这位逻辑学助手。贝尔奈斯已经不是一个青年学生,而是一位 35 岁左右的、成熟的数学家。作为希尔伯特的助手,他可以得到一笔薪金。他来格丁根后不久就取得了讲师资格,这也可以使他从学生那里得到一些学费。靠着这些收入,他个人的生活是过得去了,但却结不起婚。

希尔伯特很反对青年科学工作者着急于结婚。他认为这会妨碍他们的科学工作。他曾与威廉·阿克曼(Wilhelm Ackermann)一起合写过一本书。后来阿克曼结了婚,希尔伯特很生气。他不愿再为阿克曼的前途出力,结果这个天才的青年逻辑学家在大学里找不到工作,只好到一所中学去教书。过了不久,希尔伯特听说阿克曼夫妇要有孩子了,他感到很高兴:

"噢,这太好啦!"他说,"对我来说,这真是一个好消息。因为这个人既然这么糊涂,这么着急结婚、生孩子,那我就完全不必再来为这样一个糊涂蛋承担任何义务啦!"

除了准备自己的讲演,贝尔奈斯还得帮助希尔伯特准备讲演。他要陪着希尔伯特去上课,有时还要代他讲一部分课,他要指导希尔伯特的学生写学位论文,同时还要阅读和消化他与希尔伯特进行共同研究所必需的文献,花大量的时间担负他们合著的《数学基础》一书的写作等等。贝尔奈斯正是希尔伯特所需要的、与他自己一样热衷于基础问题的数学家。希尔伯特让他的助手跟自己一样拼命工作,并不感到有丝毫内疚。"天才就是勤奋,"希尔伯特喜欢对他的学生和助手们引用利希滕贝格(G. Lichtenberg)这句名言。而他本人，正如外尔后来回忆的那样，是"惊人地勤奋"的。

两个人有时也会进行激烈的、关于基础问题的争论。贝尔奈斯认为，引起这些争论的感情上的原因，是希尔伯特对于数学的看法有时会表现出基本"对立"的倾向。

"关于希尔伯特计划，"他解释道，"他的科学生涯的早期经验（实际上可以追溯到他的学生时代）具有重要意义，也就是说，他对于克罗内克限制数学方法尤其是否定集合论的倾向所持的反对态度具有重要意义。由于集合论悖论的发现，他一度认为克罗内克也许是正确的。但他很快就改变了这种想法。而现在，我们可以这样说，希尔伯特的目标，就是要以他自己的有限方法为武器，通过修正了的数学概念，来同克罗内克进行斗争……

"另外，希尔伯特思想方法中还有两个重要的倾向是互相对立的：一方面，他坚定地相信现存数学的可靠性；另一方面，他在哲学上却表现出强烈的怀疑主义。"

这方面的一个例子，是希尔伯特对待每个确定的数学问题是否可解这一问题的态度。在巴黎，他曾响亮地提出了每个问题都可能得到解决的公理，"这信念为所有数学家所共有，虽然迄今还没有一个人能够给以证明。"他相信，至少在数学中"没有不可知"。可是在苏黎世，他却把数学问题的可解性列在他认为需要探讨的认识论问题表中。

"对于希尔伯特来说，"贝尔奈斯解释道，"问题是要将这些对立的倾向统一起来，而他认为可以通过数学的形式化来达到目的。"

关于他们的计划，贝尔奈斯与希尔伯特意见并不总是一致的，不过贝尔奈斯注意到，虽然在相互争论时希尔伯特态度激烈，但他从来不让学术上的争论影响自己与助手的个人关系。

在研究工作之余，希尔伯特还经常同贝尔奈斯讨论政治问题。希尔伯特喜欢用极端的和悖论的方式来表达自己的政治见解。

一般认为，希尔伯特在政治上是保守的。但有一次他却出人意料，提议授

第二十章 无限(1924—1925)

予克特·科尔维兹"特别和平勋章"。科尔维兹是出名的左倾人士,此时已经成为一个杰出的女艺术家。[雕塑家康斯坦丁·默尼耶(Constantin Meunier)评论说:"我还从来没有见过一位妇女能画出这样优秀的作品!"]她的艺术作品的题材反映了对于人类痛苦的深切同情。

"当然,她画的东西看上去是有点可怕,"希尔伯特对他那些获得和平勋章的同伴说,"但我们年轻时在柯尼斯堡常常一起跳舞,她是带头在舞会上不穿紧身衣的姑娘之一。"

虽然有着保守的背景,希尔伯特却从来不会受任何固定政治观点的束缚。从这个意义上讲,他永远是一个自由主义者。但在同自己的助手争论时,他常常批评"自由主义者",认为他们总是按照自己的主观愿望而不是按照客观情况去观察事物。

"有时,"他说,"一个人的眼界变得越来越小,并且当半径趋于零时收缩为一点,而这一点就变成他的观点了。"

他喜欢提醒他的年轻助手说:"人类是永远不可能改变的。"

在逻辑或政治方面的争论之后,音乐会带来平静。贝尔奈斯很喜欢音乐,在苏黎世他常常与赫维茨一起合奏钢琴。他对希尔伯特的音乐知识与欣赏能力有很深的印象。希尔伯特喜欢听留声机,那位制造商仍然定期向他供应新式的产品。这些年来,他的音乐知识和欣赏能力就是这样积累起来的。现在他还经常与一些教授和夫人们一起出席格丁根的音乐会,或者到莱比锡和汉诺威去参加特别的音乐活动。

有时候,希尔伯特似乎根本不去欣赏除音乐以外的其他艺术。不过他对文学是颇有兴趣的,正如库朗所说,他"很想了解这方面的知识"。他很喜欢歌德和荷马的诗,读小说则强调要有情节。有一次,一位"女朋友"想教他一点文学知识,首先给他看一本关于瑞士内战的流血的历史小说。希尔伯特很快就把这本书还了回去。"如果要借一本小说让我看,"他说道,"其中必须包含实在的情节。光描写灵魂和心理变化——这就不必劳驾您推荐啦!"

有一件事可以说明希尔伯特对文学的态度,同时也明显地反映了他对数学的看法。事情是这样的:有一个数学家,后来竟变成了小说家。"他为什么要去做小说家呢?"格丁根的人感到很奇怪,"一个数学家怎么会写小说呢?"希尔伯特却对别人说:"这很简单嘛!他没有足够的想象力搞数学,却有足够的想象力写小说。"

希尔伯特本人的数学想象力在当前所创造的就是他的证明论。1917年,他在苏黎世曾公布了这一理论的一般思想和目的,但没有谈到具体的研究方法。"因为,"贝尔奈斯后来评论说,"这个理论事实上不可能依靠现行的数学方法来建立。"1922年,他在汉堡攻击布劳威尔和外尔时第一次详细介绍了这个新理论,当时他论述道:用符号逻辑语言使数学命题和证明形式化,然后以这些形式化的公式和证明作为数学研究的直接对象——通过这样的途径,数学家们可以恢复数学的基本的客观性。同年,在莱比锡,他又对这一理论作了更精密的论述,明确地把整个事情归结为形式化算术理论相容性的证明——这正是他1900年在巴黎作为新世纪的数学任务而提出的问题之一。

"这样一来,"贝尔奈斯后来写道,"证明论的发展似乎只是一个数学技巧问题了。"

在明斯特一次纪念魏尔斯特拉斯的会议上,希尔伯特发表了题为《论无限》的讲演。他认为这是一个合适的机会,可以全面阐述他的形式主义计划迄今所取得的进展。在魏尔斯特拉斯的分析理论和康托尔的工作中出现的无限概念,一直是克罗内克攻击的主要目标。在当前布劳威尔的计划中,魏尔斯特拉斯与康托尔的许多成就也都成了牺牲品。

希尔伯特在明斯特发表演讲之时,他的健康已经开始恶化。最近一些迹象表明,最先由诺德海姆注意到的这种恶化,绝不只是衰老的表现,但究竟是什么病还没有诊断清楚。尽管如此,希尔伯特的演讲却仍然同往常一样,热情洋溢,充满乐观。

他首先指出:当前分析领域里的"幸福状况"完全应该归功于魏尔斯特拉斯,归功于他对分析方法的深刻批判。然而,关于分析基础的争论一直持续到今天,他认为主要原因正是在于:作为数学概念而使用的无限,其意义没有完

第二十章 无限(1924—1925)

全搞清楚。

在现实世界中并不能找到数学上的无限;但希尔伯特认为:这种无限与"全面否定"概念一样,是在非常现实的意义下存在着的。从远古时代起,无限的概念就比任何其他概念都更激动着人们的感情。因此,他感到,彻底弄清这一概念的实质的研究远远超出了特殊的科学兴趣的范围,而是维护人类智力本身尊严的需要。

关于无限的实质,迄今为止最深刻的洞察是属于这样一门理论,这理论与一般哲学理论的关系,比它与数学的关系更密切——这就是乔治·康托尔所创立的集合论。

"我认为,这是数学天才最优秀的作品,"希尔伯特说道,"是人类纯粹智力活动的最高成就之一。"

但恰恰是在康托尔的集合论中,出现了灾难性的悖论,并且这些悖论纯粹是使用传统数学定义和演绎方法的结果。

"……这样的现状……是不能容忍的。请想一想吧,数学中人人都在学习、使用的这些定义和演绎方法,它们一向被看作是真理和确定性的完美典范,现在竟会导致荒谬的矛盾!如果传统数学思维存在着缺陷和漏洞,我们将到何处去寻找真理和确定性呢?"

不过,有一种"充分满意的方法,可以避免集合论悖论,而又不必背弃我们的科学。"数学家们必须在整个数学领域中建立起与通常整数算术同样程度的演绎推理的确定性,而"整数算术的确定性是众所公认,无人怀疑的,在这里,只有人们的疏忽和粗心才会带来矛盾和悖论"。

但是,如果人们想要使思维过程保持在这样一个纯粹直觉和有限的范围之内——事实上也只能保持在这样的范围之内——他们就必须有更复杂的逻辑定律,而亚里士多德教导我们的、人类自从开始思维以来就一直在使用的那些逻辑定律,将不一定成立。

"当然,我们可以去发展这种适用于有限命题范围的逻辑定律。但……我们同时又不想放弃简明的亚里士多德逻辑定律……那么我们应该怎么办呢?

"我们应该记住，我们是数学家。作为数学家，我们常常用理想元素这副灵丹妙药来摆脱困境……同样，为了保持亚里士多德逻辑的简明的形式法则，我们也必须用理想命题来补充有限命题。"

在这样一种观点之下，数学将由两类公式组成：一类公式对应着有意义的表述，另一类公式则不表示任何意义，但形成数学理论的理想结构。

"但是，当我们为这一成就而欢欣鼓舞、特别是为发现不可缺少的工具——逻辑演算（它们的发展并没有花费人们太大的气力）而欢欣鼓舞的时候，我们却千万不能忘记理想元素方法的基本前提——相容性的证明。"

因为，只有在不致引起矛盾的情况下，用理想元素来扩充一个研究领域的做法才是合法的。

相容性问题也许"不难处理"。希尔伯特认为，通过一种纯粹直觉和有限的方法——在这种方法中，真理是借助于初等数论而得到的——我们有可能建立起一套深入的理论，来确保整个数学体系的可靠性。然后，作为对这套理论的检验，我们可以看它能否被用来解决一些尚未解决的老问题，虽然解决这些问题并不是我们建立这套理论的本来目的。希尔伯特举了一个这类问题的例子——康托尔连续统假设，即他在巴黎提出的23个问题中的第一问题。在明斯特讲演的最后部分，他概要说明了对于这一著名问题的一个解决方案。

他用坚定的语气向他的数学家同行们宣布："没有任何人能将我们从康托尔所创造的这个乐园中驱赶出去！"

第二十一章
借来的时间
(1925—1929)

1925年6月,一个温暖、平静的黄昏,菲利克斯·克莱因去世了。

对于克莱因的死,格丁根的每个人思想上都是早有准备的。

"但事情一旦发生,仍然使我们沉浸在深深的悲痛之中,"第二天清晨,希尔伯特对他的同事们说道,"直到昨天为止,菲利克斯还和我们在一起,我们可以去拜访他,可以聆听他的忠告,蒙受他的亲切关怀。但现在,这一切全都一去不复返了。"

在格丁根,人们所见到的一切,几乎都与克莱因的努力分不开。走廊里的数学模型,开架的阅览室,以大学为中心的各种技术研究所,与教育部的良好关系,对格丁根的活动感兴趣的商业界和工业界的许多重要人物……克莱因的逝世,使他们失去了一位具有"伟大精神、坚强意志和高尚品格"的领头人。

一个时代结束了。

数月之后,在格丁根科学会举行的追悼会上,库朗回忆了伟大的菲利克斯传奇式的一生:贫弱的开端,惊人的成功("我们今天之所以能在黎曼工作的基础上进行新的建筑,这完全是克莱因的功劳"),悲剧性的体力崩溃,然后是"神奇的转折"——这个看上去已奄奄一息的人又崛起生活了整整43个年头,并且一身兼任学者、教师、组织家和行政管理家而发挥了巨大的作用。

克莱因的科学生涯也并非没有内在的不幸。在他身上,数学综合的能力有余,分析的能力却不足。他能够将看来迥然不同的抽象的数学部门统一起来,在这方面确是出类拔萃。至于将具体问题公式化并加以消化吸收的意念,他就相对欠缺一些。"他好比是一个在高空翱翔的飞行家,常常发现新大陆,并且高瞻远瞩,但却不能让他的飞机降落,到新的原野上去耕耘播种,收获实际的财富。"克莱因自己也许并没有认识到这样一条深深的裂缝,而库朗认为,这正是他在与庞加莱的竞争中遭到决定性挫折的原因之一。不过克莱因必定也感觉到了,"他的辉煌的科学创造,基本上是一幅巨大的草图,还需要别人来添补细节,具体完成。"

克莱因有时处理不好人与人的关系。"不少人只了解他作为组织者的一面,总觉得他过于严厉,以致他的计划在付诸实施时常常遭到一些抵制……而假如他温和从事的话,这些抵制本来是容易消除的。"不过,他最贴近的亲友、同事和大多数学生都知道,在这种铁面无情的耿直态度背后,挺立着一个善良而富有人性的克莱因。

他那简朴的墓碑上刻着:"菲利克斯·克莱因,忠诚不渝的朋友。"

在克莱因去世的同一年,龙格退休了,他的位置由古斯塔夫·赫格洛茨(Gustav Herglotz)接任。

多病的希尔伯特此时的健康也每况愈下。到 1925 年秋,终于被确诊患有恶性贫血,这在当时是一种不治之症,由于起初的症状好像只是早期衰老(这在他那样岁数的人是常见的现象),使诊断耽误了。现在医生认为他最多只能活几个月,甚至只有几个星期了。

不管医生怎么说,希尔伯特对自己的健康却很乐观。他老认为自己得的实际上不是恶性贫血,而是某种症状相似但并不严重的疾病。

希尔伯特非常走运。1925 年初,惠普尔(G. H. Whipple)和罗布谢特-罗宾斯(F. S. Robscheit-Robbins)发现新鲜肝脏在医学上有造血功效,到 1926年,他们的成果已被美国人米诺特(G. R. Minot)用来治疗恶性贫血。格丁根的一位药物学家刚好在《美国医学协会杂志》上读到了米诺特的工作,便向希尔伯特作了介绍。这篇文章除了说明这一新的治疗方法以外(但强调尚属实

第二十一章 借来的时间(1925—1929)

验阶段),还十分清楚地指出了"P. A"(恶性贫血)的不良预后。可是希尔伯特看这篇文章时,对这些令人不快的细节却视若无睹。他的注意力完全被米诺特的科学工作所开辟的希望吸引住了。

兰道夫人是治疗梅毒的"魔弹"606药剂的发现者保罗·埃尔利希的女儿,同医学界有广泛的联系。库朗帮她起草了一份很长的电报,发给远在哈佛的米诺特。"这真是我所见过的最长的一份电报。"库朗说。同时还给奥利弗·凯洛格(Oliver Kellogg)发了一份电报,凯洛格在1902年是希尔伯特的第一个以积分方程为题做学位论文的学生,现在是哈佛大学数学教授。凯洛格接到电报后,连忙发动哈佛的数学家一起来支持格丁根的请求。

起先米诺特和他的合作者不大愿意帮忙。他们手里只有很少一点药物,并且患者必须终生服用这种药才行。在哈佛大学的邻近地区内,也有一些生命垂危的恶性贫血病人亟待治疗……

当时美国的领头数学家乔治·伯克霍夫(George Birkhoff)正在哈佛任教,他最近刚看过一出戏,是萧伯纳的作品《为难的医生》。剧中有一位医生,他只能救十个人的性命,在这种情形下,应当怎样来选择这十个病人呢?剧作家的回答是:"应当根据他们对人类的贡献来决定。"伯克霍夫就引用萧伯纳的话去说服米诺特。

大概是由于职业的原因吧,数学家们都很倔强、固执。米诺特终于让了步。他给格丁根那位药物学家发来一封电报,说明了新鲜肝脏调制法,吩咐在浓缩实验药剂从美国寄到前,先服用大量新鲜肝脏进行治疗。1926年夏天,康登(E. U. Condon)访问格丁根时曾听到希尔伯特抱怨说,他宁愿死也不愿吃这么多的新鲜肝脏。

米诺特的药终于寄到了。

一般说来,恶性贫血到晚期是不可能痊愈的,但在格丁根人人都注意到希尔伯特的状况几乎是立竿见影似的迅速好转。生病期间,希尔伯特一直坚持工作,在体力虚弱不能去学校的时候,他就把家里的餐厅当作讲演厅。接受米诺特的药物治疗之后,有一次一个学生问起他的健康状况,他很肯定地回答道:"这病——已经不存在啦!"

从1925年开始的两年,是格丁根人称之为"少年物理学"的全盛年代,因为当时绝大多数的重大发现都是二十几岁的物理学家做出的。1925年初,海森伯来格丁根拜访玻恩,介绍他本人创造的量子力学新理论中用到的一种奇特的数学。他认为这是他的理论中必须进一步修正的地方,而实际上,这恰恰是他的伟大发现!玻恩很快弄清楚这种奇特的数学就是矩阵代数,其萌芽早在四分之三世纪前威廉·罗恩·哈密顿(William Rowan Hamilton)的四元数理论中就已出现。

在矩阵代数中,乘法是不可交换的,即 $a \times b$ 与 $b \times a$ 一般并不相等。在海森伯以前,物理学家很少使用矩阵;只有一个例外,就是玻恩早期关于晶格理论的工作。但现在即使玻恩也需要向他的老朋友奥托·托普利茨请教矩阵的性质,并且因为自己能有帕斯夸尔·约当这样的助手而感到幸运。他与约当是偶然相识,一次他乘火车时跟一个同伴讨论矩阵,约当刚好坐在同一节车厢听到了,便上前作了自我介绍。约当原来是库朗的助手,参加过库朗-希尔伯特《数学物理方法》的准备工作,对于矩阵代数自然是相当拿手的。

在海森伯的论文发表之后60天,玻恩和约当的论文问世,这篇卓越的论文为新的矩阵力学建立了必要的严格数学基础。次年,玻恩又发表了他的著名的量子力学统计诠释,由于这项工作他后来荣获诺贝尔奖。

希尔伯特并没有像深入相对论那样地深入量子力学,但他还是要求他的助手向他介绍这一新理论。

"他常常试图以他刚学到的东西来作讲演题材,"诺德海姆说,"他是属于那种不大容易理解别人思想的人。在学习新理论时,总是要自个儿费劲地来一番重新推导,这似乎是他真正理解这门理论的唯一方法。因此,每当他了解到一项新的发展,就要准备有关的讲演。这些讲演往往也包含一些老材料,因为没有一种理论会是独生独长的。而关于新的材料,我们就必须写出讲稿,然后,他就用自己的语言去讲述这些新思想。"

1926年春,还是在病魔缠身的时候,希尔伯特预告了他的关于量子力学的第一次讲演。诺德海姆记得,他当时要替希尔伯特摘录玻恩及其合作者发表的论文要点,干起来相当费劲。

"当然,矩阵代数和微分方程等对他来说是拿手好戏,而这些正好都是量子力学的数学工具。从这方面来说,我的工作倒不难做。我按他的要求每周上他家去两三次,我们一起讨论一般的情况,然后他会要求摘录要点,或记下同个别应用有关的公式的发展。下一次我们就一起来分析这些内容是否都正确,是否都能理解。"

海森伯的矩阵力学发表后,紧接着就出现了埃尔温·薛定谔(Erwin Schrödinger)的波动力学。这两篇论文虽然讨论的是同一个课题,并且结果也相同,却使物理学家们大为惊奇,因为正如有人指出的:"他们从完全不同的物理假设出发,用的是完全不同的数学方法,乍看似乎并没有什么共同之处。"

然而,海森伯理论和薛定谔理论的等价性很快就被证明了。

这整个发展过程使希尔伯特极为高兴。康登回忆说:

"……(玻恩、海森伯和格丁根的物理学家们)起初发现矩阵力学时,在掌握和运用矩阵方面自然都遇到了同样的困难。有一次他们跑去请教希尔伯特。希尔伯特对他们说,他唯一用到矩阵的场合就是当它们作为微分方程边值问题特征值的副产品出现的时候。因此,假如他们能够去寻找与这些矩阵有关的微分方程的话,他们也许能做得更多。玻恩等人当时以为希尔伯特是在闲扯,也许他自己也不知所云。看到他们这种莫名其妙的样子,希尔伯特哈哈大笑着指出:他们就是对他不够注意,否则也许半年前就可以发现薛定谔的波动力学了。"

希尔伯特的奇迹般的康复,使他能活着看到了所谓"数学物理发展史上最富有戏剧性的预见"。

库朗-希尔伯特关于数学物理方法的著作出版于1924年底,虽然是在海森伯与薛定谔的工作发表之前,却并没有因为这两个人的发现而显得过时。相反,这本书好像就是为现在那些希望研究这项新发现的物理学家们准备的。

人们终于清楚,希尔伯特本人在 20 世纪初关于积分方程的工作,1903—1904 年关于特征函数与特征值的理论以及 1905—1906 年关于无穷多个变量的理论,原来是量子力学的非常合适的数学工具(正如玻恩与海森伯、约当合写的一篇文章首先指出的那样)。

"从间接方面说,希尔伯特对格丁根量子力学发展的影响最为巨大,"海森伯后来写道,"凡是 20 年代在格丁根学习过的人,对于这种影响都有充分体会。希尔伯特和他的同事们创造了一种特有的数学环境,所有年轻的数学家都是按希尔伯特积分方程和线性代数理论所体现的思想方式训练出来的,因此,对于这些领域中的每一项理论发展来说,格丁根始终是比其他任何地方更合适的场所。现已表明,量子力学的数学方法原来是希尔伯特积分方程理论的直接应用,这确是一件特别幸运的事情……"

对于希尔伯特本人来说,这件事提供了又一个例子,它可以说明那种几乎被他看作是数学思维的具体化身的、预先确定的调和一致。

"无穷多个变量的理论研究,完全是出于纯粹数学的兴趣,"他十分感慨地说道,"我甚至管这理论叫'谱分析',当时并没有预料到它后来会在实际的物理光谱理论中获得应用。"

接着发生的事也使希尔伯特感触很深,它说明了数学发展的连续性。希尔伯特无穷多个变量的理论(即后来众所周知的"希尔伯特空间"理论),不久暴露出在某些方面还不能适应量子力学研究的需要。这时,年轻的冯·诺伊曼在埃哈德·施密特的鼓励下,以更为抽象的形式来表述希尔伯特二次型的概念,遂使推广了的希尔伯特理论能够完全满足物理学家的要求。

希尔伯特在物理方面的最后一篇论文是与诺德海姆和冯·诺伊曼合作的。这篇论文讨论量子力学的公理基础,虽然希尔伯特并没有做具体的工作,但文章的基本精神无疑是属于他的。后来发现,这项工作在数学上不够严格,这促使冯·诺伊曼进一步深入量子力学的领域,创立了分析量子力学基础的著名理论。

1927 年,诺德海姆离开了格丁根,欧仁·维格纳(Eugene Wigner)接任希

第二十一章　借来的时间（1925—1929）

尔伯特的物理学专门助手。维格纳回忆说,他"一共只见过希尔伯特五次"。维格纳 1928 年离开后,他的位置由一个名叫阿诺德·施密特（Arnold Schmidt）的学数学的学生顶替,但职责改变了——变成希尔伯特在逻辑方面的第二个助手。1928 或 1929 年,有一次在听薛定谔关于新物理学的讲演时,希尔伯特对他的学生保罗·丰克（Paul Funk）抱怨说:"我不知道别人是怎样来理解目前物理学中发生的这许多事情的。对于从物理学书本上读到的东西,有很多地方连我也弄不明白。但在我这种情形,碰到不明白的地方,可以给德拜或玻恩打个电话,请他们来解释一下,一般就明白了。可是,别人怎么办呢?"

病愈以后,希尔伯特本人仍然致力于数学基础的研究。

这时人们对于布劳威尔直觉主义的热情已开始减退。布劳威尔访问了格丁根,在数学俱乐部发表演说阐明自己的观点。

布劳威尔的演说结束后,有一个人出来反对他的观点。"您认为我们不可能知道 π 的十进小数表示中是否会有十个 9 连续出现,"这个人说道,"我们也许是不可能知道,但上帝知道嘛!"

布劳威尔满不在乎地回答说:"我无法跟上帝联系。"

一阵活跃的讨论之后,希尔伯特站了起来。

"按照你的方法,"他对布劳威尔说,"现代数学的大部分成果都要被抛弃,但对于我来说,重要的不是抛弃,而是要获得更多的成果。"

他在热烈的掌声中坐下。

大多数数学家的感情可以从汉斯·莱维非正式表达的意见看出,莱维当时以讲师身份出席了布劳威尔的讲演会。

"有些数学家似乎缺乏幽默感,或者是负有过多的道德心。我认为,希尔伯特的看法是很正确的。如果我们必须对付像布劳威尔所说的这么多麻烦,恐怕谁也不会愿意当一个数学家了。数学毕竟是一种人类的活动。在布劳威尔能够揭示古典数学的矛盾以前,是没有人愿意听从他的意见的。

"一定的原理,在可能导出矛盾之前,总是被当作真理接受。如果出现矛盾，人们就会去修正这些原理。我认为这正是并将永远是逻辑发展的方式。也许会有许多隐藏的矛盾，它们一旦暴露，所有的数学家都会想方设法去将它们消除。但在这之前，我们将继续接受那些最迅速地推动我们前进的原理。"

希尔伯特的计划也不是没有人反对。有些数学家批评希尔伯特的形式主义将数学变成了一种"用无意义的符号进行的无意义的纸上游戏"。但那些熟悉希尔伯特工作的数学家则认为：这种批评并不正确。

"……这难道是对希尔伯特观点的公正的评价吗？"哈代问道，"正是这个人，在构造有意义的数学方面也许比任何同时代数学家都贡献了更丰富、更漂亮的定理。对希尔伯特的哲学观点，你们怎么认为它不合适都可以，但我决不相信他呕心沥血、艰苦创造的宏伟的数学理论只是一些无聊的、荒谬的东西。有人认为希尔伯特根本否定数学概念的意义和真实性，这是没有根据的。对于这种看法，希尔伯特本人的话是最好的回答：'在我们的形式主义游戏中所出现的公理和可证明的定理，乃是形成通常数学对象的那些概念的映像。'"

到 1927 年，希尔伯特的体力已经恢复得相当好了。他又一次访问了汉堡，"总结和发展我 5 年前在这里阐明，以后一直在积极探讨的关于数学基础的思想"。他的目标仍然是"一劳永逸"地消除任何对数学基础可靠性的怀疑。"我深信，"他说，"通过证明论，完全可以达到这一目标，虽然要使这一理论得到充分的发展还需要做大量的工作。"

希尔伯特在讲演中分析了他的计划所受到的种种批评。"我觉得所有这些批评太不公正了。"他甚至翻老账谈起了庞加莱对他上次汉堡讲演的批评。"遗憾的是，"他说道，"庞加莱这位当代思想最丰富、最多产的数学家，对康托尔的理论却抱有明显的偏见，因此不能公正地评价康托尔的重要思想。"至于最近的一些研究（布劳威尔的计划占了很大的部分），希尔伯特评论说，"关于基础的研究又重新引起了普遍的重视和强烈的兴趣，这使我感到高兴。然而，仔细考察这些研究的内容和结果，我觉得大部分观点我都不能同意。而且，我认为它们在很大程度上已经过时，好像是康托尔宏伟的思维世界被发现之前的时代的产物。"

第二十一章 借来的时间（1925—1929）

整个讲演带有很强的论战性质。"甚至连我对康托尔连续统假设的证明计划也未能免遭指责！"希尔伯特愤愤不平地说道，并又重新把这个证明大纲拿出来详细解释一番。

希尔伯特还指出，正是这些"遭到布劳威尔竭力反对"的公式游戏，使数学家们能够以统一的方式表述整个数学科学的思想内容，并使个别命题和事实之间的相互关系昭然若揭。因此，形式主义计划不仅具有数学价值，而且具有重要的普遍的哲学意义。

"因为，这种公式游戏是根据某些确定的、反映我们的思维技术的法则进行的。这些法则形成一个能够被发现并加以确切陈述的封闭系统。我的证明论的基本思想，就是要刻画我们的悟性活动，制订出我们的思维过程所实际遵循的基本法则……如果有什么观察资料和现象的总体应该成为严肃彻底的研究对象的话，这就是一个——因为，把人们从盲目武断、感情用事和陈规旧俗的束缚下解放出来，同时摆脱那种在克罗内克的观点中已初露头角，并且我认为是在直觉主义观点中达到了高潮的主观主义，这正是科学的任务之一……"

希尔伯特承认，形式化算术系统的相容性确实还没有被证明，而这种相容性的证明将"确定证明论的有效范围，并构成证明论的核心"。但在演说结束时，希尔伯特充满乐观地断言：要得到这一证明已经为时不远了。

"在这里，我要强调：最终的结果将会表明，数学是一门没有任何先决条件的科学。为了奠定数学的基础，我们不需要克罗内克的上帝，也不需要庞加莱的与数学归纳原理相应的特殊悟性能力，或布劳威尔的基本直觉，最后，我们也不需要罗素和怀特海关于无限性、归约性以及完备性的公理……"

希尔伯特讲完后，赫尔曼·外尔站起来发言。长达5年之久的数学基础的争论，并没有影响外尔对他的老师的热爱。况且，现在他对布劳威尔直觉主义的热情已开始减退。尽管如此，在目前这样的场合，他感到还是应该出来替布劳威尔辩护几句：

"布劳威尔最先正确地、充分地认识到（数学）事实上在各个方面都远远超出了本质论思维的界限。为此，我相信我们每个人都应该感谢他。在试图证明形式化数学相容性的本质论研究中，希尔伯特很自然也充分考虑到了这些界限。总之，我们事实上并没有涉及什么人为的禁令。因此，布劳威尔的思想能够找到追随者，这是不奇怪的，他的立场是在希尔伯特提出形式化方法以前所有数学家都公认的命题的必然结果，并发展成为一种新的、不容置疑的基本逻辑观点，这种逻辑观点即使是希尔伯特也并不否认。

"根据这种观点，古典数学只有一部分、并且也许只有很小一部分能够站得住脚。这是一个令人痛苦但又不可避免的事实。希尔伯特不能忍受对数学的这种暴虐行为。按照他的做法，情形就完全不同了：他通过从根本上重新评价数学的意义同时又不必减少任何财富的方式，成功地挽救了古典数学。换句话说，这种做法就是使古典数学形式化，原则上将它从一系列直觉的结果改造为根据确定法则而进行的公式游戏。

"希尔伯特迈出的这一步，无疑是为形势所迫。我现在已认识到它的重大意义。凡是目睹这一发展的人，对于希尔伯特通过证明论来完成他的公理化大业时所表现出来的智慧和毅力，无不感到钦佩。我乐意声明，在对这一新趋势的认识论方面的评价，我同希尔伯特之间并不存在隔阂。"

与外尔不同，布劳威尔却像克罗内克一样，对于维护自己的主张有一股狂热的劲头。他把希尔伯特说成是"我的敌人"，有一次他与范·德·瓦尔登一起在阿姆斯特丹一个朋友家做客，席间，范·德·瓦尔登讲到希尔伯特和库朗，并以朋友相称，这时布劳威尔竟愤然起身、拂袖而去。

这种病态的感情，由于多次发生的对立而变得越来越强烈。

希尔伯特和布劳威尔均是数学《年鉴》的编委。希尔伯特是三个主编之一，从1902年以来一直担任这个职务。布劳威尔则是七人编辑委员会的一个成员。最近布劳威尔坚持要求所有荷兰人写的论文和所有拓扑学方面的论文都要直接送给他阅处。大家都反对他这个要求，尤其是荷兰拓扑学家，因为谁都知道，一篇文章如果落到布劳威尔手里，那一拖几年都甭想发表。虽然这影响不到希尔伯特个人，但布劳威尔的专横要求激起了他的反感。在身体健康时，他相信自己有足够的力量来保护《年鉴》。但他现在有病在身，因此担心自

第二十一章 借来的时间(1925—1929)

己一旦有故,布劳威尔接管杂志就会使数学遭殃。于是他把朋友们召集起来商量对策,设法免去布劳威尔在编委会的职务。

卡拉泰奥多里(当时也是编委)出了个点子。因为不可能单独免去布劳威尔的职务,他建议干脆解散七人编委会。希尔伯特立即采取行动。这个变化在第 100 卷和 101 卷《年鉴》上反映出来:这两期的封面上只留下了希尔伯特、赫克和布鲁门萨尔的名字。

(值得一提的是,爱因斯坦本来也是三个主编之一,他无意介入这场争论,便主动辞去了这个职务。"数学家之间的这场蛙鼠之战是怎么回事啊?"他问一个朋友说。)

在另一件事情的处理上,希尔伯特与布劳威尔又是针锋相对。

战后,德国数学家一直没有收到任何国际会议的邀请。但 1928 年意大利数学家筹备 1912 年以来的第一次正式国际会议时,下决心把这次会议开得名副其实,恢复了对各德国学校和数学组织的邀请。可是许多德国人不想去参加,他们的头面人物是柏林大学的数学教授路德维希·比贝尔巴赫(Ludwig Bieberbach)。比贝尔巴赫反对接受意大利数学家邀请的意见,受到了布劳威尔的支持。布劳威尔虽是一个荷兰人,却狂热地支持德国民族主义。1928 年春天,比贝尔巴赫发出一封公开信,鼓动德国所有的中学和大学起来抵制这次将在博洛尼亚举行的会议。希尔伯特回信表明了自己的立场:

"我们相信,比贝尔巴赫先生的做法将给德国科学带来不幸,并使我们受到来自友好方面的正当批评……意大利同行们不惜花费时间和精力,为伟大的理想主义而奔走……在这样的情况下,对这次会议采取亲善的态度,似乎是应有的正直行为和最起码的礼貌。"

8 月,希尔伯特旧病复发,但他毅然率领一个由 67 名数学家组成的代表团赴博洛尼亚出席会议。这是德国数学家战后第一次出席国际会议。在开幕式上,当德国代表团进入会场时,人们看到一个熟悉的、但已显得比从前苍老的人物走在前头。霎时间,全场鸦雀无声。接着,一阵热烈的掌声打破了短暂的寂静,每个代表都从座位上站起来表示欢迎。

"我感到万分高兴,"希尔伯特用人们熟悉的口音发表了演说,"在一个漫长而艰难的时期以后,全世界数学家又在这里欢聚一堂。为了我们无比热爱的这门科学的繁荣,我们应该这样做,并且也只能这样做。

"应该看到,作为数学家,我们是站立在精确科学研究的高山之巅。除了义不容辞地担当起这个崇高的职责,我们别无其他选择。任何形式的限制,尤其是民族的限制,都是与数学的本质格格不入的。在科学研究中人为地制造民族的或种族的差异,是对科学极端无知的表现,其理由是不值一驳的。

"数学不分种族……对于数学来说,整个文明世界就是一个国家。"

希尔伯特在会上提出的科学论文,内容仍然是关于数学基础的。他一直认为,证明论的实现只是一个数学技巧问题。但最近有一些迹象表明,这样的估计是过于乐观了。关于相容性证明,由阿克曼的学位论文给出的第一个实质性尝试,要求对形式系统加上某种本质的限制,这种限制在原计划中是没有的。同样,冯·诺伊曼在一篇论文中给出的相容性证明也不能应用到整个系统,而这个证明完全是根据希尔伯特的思路进行的。不过,阿克曼的证明现在已得到了进一步的修正和简化,目前,至少形式化数论的相容性似乎已经被证明了。

除了相容性,希尔伯特还提到了另一个问题,就是形式系统的完备性。

会议结束后,当希尔伯特跑去结账时,别人告诉他:会务组已经替他付清了。

"啊哈,早知道是这样,"他说,"我应该多吃点啦!"

希尔伯特的科学生涯开始向暮了。

博洛尼亚会议的第二年,希尔伯特看到了克莱因在世时未能看到的事情——格丁根数学研究所漂亮的新楼举行了落成典礼。

由于库朗与玻尔兄弟的友谊,这个新的研究所才有可能建成。玻尔兄弟帮研究所争取到了洛克菲勒基金会的援助。在此基础上,德国政府又提供了一笔资金。这样,建造格丁根数学研究所成为德国和美国双方资助的联合计划。

第二十一章 借来的时间(1925—1929)

"绝不可能有第二个这样的研究所!"希尔伯特欢欣若狂地对别人说,"因为如果要有第二个这样的研究所,就必须有第二个库朗,然而绝不可能有第二个库朗!"

第二十二章
逻辑和认识自然
（1929—1930）

教授们法定的退休年龄是 68 岁。1930 年 1 月 23 日，希尔伯特就要达到这个年龄。格丁根弥漫着期待和惋惜相交织的又苦又乐的气氛。

在 1929—1930 年冬季学期，希尔伯特讲授了他的"告别教学"课。讲课的主题追溯到使他成名的基础：40 年来他几乎是第一次又讲授了不变量。教授们跟学生一起拥进讲课大厅。一条街被命名为希尔伯特大道。"用你的名字命名一条大街！"希尔伯特夫人高兴地叫了起来，"大卫，这个想法不是太妙了吗？"希尔伯特耸了耸肩。"想法，不，这是法律文件规定执行的。呀——妙极了。克莱因必须等到去世之后才有一条街用他的名字命名！"

他又带了一名学生取得博士学位。正好，这位是哈斯克尔·柯里(Haskell Curry)，一个美国人。不过，柯里很少跟希尔伯特接触。他还记得，希尔伯特在一个温暖的春日穿着镶皮里的外套来上课。贝尔奈斯总是陪伴着他，有时候还必须登上讲台替他讲一会儿。柯里主要是跟贝尔奈斯讨论问题，但由于贝尔奈斯不是正教授，最后的考试仍要由希尔伯特主持。

"我着实高兴由他来考我这最后的一试……他没有问我应该考的有关逻辑的问题，而仅仅问了一般的数学。一个问题是关于代数函数的单值化。恰好，我在哈佛大学听奥斯古德(W. F. Osgood)教授讲过这门课。所以，它虽然离开了我的专业领域，我仍然给出了当考题远离考生专业时人们所能期望得

第二十二章　逻辑和认识自然（1929—1930）

到的精确回答。他完全被我吸引住了，他转过身来对我说，'你在哪儿学的这些？'尽管他的外表相当衰弱，但仍很机敏、细心。"

退休的日子靠近了，人们在讨论选谁做继承人。能被大家普遍接受的选择只有一个：如果说已经证明库朗是新一代的克莱因，那么外尔就是希尔伯特。

10年前，外尔曾因战后德国的生活变幻无定而拒绝了格丁根的聘约。希尔伯特说，"邀请他容易得到他难。"这一回，外尔在做决定时又遇上了难题。他最近刚从英国回来，他的桌上积了一大堆报纸和信件，从这里面他看出了人们的悲观情绪。这种悲观情绪同他返回德国时的恐惧心理充斥着他的脑海。他还顾虑，格丁根在这个时候选中了他可能是不正确的。他现在45岁了。他知道他的富于创造性的时期即将结束。也许，研究所应该得到像年轻的埃米尔·阿廷那样的人，"人们仍然可以期待他做出重大成果"。可是，他的心还是被打动了。他热爱和尊敬希尔伯特——这位花衣魔笛手曾引导所有年轻的老鼠跳进深深的数学长河。他懂得，比起阿廷来，他更富于格丁根的数学-物理传统。他将乐于有机会和库朗、玻恩、弗兰克一起工作。德国的形势似乎正在改进。道威斯（C. Dawes）*计划帮助德国减轻了经济方面的困难。极端主义分子——他们咕哝着他的朋友爱因斯坦的"犹太物理学"——似乎刚刚抬头。最后，他终于打电报回答说：同意。

"应召作为你的继任，我内心的欣喜和自豪是无法用言词来形容的，"他写信给希尔伯特，"……我热切地盼望着跟你周围的、由你聚集起来的同事们一起工作，数学-科学教授会的力量和它的协调一致要归功于你。"德国上空的乌云也许不会很快消失。"但是，我希望将能容许我愉快地在你身边度过许多个春秋……恕我迟迟才答复同意。"

1930年春天欢迎外尔的格丁根，正处在她新的繁荣的高峰。这座宁静的小城，菩提成荫，街两边矗立着坚固风雅的"青年派（Jugendstil）"**式建筑；现

---

* 道威斯（1865—1951）是美国财政家；道威斯计划指1924—1929年调整第一次世界大战后德国赔款的计划。——译注

** 青年派是德国19世纪末的艺术流派，尤指美术工艺上的风格。——译注

在比之过去任何时候都更可以说:这里在经年不断地开着数学家们的国际会议。郊区,一系列跟科学有关的生产机构和实验室围城耸立,恰似另一座城墙。数学研究所搬进了漂亮的新居,旧日的阅览室换成了长长的采光很好的图书馆。Extra Gottingen non est vita* 这句拉丁文的箴言仍然在市政厅的墙上炫示于众。阳光明媚的日子,学生和教授们坐在露天的小桌旁讨论政治、爱情和科学。小牧鹅姑娘宁静地俯视着她的泉水。外尔回到他度过大学生活的可爱城市,一定心满意足。离开格丁根就没有了生活。

希尔伯特退休的这一年,荣誉像雨点般飞来,其中最使他高兴的似乎来自他的故乡。柯尼斯堡市政会表决授予她著名的儿子以"荣誉市民"的称号。授予仪式预定在秋天的德国科学家和医生协会的会议上举行——这次会将要在柯尼斯堡召开。

选择受礼演说的题材可真花费了希尔伯特一番心思。它必须能引起广泛的兴趣。它一定要有哲学味道:柯尼斯堡是康德的诞生地。讲起很久以前开始于柯尼斯堡大学的科学生涯,还应该有个适当的结论。当他想到这所大学,他记起康德最基本的训示和那简洁的碑文:"康德"——多么言简意深。他也想到雅可比,柯尼斯堡的数学传统就是溯源于他的,正像格丁根的数学传统溯源于高斯一样。他想找一个能将这些伟大的名字和他所有分散的经历交融在一起的主题——柯尼斯堡和格丁根,雅可比,高斯,康德,数学和科学,科学与经验,他生活中经历到的知识和思想的巨大进展。

Naturerkennen und Logik(认识自然和逻辑),这就是他的主题。

过去 10 年间,他越来越有兴趣于让更多的听众接触数学思想。星期日上午有"为大学全体教员"举办的连续讲座,他遇到机会常常答应发表通俗讲演。他选择了像"相对论","无限"或"数学原理"这样一些题目并试图从人们熟悉的数学以外的领域内举出例子,以便使外行人理解基本概念。

"为搞这项任务,我们献出了大量劳动。"诺德海姆回忆说,"我们必须准备

---

* 拉丁文,意为"格丁根外无生活"。——译注

第二十二章　逻辑和认识自然（1929—1930）

序言式的大纲，内容或者是些新材料，或者选自老的讲义。然后，几乎每天早上都要反反复复地推敲，添上希尔伯特自己特有的逻辑和幽默的风韵。"

这一时期，希尔伯特和另一些数学教授定期去听一位动物学家讲课。遗传学引起了希尔伯特极大的兴趣。他喜欢那条可以用确定的几何公理导出的果蝇遗传定律。马蛔虫也使他着了迷——"那种生物的染色体数目最少，因此正好对应于带有一个电子的氢原子"。另外，希尔伯特也很欣赏生物学家具有的那种能力，即是使他们的专业让门外汉发生兴趣并易于理解。

"生物学家特别通晓通俗的表达法。"有一次他告诉保罗·丰克，"为了防止那些难以接受的思想把外行们搞得疲惫不堪，必须偶尔加进一些小 dessin（一个法国字，意为花絮或图案），生物学家在这方面都是第一流的。"他用柯尼斯堡偏高的口音念出上面的法国字，又继续说道："对我们数学家来讲，通俗表达要困难得多。但我们也一定会找到——如果干得好的话——漂亮的 dessin。"

眼下，1930 年的夏天，开始为柯尼斯堡会议准备讲稿的希尔伯特，正在他培育成熟的知识果树间寻觅漂亮的 dessin。为了一般的听众（即他在巴黎指出的"路人"，任何一门完美的数学理论总应该能给这类人解释清楚），他从题材中去掉那些不显然的一般原则，而把他的思想融进简明的非专门性的语言之中。

这些年来，他曾多次返回故里，但此次回乡却有着特殊的意义。柯尼斯堡大学的现任教授库尔特·赖德迈斯特（Kurt Reidemeister）和加贝尔·赛格（Gabor Szegö）说，希尔伯特在发表演说的公众集会上高兴极了，他是如此之活跃，以致"他的夫人不得不一次又一次地叫他回去"。这时的柯尼斯堡似乎比旧日冷了，它迫使希尔伯特跟赛格借来一件皮外套用以保暖。

荣誉市民称号是在公开的集会上授予的。希尔伯特身居讲台。他的头差不多完全秃了，学者风度的宽阔额头跟那纤细的下巴相对照，越发比过去鲜明；唇下的白须和小巧的上髭修剪得整齐匀称（这使奥斯特洛夫斯基想起了列宁的头）。他透过那副人们熟悉的无边眼镜注视着他的听众，蓝色的双眼依然锐利而深含探索之情，眼神还是那样的天真烂漫。他的手坚定有力地放在面前的讲稿上，他缓慢地、小心地开始了他的演说：

"认识自然和生命是我们最崇高的任务。"

在近代，几年里面获得的知识比过去几个世纪里所获得的还要丰富和深刻。逻辑科学也有了显著的发展，现在的公理化方法已提供了一种对所有的科学问题进行理论处理的普遍技巧。由于这些进步——他告诉他的听众——今日的人们比古代哲学家具备了更好的条件来回答一个古代的哲学问题：在我们的认识中，思维和经验各自起了什么作用。

以回答这个问题来结束研究生涯是值得的，因为从本质上看，回答它就要弄明白人们到底通过什么方式达到一般的认识，"我们在科学活动中所得到的一切知识"又是在什么意义下"才算是真理"。

人们总是能够发现自然界的事物和思想之间有一定的对应。极令人吃惊的是，事先确立起来的数学思想跟它在自然界的实现和具体化几乎完全合拍。最有意义和最奇妙的例子就是爱因斯坦的相对论。

然而，他认为，长期以来所看到的自然和思想、经验和理论的一致，只有顾及形式因素——它存在于自然和思想两者之中——和跟它环扣在一起的机制之时才能被认识。

近代科学方法的拓展应该导出一个自然法则的体系，它在每一个方面都和客观本体相对应。然后，为要获得所有的物理知识，我们将只需要纯粹的思维——抽象的演绎。不过，按照他的观点，这样的回答还不完全："至于说到这些法则的来源是什么？我们是如何获得它们的？我们怎么样知道它们跟客观本体相对应？回答是：只能通过自己的经验才能得到这些法则……因此，无论是谁，想要否定普遍法则来自经验的论断，他就必须论证存在着进行认识的第三个源泉……"

柯尼斯堡伟大的儿子伊曼纽尔·康德却正好是那种观点的典型代表——45年前，希尔伯特在获得哲学博士学位的公开仪式上曾捍卫过他的观点。现在，他在发表演说前，微笑着对一个年轻亲属解释道：康德说过的许多东西是

第二十二章　逻辑和认识自然(1929—1930)

"十足荒谬"的——但是,他当然不能对柯尼斯堡的市民这样讲。

康德曾讲过:人们具有超出逻辑和经验之外的某种关于客观本体的先验知识。

"我承认,"希尔伯特告诉他的听众,"即使为了构作特定的理论学科,也需要某种先验的洞察力……我甚至相信,数学知识终究是依赖于某种类型的直观洞察力……因此,康德的认识论之最一般、最基本的思想仍然有它的重要性……先验的东西不是指别的,它或多或少恰好表示了人们思维和经验所不可缺少的某些准备条件。但是,我们和康德在划分我们具备的先验物及必不可少的经验之间的界限时肯定是不同的——康德过高地估计了先验物的作用和范围。"

人们现在知道,许多过去认为是有道理的先验的事实其实并不是真的,最明显的是时间的绝对性概念。此外,通过亥姆霍兹和高斯的工作,也已经证明了几何学"只不过是物理学整个概念框架的一部分"。而我们却曾忘记过几何定理曾经是经验的产物!

"现在我们看到:康德的先验论中有把人类神化的糟粕,我们必须摆脱它。当我们清除掉它之后,留下的仅仅就是构成纯数学知识基础的那种先验。"

实质上,这就是他最近从事数学基础研究所形成的看法。

"数学是调节理论和实践、思想和经验之间差异的工具。它建起了一座连通双方的桥梁并在不断地加固它。事实上,全部现代文明中有关理性认识和征服自然的部分都有赖于数学!"

当时在柯尼斯堡度蜜月的青年奥伊斯坦·奥尔(Oystein Ore)后来回忆了希尔伯特的演说对听众的影响:

"我记得,希尔伯特的演说和冯·诺伊曼关于集合论基础的讲演都有激动人心和引人入胜的感染力——它使人感觉到:现在,人们正在为千方百计地解决数学的公理基础和数学应用于自然科学的各种前提做出最后的努力。"

在演说的最后部分,希尔伯特精心地安排了这样的结论:尽管数学的应用是重要的,但绝不要用它来衡量数学的价值。他以维护纯粹数学的辩护词结束他的演说,这席话是他长期以来一直想用来回答庞加莱在第一次国际数学家大会上的演说的。

"数学中的纯粹数论直到今天还没有找到应用,但是,正是数论被高斯(他本人对应用数学作出了巨大贡献)喻为数学的皇后……"

克罗内克曾经把从事数论研究的数学家比做吃过忘忧果的人,他们"一次吃了这种果实就再也离不开它了"。

"我们柯尼斯堡的伟大数学家雅可比也是这样认为的……当著名的傅里叶强调数学的目的在于解释自然现象时,雅可比反对道,'像傅里叶这样的哲学家应该懂得,繁荣人类的精神是一切科学的唯一目的'……无论是谁,只要领悟了闪烁在雅可比的话语中的丰富思想和哲学真理,他就不会堕入倒退和不毛的怀疑主义。"

赖德迈斯特和赛格已经安排好让希尔伯特在当地电台再讲一遍他演说的结论。会议休会期间,他们陪着他来到广播电台播音室。

面对陌生的仪器,他发表了讲话。看来,这位精力旺盛的人的激情和乐观主义又一次随着他的声音传向四方。要知道,在壮年时期,他就曾引导他的听众去寻找 23 个问题的解答。那时他肯定:这些问题将会导致数学的进步。

"在想方设法找出不可能解决的问题的例子时,哲学家孔德说过:科学在探查构成宇宙天体的化学成分的秘密时,绝不会成功。几年后,问题却被解决了……

"照我的想法,孔德之所以找不出不可解问题的真正原因是:事实上并没有不可解的问题。"

在一生的科学事业临近结束时,他再次拒绝相信杜波瓦-雷蒙及其追随者信奉的"愚蠢的 ignorabimus(不可知)"。对着话筒,他坚定有力地说出了最后一句话:

"Wir müssen wissen. Wir werden wissen."

我们必须知道。我们必将知道。

当他的眼睛离开讲稿、技师关掉录音机的一瞬,他笑了。

他的柯尼斯堡演说的最后部分的录音,现在还保存着。如果你听得非常仔细的话，可以在结尾处听到希尔伯特的笑声。

"Wir müssen wissen. Wir werden wissen."

我们必须知道。我们必将知道。

无论从哪个角度看，这都是伟大而有决定意义的诗句。

然而，生命并不总是以伟大而有决定意义的诗句告终的。

几乎在希尔伯特发表柯尼斯堡演讲的同时，有一项研究工作完成了，它的结论给希尔伯特用来告别科学生涯而宣告的特定的认识论目标以致命的一击。1930年11月17日，《数学物理月刊》收到了25岁的数理逻辑学家投来的稿件，这个人的名字叫库尔特·哥德尔（Kurt Gödel）。

第二十三章
云　散
(1930—1933)

当希尔伯特初次从贝尔奈斯处听到哥德尔的工作时,他"多少有点生气"。这个年轻人研究了希尔伯特在博洛尼亚提出的那两个完全性问题。他证实了谓词演算的完全性;接着,他却着手证明——以唯有数学才具备的严格性——形式化数论的不完全性。这样,他又证明了一个可以导出如下结论的定理:对强到足以使一切有穷推理都可以在其中形式化的形式体系而言,其有穷的相容性证明不可能在该体系中得到。

在哥德尔有高度独创性的工作中,希尔伯特理智地看到:从20世纪初开始,他花费了巨大努力所追求的目标落空了,那本是用来回答克罗内克、布劳威尔和其他要限制数学方法的人并使他们无言以对的。也许,经典数学是相容的,事实上也可能就是如此;但是,它的相容性却不可能像他一直希望和相信的那样用数学的证明去确立。

对人类思维的无限信心曾引导他坚定不移地从事他一生中这项最后的伟大研究,现在又使他在感情上几乎无法接受哥德尔的结论。也许,这是凡人皆有的一种抵制情绪:哥德尔的发现证实了某些征兆,即形式主义框架还没有坚固到足以背负起他想让它承受的重担;而直到今天为止,他又一直拒绝去认识这种征兆到底意味着什么。

开初,他只是生气和灰心,但是,他接着便开始尝试用建设性的方法讨论

第二十三章 云散(1930—1933)

这个问题。此时此刻,希尔伯特已年近古稀,居然还能对他的计划做出重大的改变,这深深地打动了贝尔奈斯。眼下,哥德尔的工作最终将会产生什么影响还不清楚。哥德尔自己感到——在他的文章中也表达了这种思想——他的工作和希尔伯特的形式主义观点并不抵触。不久,事情变得明朗了:离开最初的计划,证明论仍然能向前发展、结出硕果。减少对方法的限制也就放宽了对形式化的要求。希尔伯特本人现在朝这个方向迈出了一步,用一种叫做"unendliche Induktion"*的较少束缚的方法代替了完全归纳法。1931年,他在这个新的方向发表了两篇文章。

退休之后,他继续定期去大学讲课。他仍然只是泛泛地备课,这仍然使他时常在课堂上碰壁。当他发现自己在黑板上不能完成一个证明时,就一挥手不证了,因为它"完全是初等的"。有时,他羁绊于详细的推导,不能逍遥漫步于讲台,只是下意识地重复着同一句话。"当然,三堂课里面仍有一堂是顶呱呱的!"

随着希尔伯特的退休和正式研究工作的终结,人们制订了计划,开始收集和出版他的数学著作。布鲁门萨尔自1895年以来,一直在观察和研究他老师的品德和成就,他受约为全集的最后一卷写一篇传记。布鲁门萨尔虽已在亚琛当了多年教授,但他始终对格丁根怀有强烈的情感,他一次又一次地返回格丁根,每次(如他所说)都"汲取到营养,精神为之一新"。他无论走到哪里——即便在第一次世界大战的前线——总要把曾经住过格丁根大学的人组织成一个社交俱乐部。他怀着愉快而肩负重任的心情,接受了写传记的任务。

全集第一卷,包括《报告》和其他数论方面的文章。像高斯一样,希尔伯特在格丁根度过的最初几年"运道很好"。他在代数数域方面的著作,现在已公认为是他所有数学著作中写得最深刻、最漂亮的。赫尔穆特·哈塞被邀来写一篇评论文章,说说希尔伯特对这个研究领域的贡献。哈塞本人曾和埃米·诺特、范·德·瓦尔登、阿廷、高木贞治及其他人等参与执行了有关类域的研

---

* 即"超穷归纳法"。——译注

究计划,该计划的大纲是希尔伯特在他最后一篇数论文章中提出的。

追溯往事,哈塞认为,希尔伯特在代数数论方面的著作,像他如此众多的工作一样,不仅时间上正值两个世纪更迭之际,其内容也标志出两个不同的时代。一方面,他用远远胜过早期方法的优美而简洁的新方法,从最一般的角度讨论问题,因而使上一世纪数论工作者的著作变得既清晰又明了;另一方面,他的"奇妙远见"又为最终有效地处理全部复杂问题勾画出了一些路径,并为新世纪指明了方向。

为了协助编辑工作,三名年轻的数学家被带到了格丁根,他们的老师教过他们希尔伯特研究数论的方法。其中有一位年轻妇女,叫奥尔加·陶斯基(Olga Taussky)。她曾随菲利普·富特文勒(Philipp Furtwängler)学习数论,后者虽然从未师从希尔伯特,但曾证明过希尔伯特提出的一些猜想。希尔伯特仍很乐于同青年妇女交谈。通常,他跟陶斯基小姐谈论他的健康,谈论他希望有朝一日能回到劳兴镇去度过晚年,年轻时他就是在波罗的海边的那座小小渔村度假的。有一天,当回顾他的生活和他研究过的众多数学领域时,希尔伯特对她说:虽然他赞美所有的数学分支,但他认为数论是最美的。

〔同年,在苏黎世召开的国际数学家大会上,希尔伯特谈起他过去的学生鲁道夫·富埃特(Rudolf Fueter)的演说时讲:椭圆模函数的复乘法理论把数论和分析联结在一起,它不仅是数学中最漂亮的部分,而且是一切科学中最美的。〕

在编辑希尔伯特的文章时,陶斯基小姐惊讶地发现了其中有许多错误。这些都并非印刷之误。多半是一个函数的界算错了、一个定理叙述有误、一个证明漏了一步;或者,论证时所必需的整个证明被看作"显而易见"而不予考虑,事实却并非如此。虽然她找出了这些错误,但由于希尔伯特强大的数学直觉力,它们并不影响最后的结论。然而,她还是认为应该在出版全集时把它们改正过来。埃米·诺特是这方面的榜样,鼓起了她的勇气。诺特正在编辑戴德金的著作,她常常大声地宣称:没有人能够找出一个错误——"甚至用放大镜找"。

第二十三章　云散(1930—1933)

刊登数论的这一卷将在希尔伯特 70 寿辰时献给他。纪念活动已安排就绪，要举行一整天的欢庆。希尔伯特向贝尔奈斯诉苦道：这么搞太烦人了，不过也许"对数学有好处"。

赫尔曼·外尔写了生日祝词，发表在《自然科学》上。正如他写信给老朋友罗伯特·柯尼希（Robert König）时所说，在他的整个科学生涯中，始终履行着一条朴素的箴言："忠于希尔伯特的精神。"现在，外尔在祝词中强调：希尔伯特的生日是德国数学家们的高贵节日，我们年复一年地纪念它，不仅是为了表达每个人对这位伟人的热烈崇敬，同时也是为了肯定他们自己的信念和团结。

"无需怀疑，在当今的世界，希尔伯特的名字最具体地代表了数学在对客观世界的认识体系中占有什么样的地位，数学研究作为人类一项最基本的创造活动又是如何在我们中间生机勃勃地开展着的。"

可是，外尔不得不承认：在比较年轻的一代人中间，希尔伯特所特有的乐观主义，他对通过推理达到给简单明了的问题以简单明了的回答的无比信心，"现在是不那么时兴了。"

"有一种公认的看法，认为希尔伯特（1930 年在柯尼斯堡做的关于逻辑和认识自然）的讲演中，有这一句或那一句话跟戈特弗里德·凯勒（Gottfried Keller）的小说《格言诗》（*Das Sinngedicht*）的开场白危险地合了拍。在这部小说中，作者用模仿的口吻嘲笑他的科学家瑞哈德——'大约 25 年前，自然科学又一次到达了它们的顶峰……'

"然而，如果我们把他的理想主义和海克尔（E. Haeckel）*的混为一谈，那对希尔伯特是不公平的……他并没有浮士德式的去追求那种打开智力核心之果的虚幻知识，所以，说他狂妄自大是不正确的……那种知识和实在的知识不同，后者以其精确的预言未来而自己证明其正确性（而且）仅能用数学方法得到……

"我认为，希尔伯特是个杰出的范例，在他身上显露了真正科学天才的无

---

* 海克尔（1834—1919）：德国的动物学家及哲学家。——译注

限创造力……我记得,我(在这所大学)听的第一堂数学课简直太迷人了……那正是希尔伯特讲的关于 e 和 π 的超越性的著名课程……

"没听到像希尔伯特这样的人讲授基础课的年轻人,真是太可惜了!"

就在生日这天,全集的出版商斐迪南德·斯普林格亲自到格丁根,向希尔伯特送交第一卷特制的样本:镶皮的封面呈黄、白两色。但是,漂亮的封面内不是印刷好的书页,而只是一张张的校样,因为陶斯基小姐还不满意。希尔伯特对着这卷未完成的书样,没有评头论足。后来有一次,陶斯基小姐拒绝抽一种对她来说是太凶的香烟时,正好希尔伯特在场。有个人说,一个人哪能真的分出这种牌子和那种牌子有什么不同呢。"唉,不对!"希尔伯特说,"陶斯基小姐能讲出差别。她有能力分辨出精微而又精微的差别。"她想,希尔伯特正在开她的玩笑,因为她是如此严肃认真地挑出那些希尔伯特本人认为并不重要的错误,也许他已经看到了加在第 506 页上的脚注。

生日之夜,数学研究所庄严的新建大楼里举行了晚会。旧日的同事和学生从德国各地云集一处,许多还是从国外来的。当时虽值萧条时期,每个人却都想方设法穿上了陈旧的晚礼服,显得十分优雅。奥尔加·陶斯基记得,她花两块钱买的旧晚礼服,居然大受称赞。宴会上洋溢着热情的演说和祝酒。阿诺德·索末菲为希尔伯特朗诵了他写的小诗:"Seiner Freunde treuester Freund/ Hohler Phrase ärgster Feind."(对朋友,他是忠贞可靠的朋友;对虚伪的空话,他是冤家对头。)

接着,希尔伯特发表了简短的讲话。他回忆起曾赐福于他的巨大幸运:跟闵可夫斯基和赫维茨的友谊;在莱比锡跟克莱因学习的那段时光;1888 年复活节后的旅行,遍访了戈丹、克罗内克和其他许多数学家;在非常年轻的时候,被阿尔道夫指定为林德曼的继任。而在他的故乡——他提醒客人们,他找到了终身伴侣,这真是莫大的幸运。"从那时起,她忠实的友谊成了我生活中具有决定意义的一部分,特别是帮助我关心年轻的一代。"闵可夫斯基的名字也被屡次三番地提到。希尔伯特回忆道,他的突然去世"造成了人事和科学两方面难以弥补的空缺"。但生活总得继续下去。埃德蒙·兰道接替了闵可夫斯

第二十三章 云散（1930—1933）

基。现在，克莱因的伟大目标终于实现了，在"这座漂亮的研究所里"，人们正在庆祝他自己的 70 寿辰。

宴会之后是舞会，这位受尊敬的客人几乎是每舞必跳。举着火把的学生队伍，冒雪游行来到本生大街上这幢灯火通明的大楼门前，他们为希尔伯特欢呼。他走出来站在台阶上，身上裹着他那件宽大的皮领外套，有人在这时拍了一张照片。在研究所的每个窗口，都可以看到著名人物的面孔，他们在那里向外张望。

这最后的一幕是学生们所能给予一位教授的最高荣誉。

"数学，"希尔伯特回敬欢呼着的学生们，"hoch-hoch-hoch！"英语的意思大概就是"万岁、万岁、万岁！"

诞辰庆宴过了几天，哈塞向希尔伯特夫人表示了"我一生中最强烈的愿望，希望能亲自和这位伟人谈一次话"。希尔伯特夫人邀他喝茶，之后就单独留他在花园里跟希尔伯特相伴。

"我开始告诉他这些日子我最感兴趣的事——代数数论，尤其是类域论。我写了一份有关这个理论的报告，作为希尔伯特值得纪念的《报告》的续篇。接着，我又开始对他讲，在他本人于上一世纪 90 年代获得的著名结果的基础上，我已经为这个理论做了些什么。但是，他来来回回地打断我，并坚持要我先给他解释该理论的基本概念和结果，然后才能听我想告诉他的内容。我只好向他阐述了类域论最基础的内容，对此，他听得很热心，并说：'漂亮极了，是谁搞出来的？'我不得不告诉他，正是他本人奠定了这个基础、设想了这个漂亮的理论。之后，我才说了自己的结果，这是我非告诉他不可的。希尔伯特听得很仔细，不过礼貌多于理解。"

希尔伯特 70 岁这一年，国家社会主义党在国会选举中取得重大进展。次年一月，兴登堡总统任命阿道夫·希特勒为德国总理。希特勒一上台，立即就颁布了第一号法令；制定这项法令的目的是为了粉碎那个"恶魔的权力"，它过去"不仅掌握了一切政治和经济生活中的关键位置，而且占据了所有科学和文化方面的要职"。于是，学校接到命令，要他们辞退几乎所有从事教学工作的纯犹太血统的人。

希尔伯特学派所遭受的打击也许是最重的。希尔伯特一向彻底地献身于他的科学，从不允许民族的、性别的或种族的偏见掺杂进去。1917年，他为达布的去世写了一篇恰如其分的悼词，而不管达布的国家正在同德国交战。他还曾为埃米·诺特力争一个教师的职位，而不管在格丁根从来没有女人当过讲师。自从和闵可夫斯基以及赫维茨建立起最早的友谊那时起，希尔伯特从来不把科学家分成谁是雅利安人，谁又不是。在他眼里，科学家只分成这样两类：解决过被认为是有价值的问题的和没有解决过这类问题的。

目前，最后通牒要落到数学研究所里谁的头上呢？库朗，他接替了克莱因的位置并实现了克莱因的伟大梦想。兰道，他在闵可夫斯基去世后来到格丁根，使这所大学成了数论研究的中心。埃米·诺特，她是当时格丁根成果最多的研究集团的中流砥柱，尽管仍然只领着刚够生活的微薄薪金。贝尔奈斯，他当希尔伯特的助手和合作者，已有将近16年之久。在物理研究所，玻恩和弗兰克都是犹太人，他们受到了新政府的不同对待：弗兰克已是诺贝尔奖获得者，可以被豁免于命令之外；玻恩要过些年才得到他的诺贝尔奖，所以必须滚蛋。最后通牒还落到其他许多人的身上，有时候它好像适用于所有的人。

希尔伯特听到他的那么多朋友要被"强迫休假"（当时流行的一种委婉说法），心情烦乱到了极点。

"你为什么不去控告政府？"他要求库朗，"为什么不去国家法院？这么干是非法的！"

库朗觉得，希尔伯特全然不能理解无法制状态已统治了德国。自从他过了生日之后，要让他听进去并接受研究所内的改进意见一直不大容易。但此刻的主要困难，似乎是他还相信老的司法系统仍旧有效，他的身上还保留着强烈的忠实于法律的普鲁士信念。希尔伯特法官给他灌注的就是这种信念，有一个示范性的故事是这样的：当腓特烈大帝被一个农民的磨坊吵得心神不宁时，就恐吓说要没收它，农民充满信心地回答这位国王："不，——普鲁士还有法官！"惭愧的腓特烈因而把这个农民的话雕刻在他的夏宫的门廊上。1933

第二十三章 云散(1930—1933)

年，这些雕刻还在。

开始，那些受通牒影响的人对将会发生的事没有统一的意见。这一切到底会发展到什么地步呢？"如果你了解德国人，你就会知道他们将一直走到底。"当希特勒被任命为总理时，年轻的汉斯·莱维决定离开德国。4月1日，他已经在巴黎了。有些不必走的人也在提出抗议后离开了。弗兰克则跟他的犹太伙伴站在一起。另有一些人想，格丁根的伟大传统也许还能得到拯救。兰道被允许留下，因为他一直是帝国教授。也许还会有更多的例外。库朗为德国作战时中过毒气，腹部受过伤，这肯定会使他成为一个德国人。一封有关诺特小姐的情况的信寄给了部长：她担任如此小的职位，领的报酬又是那样的少。"我想，过去还从来没有一份呼吁书有那么多著名的人物在上面签名。"外尔后来说。希尔伯特的名字排在首位。但是，所有尊贵的名字都无济于事。

"所谓的犹太人这样依恋德国，"希尔伯特忧郁地说，"可是我们当中其余的人好像都乐于离去。"

奥托·诺伊格鲍尔，现在是助理教授，被委任为数学研究所的负责人。他在这个著名的岗位上不多不少只呆了一天，因为在校长办公室举行的吵吵闹闹的会议上，他拒绝在保证忠诚的宣誓书上签字。于是，数学研究所的领导职位又交给了外尔。虽然他的夫人有部分犹太血统，但他仍是那些认为事情多少还能挽回的人中间的一个。在1933年那极度动荡的整个春天和夏天，他工作着，他写信，他去会见政府官员，但什么也改变不了。

夏日将尽，人亦如云散去，所剩无几。跟亲属一起在瑞士度假的外尔，仍然打算回德国，希望通过他的某种努力能保持住这个伟大的科学传统。在美国，许多朋友在替他担忧。他们写来长长的信，规劝他、催促他、请求他赶快离开，否则就太晚了。亚伯拉罕·弗莱克斯纳（Abraham Flexner）为他提供了高等研究所的一个职位。最后，已在这个新研究所呆了几年的爱因斯坦，说服了这位比他年轻的人来研究所跟他一道工作。

格丁根，几乎只剩下希尔伯特独自一人了。他自费留住贝尔奈斯当他的助手。《数学基础》，他和贝尔奈斯合作写成的书，差不多准备好出版了。他收藏起他那些一般的数学书籍，和它们日益疏远。在贝尔奈斯的帮助下，他使阿诺德·施密特和库尔特·许特（Kurt Schütte）通过了博士考试。一共有 69 名数学家在希尔伯特门下获得了学位，许特是其中最后的一个（69 人中有 40 名是在 1900—1914 年得到学位的）。实际上，许特只见过希尔伯特一面，其余的时间都是由贝尔奈斯跟他联络。

"年轻的时候，"希尔伯特对年轻的弗朗茨·雷利希（老圈子里仅留下的几名成员之一）说道，"我曾下过决心，决不重复听老人们讲过的一句话——过去多好、现在多糟，即使我老了也决不说这种话。可是，现在，我必得要说了。"

一次宴会上，希尔伯特坐在新任命的纳粹教育部长旁边，当他被问道："现在格丁根的数学已经完全摆脱了犹太人的影响，情况怎么样？"

"格丁根的数学？"希尔伯特答道，"确实，这儿什么都没有了。"

第二十四章
晚　　年
（1933—1945）

　　市中心，纳粹党旗飘扬在市政厅上空，它投下的阴影笼罩着小牧鹅姑娘。大学的校刊和出版物上重又出现了长年不用的老德国体。每一期的首页都标着这样一句话：由戈培尔先生主办出版。

　　一名纳粹官员当上了数学研究所的负责人。希尔伯特在1933—1934年那个冬季学期，每周只讲一小时的几何基础课。学期终了，他再也没去过研究所。

　　兰道还在继续教课，但是当他宣布要讲授微积分课时，一群不守法的家伙阻止他走进讲课大厅。"让你教高等课程就不错了，"他被告知，"这里都是初学者，我们不想让犹太人来教他们。"现在担任法兰克福大学教授的西格尔，试图组织一群地位巩固的教授来声援他的老师，但是没有成功。

　　不久，兰道也离开了格丁根。他没有像别人那样从这个国家出走。财富和珍宝把他捆在家乡的土地上。哈代为他在英国安排了一系列的课程："看到他因重新站在黑板前讲课而欣喜，又看到他因这种机会即将结束而悲痛，真让人难过。"

　　到1934年春天，形势越发对犹太人不利，以致贝尔奈斯认为非离开德国不可了，于是，他回到了苏黎世。数学研究所继续给希尔伯特剩下的助手阿诺德·施密特发工资，他在希尔伯特的家里和他一起研究逻辑和数学基础问题。

"记忆的短暂失灵,也许会让陌生人以为他不会很敏锐了,"施密特说,"但事实并非如此,跟他在这个领域一起工作的人都了解这一点。"

这时候,赫尔穆特·哈塞出任研究所所长。这是一个重大的改进;哈塞虽然长期以来一直是虔诚的国家主义者,但他确实是第一流的数学家。

那年夏天,已经在美国布林莫尔任教的埃米·诺特返回格丁根。"她的心不知道什么是恶意,"外尔后来解释说,"她不相信邪恶——真的,在一般人身上能起作用的邪念绝对侵入不了她的心。"当时,整个形势还不像后来那样明朗,她希望哈塞能在前一年人们各奔东西之后重建格丁根的伟大传统,她祝愿他的努力会取得成功。夏末,她又回到了布林莫尔。这时候的埃米·诺特正处于她创造力的高峰,她的想象力和她的技巧达到了完美平衡的最高点。在她手里,"公理方法不再只是一种澄清逻辑和深化基础的手段,(它已变成)进行具体数学研究的有力武器。"她和范·德·瓦尔登及其他一些人就是使用这种武器为近世代数奠定了基础。

希尔伯特夫妇起初对新政权采取了直言不讳的反对态度,这使那些继续留在格丁根的朋友深为他们的安全担忧。但是,他们不信任许多留下来的人,也不相信那些新来的人。没隔多久,他们也沉默了。

"啊,枢密顾问先生,日子过得怎么样?"门庭冷落之后的一位来访者询问希尔伯特。

"我,哎,不怎么样呀。只有犹太人的日子过得顺当,"他以旧日那种使人出乎意料的方式回答道,"犹太人知道该呆在什么地方。"

1934年夏,兴登堡死了。说是他留下遗嘱,要让希特勒接任德国国家元首的职位。这么一来,希特勒将既是总统、又是总理了。一场同意或否两者抉一的选举预定在8月份进行。选举前一天,报纸上登出了一份声明,宣布德国的科学界支持希特勒。签字的名单里有希尔伯特的名字。我们无从了解希尔伯特是否真的在声明上签了字。在那段时间,阿诺德·施密特几乎天天见到他;可是,直到30多年后,当有人把有关这件事的新闻报道指给他看时,施密特才知道有这么个声明。根据施密特的切身体会,他认为签名这件事跟希尔

第二十四章 晚年(1933—1945)

伯特的信仰是背道而驰的,然而,他也不得不承认:"在当时的情况下,为了避免被人搅扰,希尔伯特可能会在任何东西上签名。"

1935年,全集的最后一卷出版了,里面有布鲁门萨尔写的传记。希尔伯特给他的这名最早的学生写了一封短信,诉说这是他一生中最后一次巨大的幸运——竟能有这样一位声名赫赫的人物担任他生活和工作的解释者。布鲁门萨尔把这封短信放在他自己的希尔伯特全集的副本里。

为了写这篇传记,布鲁门萨尔回首往事,浮想联翩,老师旧日的形象又跃然眼前:1895年春,一位"中等身材、动作敏捷、穿着随便的人——他一点儿也不像个教授,"来到格丁根接替海因里希·韦伯……在这篇传记里充满了深情和爱,但它又不失其客观性。

"在剖析伟大的数学才能时,"布鲁门萨尔总结道:"你必须区分不同的情况,一种是创造新概念的能力,一种是意识事物之间的深刻联系并使基本原理简明化的才能。在希尔伯特身上,你能看到一种不可抗拒的深邃洞察力,这正是他的伟大之处。在他的全部工作中包含有那样一些例子,它们来自相距很远的领域,只有希尔伯特才能辨认出它们之间的内在联系以及跟当前所研究的问题的联系。就是从这一切工作中,最终创造出一个综合物——他的艺术杰作。至于说到创造新事物的能力,我认为闵可夫斯基的更强些,当然不包括像高斯、伽罗瓦、黎曼这样一些伟大的经典作家在内。但就进行综合的能力而言,只有极少数伟大人物能和希尔伯特相提并论。"

1935年春天,埃米·诺特在一次手术后死于美国。

爱因斯坦在高等研究所的办公室里,给《纽约时报》(该报只是简略地报道了她的死讯)的编辑写了一封信:"根据现代权威数学家们的判断,诺特女士是迄今为止(女性中)最重要的富于创造性的数学天才……

"在人们积累物质财富的种种努力背后,总是隐藏着一种幻觉,以为那就是最具体、最值得追求的目标。幸好这里还有少数人,他们在年轻的时候就认清了人类所能经验到的最美的和最使人感到满足的事,并非来自外部世界,而是和个人自己的感情、思维和行为息息相关的……这些个人的生活并不被他人所注目,然而,他们奋斗得来的果实却是一代人所能给予子孙后代的最有价值的财富。"

《年鉴》的编辑们决定冒冒风险,发表范·德·瓦尔登写的纪念文章。杂志出版后,他们等待着灾祸临头,结果却什么事也没发生。鼓鼓勇气,他们又发表了布鲁门萨尔的一篇文章。由于执行纽伦堡法令,布鲁门萨尔最近被撤去了在亚琛的教授职位,但他仍作为《年鉴》的一名编辑而列名在该杂志的封面。这一回,还是平安无事。

可是,德国科学界的普遍状况正在日趋恶化。路德维希·比贝尔巴赫是一名第三帝国的忠实追随者,他曾激烈地反对德国数学家出席博洛尼亚国际会议。他还和别的一些人分析了德国数学家在创造风格上与犹太数学家的差异。死也不能成为护身的盾牌。克莱因的祖宗八辈就曾被详细审查过,原因是有一本犹太百科全书列上了克莱因这一条目,最后他才被确认是"伟大的德国数学家"。希尔伯特的祖先也遭到了审查。有个笑话说,格丁根只有一个雅利安数学家,他的血管里却流着犹太人的血。这则笑话不是毫无根据的,原来希尔伯特在生病的时候,库朗曾为他输过血。眼下,有人一本正经地提出了这样的问题,一个雅利安数学家的名字居然叫大卫,难道不应该怀疑吗？最后,希尔伯特不得不拿出克里斯蒂安·大卫·希尔伯特的自传,用以证明大卫确实是个姓,另一个姓克里斯蒂安则表示希尔伯特家族曾经是虔信派教徒。

1936年夏末,世界的数学家又相聚在奥斯陆举行另一次国际会议。希尔伯特没有参加大会,代表们给他拍了问候电。从美国来的库朗,他目前在纽约大学任教,在奥斯陆给他打了个电话。希尔伯特却不知道该对他过去的学生和同事说些什么,电话里只听见他笨拙的、重复的声音:"呀!我该说什么呢？我该说什么呢？让我想一想。"

1937年,希尔伯特75岁。一名新闻记者来访问他,请他谈谈格丁根跟数学史有关的地方。"实际上,我什么也不知道,"他说,对于自己的一无所知(记者对此十分惊讶),希尔伯特丝毫没感到窘迫。"记忆只会把思想搞混乱——长期以来,我完全抛弃了记忆。我真的不需要知道任何事情,因为有别的人,

第二十四章 晚年(1933—1945)

我的夫人和我们的女仆——他们会知道的。"接着,当记者"很有礼貌地怀疑"一个人是否真的能排除掉记忆和历史时,希尔伯特转过头来微微一笑:

"嗐,也许我从来就是被认为有健忘的特殊天赋。确实,就因为这个缘故,我才研究数学的。"

说完,希尔伯特就把眼睛合上了。

记者不便再去打搅这个老人,"这位五所大学的名誉博士,他能心安理得地忘掉一切——房子、街道、城市、人名、各种事件和事实——因为他有力量在余下的每个时刻再导出和发展一个世界。"

那天晚上,希尔伯特家举办了生日宴会,这在新时期算得上是一桩大事了。当人们宣读贺词时,希尔伯特却坐在另一间房子里,两名定期来他家为他作某种治疗的年轻护士正架着他的双臂。专程从汉堡赶来赴宴的赫克提醒他,实在应该去听听那些热情赞颂他和他的工作的演说,希尔伯特笑着表示:"这要好得多!"

伊丽莎白·赖德迈斯特(Elizabeth Reidemeister)为他摄了一张生日照。她想让希尔伯特回忆一件他们两人都参加了的、她认为是相当重要的活动。可是,希尔伯特的回答很使她吃惊,他根本就不记得有这回事。希尔伯特还解释说:"我感兴趣的只有星星。"

在这个时期,弗朗茨又回家来住了。随着岁月流逝,他看起来变得很像他的父亲,而且像得失常。他依葫芦画瓢地模仿父亲的动作,高声地讲出他对一切论题的看法——悲剧性的拙劣模仿。正如格丁根人所观察到的,他是"徒有其表,毫无其实"。真正的工作,他一件也拿不起来。

当然,他也非常彻底地研究各式各样的科目——从歌德到神学。按照阿诺德·施密特的说法,他是一名真正的"Kenner"——在他感兴趣的领域中的一名专家。他经常说起要学习数学,以便能对他父亲的工作做出评价。

次年——1938年——威廉·韦伯大街的住宅里举行了最后一次生日宴。只有几名老朋友来吃午饭。赫克从汉堡来,卡拉泰奥多里从慕尼黑来,西格尔就住在本地——他现在正在格丁根研究所。布鲁门萨尔也参加了。

"这学期你教什么课?"希尔伯特问。

"我什么也没教。"布鲁门萨尔有礼貌地提醒他。

"你说什么,你不教课?"

"不允许我教任何课。"

"这是完全不可能的!不能那样做。谁也无权撤一名教授的职,除非他犯了罪。你为什么不向法官申诉?"

其他人试图解释布鲁门萨尔的处境,希尔伯特却越发对他们生气了。

"我感觉到,"西格尔说,"他以为我们在跟他开个很坏的玩笑。"

不久,布鲁门萨尔的名字就被迫从《年鉴》的封面上抹去了。经朋友们的帮助,布鲁门萨尔离开德国前往荷兰。

在大洋彼岸的美国,乔治·波利亚(他现在任教于斯坦福大学)提请外尔注意:今年是1938年,他们俩就直觉主义的前途打的赌已经到期。外尔承认自己的确是输家,但他请求波利亚不要公布他的认输。

同年,埃德蒙·兰道去世。

生活在格丁根继续着。希尔伯特夫人的眼睛正在逐渐失明,她哀叹门庭的冷落,尽管有时家里还举行小型的社交活动。

有一次聚会时,大家谈起到底哪座德国城市最美。有的客人说是德累斯顿,有的说是慕尼黑。希尔伯特则坚持说,"不,不!德国最漂亮的城市还属柯尼斯堡!"他夫人反驳说,"唉,大卫,你实在不能那样说——柯尼斯堡不是一切都美的。"他回答道:"可是,克特,毕竟是我最了解它,因为我在那儿度过我的一生。"她提醒他:40年前他们就来到了格丁根;希尔伯特仍摇着头说:"呀,没几年——我在柯尼斯堡生活了一辈子!"

"是呀,"参加聚会的哈塞悲哀地想,"在他的心里,已经把他在如此众多的数学领域内获得累累硕果的整整40个春秋,凝聚成了短短的几年。"

1939年,德国、法国、英国和意大利签署了慕尼黑协定。暂时,它似乎保证了"我们时代的和平"。瑞典科学院宣布,首次米塔格-莱夫勒奖将授予大卫·希尔伯特和埃米尔·皮卡。在巴黎举行的一次盛宴上,那位年老的法国

第二十四章　晚年(1933—1945)

人从瑞典科学院的使者托尔斯滕·卡勒曼(Torsten Carleman)手里接受奖品。卡勒曼先致了热情的颂词,接着便赠予皮卡一部装潢精美的米塔格-莱夫勒(M. Mittag-Leffler)的《数学学报》,该学报是最早刊载康托尔的著作的杂志之一。离开了巴黎,卡勒曼又前往格丁根,他期待着像巴黎一样的宴会、演说和授礼仪式。但是,这里什么也没有。失望之余,他坚持要亲自向希尔伯特授奖。哈塞和西格尔终于找到了希尔伯特:他和他的夫人正住在附近的哈兹山。他们驾车把卡勒曼送到希尔伯特夫妇住的小客栈。希尔伯特一声不响地听了卡勒曼致的颂词。事隔不久,那72卷红皮面的《数学学报》出现在另一位数学家藏书室的书架上——希尔伯特几乎是一转手就卖给了他。

又是8月了。9月1日,德国入侵波兰。一周内,法国和英国对德宣战。

希尔伯特现在的助手是天赋很高的年轻逻辑学家格哈德·根岑(Gerhard Gentzen),他循着新的、较少限制的"超穷归纳法",已经能够证明长久探寻着的算术相容性。当然,这种证法在本质上已降低了希尔伯特最初提出的标准。根岑定期到希尔伯特家里来并应希尔伯特的要求大声朗读席勒的诗。过不多久,根岑也走了。他在布拉格遭逮捕和监禁后,死于1945年。

荷兰也遭入侵了。为使布鲁门萨尔免受祸殃,埃瓦尔德和其他人曾在英国绞尽了脑汁,但现在已为时过晚了。

西格尔在第一次世界大战结束时发过誓:再开战事就离开德国。1940年3月,他接到邀请,要去奥斯陆讲课。他知道也许从此再也见不到希尔伯特夫妇了,于是来向他们道别。希尔伯特夫妇没住在威廉·韦伯街的宅子里,因为那里的炉子坏了。他在一所破旧失修的旅馆里找到了他们。希尔伯特夫人告诉他,赫尔曼·阿曼杜斯·许瓦尔茨在格丁根的时候就常常住在这里。许瓦尔茨曾设法把克莱因请到格丁根,到现在他离开人世约有20年了。希尔伯特夫妇在寝室用早餐。希尔伯特坐在床上,吃着尼尔斯·玻尔从哥本哈根寄来的鱼子酱。西格尔向他们告了别。到了奥斯陆,他发现玻尔兄弟和奥斯瓦尔德·维布伦(Oswald Veblen)已安排好要到美国去,那里的高等研究所也为他留了一个位子。西格尔离开奥斯陆后两天,德军侵入了挪威。

希尔伯特——数学界的亚历山大

1941年12月,希尔伯特80寿辰的前一个月,美国宣布参战。80寿辰没有聚会,但像往常一样有一篇献给希尔伯特的颂词。它是由沃尔特·利茨曼准备的。1902年,利茨曼曾率领数学俱乐部的代表团向希尔伯特提出恳求,希望他拒绝柏林大学有诱惑力的聘约而继续留在格丁根。利茨曼在祝词中遍数了希尔伯特的经历和成就,可是没提到在希尔伯特一生中起过重要作用的许多犹太人的名字(闵可夫斯基和赫维茨是例外)。连布鲁门萨尔也只是作为"全集中那篇传记的作者"被间接地提到。跟颂词相配的照片是一幅近影。过去那双饱含刚毅和稚气注视着世界的眼睛,现在似乎蒙上了一层怀疑的色彩。

在荷兰的布鲁门萨尔也奉上一篇文章,以纪念希尔伯特的80寿辰。

柏林科学院经表决要纪念这次生日:给那本论述几何基础的92页的小书以特殊的荣誉,在希尔伯特所有有影响的著作中,它对数学的进步产生了最深刻的影响。

就在科学院做出这项决定的当天,希尔伯特跌倒在格丁根的大街上,摔断了胳膊。这次不幸事故招致他的身体无法活动,于是又引起各种并发症,过了一年多一点时间——1943年2月14日,他与世长辞了。

只有十来个人出席那天早上在威廉·韦伯街住宅的起居室里举行的丧礼。阿诺德·索末菲,希尔伯特最早的学生之一,从慕尼黑赶来,他站在棺柩旁边讲述了希尔伯特的工作。

他最伟大的数学成就是什么?

"是不变量吗?是他如此喜爱的数论吗?是几何基础吗?——那是自欧几里得和非欧几里得几何之后,该领域中最伟大的成就。在函数论基础和变分计算方面,希尔伯特的证明确立了黎曼和狄利克雷推测的正确性。积分方程论的研究也到达了高峰……不久,在新物理学里……它们又结出了最漂亮的果实。他的气体理论,对新的实验知识产生了根本性的效应,至今仍未过时。还有,他对广义相对论的贡献也具有永恒的价值。至于他探讨数学真知的最后努力,现在还没有定论。但是,当这一领域有可能进一步发展时,它将不会绕过而必须经由希尔伯特继续向前。"

第二十四章 晚年（1933—1945）

卡拉泰奥多里本打算从慕尼黑来参加葬礼，但是，他病倒了。古斯塔夫·赫格洛茨声泪俱下地代读了他写的悼词。

卡拉泰奥多里认为，指导希尔伯特一生的最高准则是绝对的正直和诚实，甚至他晚年的癖性——它也许引起过陌生人的惊奇，在我们这些朋友看来，也仍然是希尔伯特性格的真实表现。

说到希尔伯特对同时代数学家的积极影响，卡拉泰奥多里觉得有一句话讲得既生动又具体，那是他听当代最重要的数学家之一直接对希尔伯特本人说过的："你使得我们所有的人，都仅仅在思考你想让我们思考的问题！"

回忆了死者生前对数学家的影响，他的演说又直接转向那位未亡人：

"亲爱的希尔伯特夫人，现在，他正安眠在他和我们一起度过了许多欢乐时日的房间里。过一会儿，我们又将送他到那永久的安息地。但是，只要我们的心脏还在跳动，对这位伟人的追念就将把我们紧紧地联系在一起。"

希尔伯特被安葬在河那边的墓地，克莱因也长眠于此。草地的墓碑上仅仅刻着姓名和日期。

希尔伯特的死讯经瑞士传向交战的世界。正在纽约参加数学会议的赫尔曼·外尔，从《纽约时报》看到了一条发自伯尔尼的简略报道。这使他再次回忆起许多年前的那个夏天：经过艰苦努力，他终于读完了那篇《报告》，这是他一生中最愉快的几个月。"它的光辉，经历了使我们共同承受怀疑和挫折的岁月，仍然温慰着我的灵魂。"当外尔回到普林斯顿的家里，他提笔给奥古斯特·闵可夫斯基写了封信——她现在跟大女儿住在波士顿：

"希尔伯特去世的报道，又一次勾起了我对昔日格丁根的回想。我非常幸运，因为我是在最美好的年代里成长起来的……那时，希尔伯特和你的丈夫都在他们的全盛时期……我相信，他们两位对整整一代学生所产生的如此强大和神奇的影响，在数学史上是罕见的。这是一段美妙而短暂的时光。今天，没有一事一地能拿来与之进行哪怕只是粗略的比较……"

希尔伯特逝世的消息传到遭轰炸的英国就更加迟缓和不准确了。

"我们已经接到大卫·希尔伯特于今夏（原文如此）去世的消息，"《伦敦数学会会刊》在那个秋天宣布。"委员会感到,对这样一位伟大数学家的去世,一刻也不能忽略。但是,要对他的工作和影响给出足够的评价,在目前会遇到无法克服的困难。"

马克斯·玻恩这时正在英国,闵可夫斯基去世时他是在格丁根。此刻,他禁不住感叹道:"希尔伯特比他的朋友多活了三十几年。这使他又做出了重大的成果。但是,谁会说他在黑暗的纳粹时代孤独地死去不是比闵可夫斯基死于全盛的壮年时期更具有悲剧性呢?"

希尔伯特去世后没几个月,盖世太保在一次周期性的对荷兰犹太人的搜捕中抓到了布鲁门萨尔。他被解往赛尔辛斯塔特(Theresienstadt),一座小小的捷克斯洛伐克村庄,它已变成关押老年犹太人和纳粹不预备直接加以处死(至少开始是这样)的人的集中营。大家知道,他曾被押上开往奥斯维辛集中营的火车,后来不知什么缘故,又在火车开动前被押了回来。1944年底,他死于赛尔辛斯塔特。

1945年1月17日,克特·希尔伯特去世。那时,她几乎已经完全瞎了。没有一个老朋友在她的棺柩旁发表讲话。由于她像她的丈夫一样早就脱离了教会,所以也没有牧师来为她主持葬礼。最后,在弗朗茨·希尔伯特的恳求下,一名根本不了解那些伟大日子的妇女讲了几句话。

同年,差不多已成废墟的柯尼斯堡落入了俄国人之手。

第二十五章
终　　音
(1945……)

　　魔笛手那甜蜜的笛声似乎永远停息了。但是,整个世界——欧洲的各个小国——严阵以待的英国——日本——俄国——美国——到处都有希尔伯特的学生,以及希尔伯特学生的学生。

　　即使在战争期间,在大洋的彼岸也仍然能听到那熟悉的乐调。赫尔曼·外尔正以他特有的热情,试图把普林斯顿高等研究所办成另一个伟大的充满热情的科学中心——这是他用的措词——要像他年轻时所在的那个格丁根一样。在纽约,理查德·库朗被安置在一所废弃不用的帽子工厂里,朋友们风趣地把这个地方叫做"库朗研究所"。在这里希尔伯特的精神也同样在闪耀着。

　　希尔伯特去世时,《自然》杂志上登过这样的观点:世界上难得有一位数学家的工作不是以某种途径导源于希尔伯特的工作的。希尔伯特像是数学世界的亚历山大,在整个数学版图上,留下了他那巨大显赫的名字。正如《自然》杂志所指出的,那里有希尔伯特空间、希尔伯特不等式、希尔伯特变换、希尔伯特不变积分、希尔伯特不可约性定理、希尔伯特基定理、希尔伯特公理、希尔伯特子群、希尔伯特类域。

　　他在解决戈丹问题时的那些思想,无论是其方法还是其重要性都已远远超出了代数不变量的范围:它们在抽象的域、环、模——简单地说,即在近世代数的一般理论中,开出了鲜艳的花朵。后起的数论学家们所做的大部分工作,正是生长在希尔伯特用《报告》和他的类域计划所开辟的肥土沃壤之中。那本有关几何基础的小书——"数学思想发展中的里程碑"——几乎把公理化方法深深地扎根于一切数学领域。一位现代数学史家评论说："无论怎么估价这本小书的影响都不会过分。"由于希尔伯特拯救了狄利克雷原理，该原理才得到简化和推广，它已变成为"一种工具，像黎曼最初推想的那样灵便，也差不多像黎曼最初推想的那样简单"。以这项成果为出发点，希尔伯特还发展了大家熟知的变分法中的直接方法，这对纯粹和应用数学都极为重要。世纪交替之际，希尔伯特在讲授变分法时所阐述和证明的那条定理，给这门学科奠定了全新的基础。积分方程的一般理论则是物理学家的武库中最强有力的数学武器之一；而希尔伯特空间理论也已成长壮大，以致有一位作者抱怨说：不可能只用"有限个词"来论述它。还有，今天虽然没有人再讲物理学的公理化了，但公理方法的简明化、条理化和统一化要求已经浸透了那门科学。

希尔伯特一生中的最后一件重要工作——使数学形式化并用确切的证明建立起它的相容性——又怎么样了呢？尽管哥德尔的工作打击了这项计划，希尔伯特为把数学从矛盾中解脱出来并使人们获得自由的观念，无疑击败了他的对手所主张的缚人手脚的构造主义思想。是希尔伯特首先把数学相容性问题提得那样简单明白，这在数学思想史中起了无法估量的重要作用。"这个问题提得好，"一位现代数学家说，"只有非常伟大的数学家才会想起要问这个问题。"

哥德尔（他从没见过希尔伯特，也没跟他通过一封信）认为："虽则有了我的否定结果"，希尔伯特有关数学基础的方案"仍不失其重要性，并继续引起人们的高度兴趣"。

他又说：

"已经证明的只是：不可能达到希尔伯特心目中的特定的认识论目标，这一目标是要去证明经典数学之公理的相容性恰像初等算术那样具体和一目了然。

"然而，从纯粹的数学观点来考虑问题，那种以适当选取的、较强的元数学假设(如根岑和其他人所给出的)为基础的相容性证明,恰是人们所感兴趣的。人们通过这些证明能获得非常重要的见解,从而看清数学的证明论的结构。当然,下述问题并没有解决:若是基于形式主义的研究方法,是否可能对于经典数学的相容性进行构造主义的证明,如果可能,它又可以解决到何等程度。也就是说,要把客观柏拉图王国中的抽象对象的公理换成人们从直观上能认识清楚的逻辑运算。

"至于说到我的否定结果,撇开以前提及的哲学结论不管,我觉得它们的重要性主要在于以下事实:在很多情况下,它们能判断或猜测希尔伯特计划的某个特殊部分,是否得以在给定的元数学的假设下彻底施行。"

哥德尔还认为,人们"在评价希尔伯特有关连续统问题的工作时,往往忽略了这样一点:假如不去追究问题的细节,他那个非常重要的一般概念已被证明是完全正确的,即连续统问题的解决将有赖于从数学基础中引出全新的方法。尤其是,他的思想中似乎还蕴含了这种观点(虽然希尔伯特没说得这样明白):连续统假设在通常的集合论公理下是不可判定的"。

由于希尔伯特对数理逻辑和数学基础的热情,使得科学中又增添了一整个新的研究领域——元数学,即超出数学的意思。

"未来的数学史家在研究 19 世纪和 20 世纪前半叶的数学发展时,会毫不怀疑地声明:那个时期好几个数学分支趋于严格化的发展,都极大地受惠于希尔伯特的成就,"阿尔弗雷德·塔斯基(Alfred Tarski)写道,"另一方面,数学史家必然会注意到——也许还带着几分惊讶,希尔伯特在一些自己并不曾取得十分重要结果的领域内,同样发挥了巨大的影响力。几何基础就是一例。我决不是要低估希尔伯特在他的《几何基础》中做出的贡献,但是,我认为他最重要的功绩在于推动了该领域的系统研究。元数学是另一个更引人注目的例子。在希尔伯特发表巴黎演说前,已有人偶尔考虑过该领域的问题;第一个富于建设性的、真正深入的结果也出现在希尔伯特连续从事该领域的研究之前……(而且)谁也不会把任何明确而重要的元数学结果跟希尔伯特的名字直接联系在一起。然而,希尔伯特仍不愧被称作元数学之父。因为,正是他,把元数学创建成一门独立存在的学科,并以他那伟大数学家的全部权威来支持它,为它的生存而斗争。也正是他,为元数学筹划了未来的进程,把抱负和重任寄托于它。的确,婴儿没有实现父亲所有的瞩望,它没能长成一名神童。但是,经过心智和体格的健全发育,他已成为伟大数学家族中的一名正式成员。我认为,父亲没有理由为他的后代感到羞愧……"

1950年,当美国数学会请赫尔曼·外尔来总结20世纪前半叶的数学历史时,他写道,假如巴黎问题中的术语不是那么专门的话,完成这项任务就很简单,只要依据希尔伯特提出的问题,指出哪些已经解决、哪些已部分解决就够了——"这是一张航图",过去50年间,"我们数学家经常按照这张图来衡量我们的进步"。"他对数学未来的预言,比之任何一个政治家对新世纪将滥施于人类的战争和恐怖的预测,不知要好多少倍!"

今天,柯尼斯堡已不复存在。在它曾屹立过的普雷格尔河旁,现在矗立着加里宁格勒——苏联最先进的海军基地。格丁根和巴黎之间的竞争已成往事。德国和法国都失去了整整一代数学家。美国却发现自己发了无以估量的大财,几乎所有希尔伯特学派的成员以及其他许多欧洲科学家全都永久移居到了这个国家。这些人里面,有本书多次提到过的:阿廷、库朗、德拜、德恩、爱因斯坦、埃瓦尔德、费勒、弗兰克、弗里德里希、哥德尔、黑林格、冯·卡门、兰德、莱维、诺伊格鲍尔、冯·诺伊曼、埃米·诺特、诺德海姆、奥尔、波利亚、赛格、塔斯基、奥尔加·陶斯基、外尔、维格纳。

在战后,格丁根大学是德国第一所重新开放的大学。终于,有许多希尔伯特的老朋友返回故地访问。还有几位,像马克斯·玻恩,就在附近度过了他们的晚年。

1962年是希尔伯特诞生100周年纪念,里查德·库朗在格丁根发表演讲,阐述了希尔伯特的工作及其对数学的重要影响。

"自然,在这样一个场合,即使只是粗略地评价像希尔伯特这样一位有多方面伟大贡献的人物也是不可能的,"他说,"同样,怀着伤感之情去回忆过去那种美好的时代也毫无益处。但是,我感到,对今天的数学和数学家来说,领

第二十五章 终音（1945……）

悟希尔伯特的精神却有着巨大的现实意义。

"两千多年以来，虽然数学一直扮演着重要角色，它却依然在随着时尚而变化，尤为突出的是它在不断地背离传统。我相信，在今天这个具有超活力的科学工业化、宣传工业化的时代，在这个对社会和个人的科学活动的基础施加了爆炸性控制的时代，我们正面临着一种危险。由于宣传工具的广泛影响力，通过宣传来号召改革，可能会把数学引向解放，但它也同样容易把对数学的认识搞得很狭隘和僵化。现在，这种改革不仅施行于大学的研究，还应用于中学的教育。其危险就在于，各种各样的力量都强调抽象的方向，致使伟大的希尔伯特学派的传统只有这一个方面被继承下来。

"直观和逻辑，'扎根于实际的'问题的个别性和影响深远的抽象的一般性，这是两对矛盾着的力量，而正是矛盾各方的起伏波动决定着活的数学向前发展。所以，我们必须防止被驱赶而只向有生命力的对立的一极发展。

"我们必须把数学当作科学长河中的一个统一和有生命的支流，加以爱护，注以力量；不使它湮没在沙滩中。

"希尔伯特以他感人的榜样向我们证明：这种危险是容易防止的；在纯粹和应用数学之间不存在鸿沟，数学和科学总体之间能够建立起果实丰满的结合体。因此，我确信，希尔伯特那有感染力的乐观主义，即使到今天也在数学中保持着它的生命力。唯有希尔伯特的精神，才会引导数学继往开来，不断成功。"

正是这种乐观主义，将在格丁根希尔伯特墓地的墓碑上发出回响，只要石碑犹存，它就永远不会停息：

Wir müssen wissen

Wir werden wissen

我们必须知道，

我们必将知道。

人 名 索 引

阿德勒（Adler, Auguste），见闵可夫斯基（Minkowski, Auguste），60

阿尔道夫（Althoff, Friedrich, 1839—1908），43, 44, 47, 48, 50, 57, 96, 97, 103, 104, 109

阿尔芬（Halphen, Georges, 1844—1899），25—27

阿基米德（Archimedes, B. C. 287?—B. C. 212），52

阿克曼（Ackermann, Wilhelm, 1896—1962），185, 202

阿里斯托布卢斯（Aristobulus, fl. c. B. C. 160），36

阿廷（Artin, Emil, 1898—1962），178, 205, 213, 234

埃伯哈德（Eberhard, Victor, 1862），43

埃尔利希（Ehrlich, Marianne），见兰道（Landau, Marianne），193

埃尔利希（Ehrlich, Paul, 1854—1915），148, 193

埃尔米特（Hermite, Charles, 1822—1901），26, 27, 33, 45, 129

埃瓦尔德（Ewald, Paul P., 1888—1985），117, 138—143, 149, 184, 227, 234

爱尔特曼（Erdtmann, Karl），2

爱尔特曼（Erdtmann, Maria Therese），见希尔伯特（Hilbert, Maria），1—4, 94

爱因斯坦（Einstein, Albert, 1879—1955），6, 99, 113, 114, 120, 136, 148, 151, 152, 159, 183, 201, 205, 208, 219, 223, 234

安德雷（Andrae, Albert），93

奥本海默（Oppenheimer, J. Robert, 1904—1967），183

奥尔（Ore, Oystein, 1899—1968），209, 234

奥斯古德（Osgood, William Fogg, 1864—1943），204

奥斯特洛夫斯基（Ostrowski, Alexander, 1893—1986），156, 157, 164, 181, 207

鲍林（Pauling, Linus, 1901—1995），183

贝多芬（Beethoven, Ludwig van, 1770—1827），147

贝尔（Bell, Eric Temple, 1883—1960），61, 62, 74, 83, 88, 115, 136, 194, 207, 218

贝尔奈斯（Bernays, Paul, 1888—1977），162, 163, 165, 185—188, 204, 212, 213, 215, 218—220, 221

贝塞尔（Bessel, Friedrich Wilhem, 1784—1846），65

比贝尔巴赫（Bieberbach, Ludwig, 1886—1982），201, 224

俾斯麦（Bismarck-Schönhausen, Otto von, 1815—1898），2, 4

玻恩（Born, Max, 1882—1970），102, 111, 113, 117, 118, 120, 121, 131, 138, 152, 166, 179,

人名索引

183,184,194—197,205,218,230,234

玻尔(Bohr, Harald, 1887—1951), 127, 131, 144, 174, 180, 202, 227

玻尔(Bohr, Niels, 1885—1962), 144, 145, 173, 183, 202, 227

波尔查诺(Bolzano, Bernhard, 1781—1845), 28

波尔约(Bolyai, Johann, 1802—1860), 65, 114, 128, 134, 135, 152, 177

波尔约(Bolyai, Wolfgang, 1775—1856), 114

波利亚(Pólya, George, 1887—1985), 141, 161, 162, 226, 234

伯恩斯坦(Bernstein, Felix, 1878—1956), 126, 127

伯恩斯坦(Bernstein, Sergei Natanovich, 1880—1968), 126, 127

伯克霍夫(Birkhoff, George D., 1884—1944), 193

伯努利(Bernoulli, Jakob, 1654—1705), 74

伯努利(Bernoulli, Johann, 1667—1748), 74, 81

博内(Bonnet, Pierre Ossian, 1819—1892), 25

布莱恩(Bryan, William Jennings, 1860—1925), 90

布莱克特(Blackett, P. M. S., 1897—1974), 183

布劳威尔(Brouwer, Luitzen Egbertus Jan, 1881—1966), 159—161, 166—168, 173, 188, 197—201, 212

布鲁门萨尔(Blumenthal, Otto, 1876—1944), 53, 54, 56, 92, 94, 105, 107, 115, 119, 122, 161, 162, 169, 201, 213, 223—228, 230

布瓦洛(Boileau, Nicolas, 1636—1711), 13

策梅洛(Zermelo, Ernst, 1871—1953), 105, 106, 145, 161, 162

达布(Darboux, Gaston, 1842—1917), 25, 114, 155, 156, 218

戴德金(Dedekind, Richard, 1831—1916), 12, 28, 38, 46, 48, 82, 106, 129, 135, 214

德拜(Debye, Peter, 1884—1966), 145, 146, 148, 150, 151, 163, 183, 197, 234

德恩(Dehn, Max, 1878—1952), 69, 91, 234

德默尔(Dehmel, Richard, 1863—1920), 157, 158

笛卡儿(Descartes, René, 1596—1650), 17

狄拉克(Dirac, Paul A. M., 1902—1984), 183

狄利克雷(Dirichlet, P. G. Lejeune, 1805—1859), 21, 71—74, 91, 94, 135, 228, 232

杜波瓦-雷蒙(DuBois-Reymond, Emil, 1818—1896), 14, 78, 210

杜甘特(D'Ocagne, Philibert Maurice, 1862—1938), 26

范·德·瓦尔登(Van der Waerden, Bartel Leendert, 1903—1996), 173, 174, 178, 179, 200, 213, 222, 224

腓特烈大帝(Frederick the Great, 1712—1786), 1, 218

斐迪南(Ferdinand, Archduke of Austria), 146

斐迪南德(Ferdinand, Duke of Brunswick, 1721—1792), 52

费勒[Feller, William (Willy), 1906—1970], 170, 234

费马(Fermat, Pierre, 1601—1665), 81, 82, 128, 145, 146, 175

费歇尔(Fischer, Emil, 1852—1919), 148

丰克(Funk, Paul, 1886—1969), 197, 207

冯·卡门[Kármán, Theodore (Theodor) von, 1881—1963], 131, 137, 234

冯·诺伊曼(Neumann, John von, 1903—1957), 184, 185, 196, 202, 209, 234

弗莱克斯纳(Flexner, Abraham, 1866—1959), 219

弗兰克(Frank, James, 1882—1964), 179, 183, 205, 218, 219, 234

弗兰克(Frank, Philipp, 1884—1966), 148

弗雷德霍姆(Fredholm, Erik Ivar, 1866—1927), 92, 100, 108, 133, 135

弗雷格(Frege, Gottlob, 1848—1925), 105, 106

弗里德里希(Friedrichs, Kurt O., 1901—1983), 170, 234

傅里叶(Fourier, Jean Baptiste Joseph, 1768—1830), 82, 210

弗伦策尔(Frenzel, Elise Hilbert, 1868—1897), 60

弗罗贝尼乌斯(Frobenius, Ferdinand Georg, 1849—1917), 93

福格特（Voigt, Woldemar, 1850—1919）, 105, 131

富埃特（Fueter, Rudolf, 1880—1950）, 214

富克斯（Fuchs Lazarus, 1833—1902）, 11, 34, 92, 93, 95

富兰克林（Franklin, Fabian, 1853—1939）, 39, 110

富特文勒（Furtwängler, Philipp, 1869—1940）, 214

高木贞治（Takagi, Teiji, 1875—1960）, 92, 213

高斯（Gauss, Carl Friedrich, 1777—1855）, 10, 19, 21, 45, 46, 49, 52, 53, 61, 64, 65, 67, 68, 71, 96, 114, 135, 174, 206, 209, 210, 213, 223

戈丹（Gordan, Paul, 1837—1912）, 22, 25, 26, 30—38, 40—42, 46, 94, 122, 134, 153, 177, 216, 231

戈培尔（Goebbels, Joseph Paul, 1897—1945）, 221

歌德（Goethe, Johann Wolfgang von, 1749—1832）, 6, 147, 187, 225

哥德尔（Gödel, Kurt, 1906—1978）, 211—213, 232—234

格尔丰德（Gelfond, Alexander Osipovich, 1906—1968）, 176

格罗梅（Grommer, Jakob）, 140, 154

根岑（Gentzen, Gerhard, 1909—1945）, 227, 233

哈尔（Haar, Alfréd, 1885—1933）, 146

哈代（Hardy, Godfrey Harold, 1877—1947）, 122, 126, 127, 174, 198, 221

哈密顿（Hamilton, William Rowan, 1805—1865）, 194

哈塞（Hasse, Helmut, 1898—1979）, 166, 213, 214, 217, 222, 226, 227

海克尔（Haeckel, Ernst Heinrich, 1834—1919）, 215

海森伯（Heisenberg, Werner, 1901—1976）, 179, 182, 183, 194, 195, 196

亥姆霍兹（Helmholtz, Hermann Ludwig Ferdinand von, 1821—1894）, 12, 34, 39, 135, 209

豪特曼斯（Houtermans F. G., 1903）, 183

荷马（Homer）, 187

赫兹（Hertz, Heinrich, 1857—1894）, 38, 44, 108, 136

赫格洛茨（Herglotz, Gustav, 1881—1953）, 192, 229

赫克（Hecke, Erich, 1887—1947）, 139, 170, 176, 201, 225

赫维茨（Hurwitz, Adolf, 1859—1919）, 15, 16, 20—24, 30, 31, 38, 43—46, 50, 57, 59, 60, 75, 76, 78, 122, 123, 126, 128, 129, 154, 156, 162, 164, 165, 187, 216, 218, 228

赫维茨（Hurwitz, Ida Samuels）, 44

黑格尔（Hegel, Georg Wilhelm Friedrich, 1770—1831）, 54, 161

黑林格［Hellinger, Ernest (Ernst), 1883—1950］, 102, 117, 118, 234

洪贝特（Humbert, Georges, 1859—1921）, 27

胡塞尔（Husserl, Edmund, 1859—1938）, 98, 130, 155

华林（Waring, Edward, 1734—1798）, 121—124, 129, 135, 174

怀特海（Whitehead, Alfred North, 1861—1947）, 155, 162, 199

惠普尔（Whipple, G. H.）, 192

基肖姆（Chisholm, Grace）, 见扬（Young, Grace）, 53

伽利略（Galilei, Galileo, 1564—1642）, 99

伽罗瓦（Galois, Evariste, 1811—1832）, 83, 223

居里（Curie, Marie, 1867—1934）, 136

居里（Cuire, Pierre, 1859—1906）, 136

卡拉泰奥多里（Carathéodory, Constantin, 1873—1950）, 93, 148, 156, 163, 201, 225, 229

卡勒曼（Carleman, Torsten, 1892—1949）, 227

卡鲁索（Caruso, Augustin-Louis, 1789—1857）, 144

凯莱（Cayley, Arthur, 1821—1895）, 18, 36, 41, 65

凯勒（Keller, Gottfried, 1819—1890）, 215

凯洛格（Kellogg, Oliver D., 1878—1932）, 193

康德（Kant, Immanuel, 1724—1804）, 3, 5, 18, 19, 68, 69, 147, 206, 208, 209

人 名 索 引

康登(Condon, E. U., 1902—1974), 193, 195
康普顿(Compton, Karl Taylor, 1887—1954), 183
康托尔(Cantor, Georg, 1845—1918), 11, 28, 29, 55, 106, 160, 166, 167, 188—190, 198, 199, 227
科尔维兹(Kollwitz, Käthe Schmidt, 1867—1945), 7, 157, 187
柯里(Curry, Haskell B., 1900—1982), 204
柯尼希(König, Julius, 1849—1913), 114
柯尼希(König, Robert, 1885), 215
柯尼希斯贝格尔(Koenigsberger, Leo, 1837—1921), 109
柯瓦列夫斯卡娅(Kowalewski, Sonya, 1850—1891), 153, 177
柯西(Cauchy, Augustin-Louis, 1789—1857), 28
克拉策(Kratzer, Adolf, 1893), 165
克莱布什(Clebsch, Alfred, 1833—1872), 41
克莱因(Klein, Anna Hegel), 54
克莱因(Klein, Felix, 1849—1925), 15, 20—30, 32, 34, 37, 41, 47—50, 53—55, 57, 58, 60, 65, 67, 71, 73, 82, 93—98, 103, 104, 108, 111—115, 120, 124—126, 128, 129, 146—148, 150, 152, 153, 156, 157, 163, 170—173, 176, 182, 191, 192, 202, 204, 205, 216—218, 224, 227, 229
克罗内克(Kronecker, Leopold, 1823—1891), 12, 28, 29, 34, 35, 37, 38, 40, 43, 46, 48, 55, 59, 61, 78, 82, 88, 106, 107, 160, 167, 168, 186, 188, 199, 200, 210, 212, 216
克内泽尔(Kneser, Hellmuth, 1898—1973), 173
孔德(Comte, Auguste, 1798—1857), 210
库朗(Courant, Richard, 1888—1972), 108, 116, 118, 120, 132, 133, 142, 149, 150, 163, 164, 170—173, 176, 179, 181—184, 187, 191—195, 200, 202, 203, 205, 218, 219, 224, 231, 234
库默尔(Kummer, Ernst Edward, 1810—1893), 12, 28, 46, 48, 61, 82, 86, 135
拉多斯(Rados, Gustav, 1862—1941), 114
莱特(Wright, Orville, 1871—1948), 104
莱特(Wright, Wilbur, 1867—1912), 104
莱维(Levi, F. W., 1888—1966), 145
莱维(Lewy, Hans, 1904—1988), 170, 197, 219, 234
赖德迈斯特(Reidemeister, Elisabeth), 225
赖德迈斯特(Reidemeister, Kurt, 1893—1971), 207, 210
兰道(Landau, Edmund, 1877—1938), 126, 127, 148, 174, 175, 179, 216, 218, 219, 221, 226
兰道(Landau, Marianne Ehrlich), 193
兰德(Landé, Alfred, 1888—1976), 1, 143, 144, 149, 151, 234
劳厄(Laue, Max von, 1879—1960), 74, 139, 140
勒让德(Legendre, Adrien Marie, 1752—1833), 61
雷利希(Rellich, Franz, 1906—1955), 170, 220
黎曼(Riemann, Bernhard, 1826—1866), 12, 21, 71—73, 87, 91, 99, 171, 174—176, 191, 223, 228, 232
李(Lie, Sophus, 1842—1899), 23, 87, 95, 135
里茨(Ritz, Walther, 1878—1909), 73, 153, 183
里克(Riecke, Eduard, 1845—1915), 43, 104, 139, 170
利茨曼(Lietzmann, Walther, 1880—1959), 96, 136, 228
利特尔伍德(Littlewood, John Edensor, 1885—1977), 122
利希滕贝格(Lichtenberg, Georg Christoph, 1742—1799), 186
列宁(Lenin, Vladimir Ilyich, 1870—1924), 156, 207
林德曼(Lindemann, Ferdinand, 1852—1939), 15, 17, 18, 28, 30, 37, 45, 47, 216
龙格(Runge, Carl, 1856—1927), 103, 104, 116, 124, 192
伦琴(Roentgen, Wilhelm Konrad, 1845—1923), 136, 137, 148
罗巴切夫斯基(Lobatchewski, Nikolai Ivanovich, 1793—1856), 65
罗布谢特-罗宾斯(Robscheit-Robbins, F. S.), 192

罗素（Russell, Bertrand, 1872—1970), 105, 106, 155, 161, 162, 199

洛伦兹（Lorentz, Hendrik Antoon, 1853—1928), 108, 113, 145

麦金利(McKinley, William, 1843—1901), 90

麦克斯韦（Maxwell, James Clerk, 1831—1906), 38, 136, 151

曼哈姆（Mannheim, V. M. Amédée, 1831—1906), 25

梅森(Mersenne, Marin, 1588—1648), 81

米(Mie, Gustav, 1868—1957), 14, 18, 28, 58, 67, 78, 105, 151, 153, 177—179, 205, 213, 214, 218, 222, 223, 226, 227, 234

米诺特(Minot, G. R., 1885—1950), 192, 193

米塔格-莱夫勒(Mittag-Leffler, Magnus Gösta, 1846—1927), 226

闵可夫斯基（Minkowski, Auguste Adler, 1875—1944), 60, 128, 229

闵可夫斯基(Minkowski, Fanny, 1863—1954), 5, 6

闵可夫斯基（Minkowski, Hermann, 1864—1909), 4, 5, 6, 8, 12—16, 18—20, 22, 27, 29—32, 37—39, 41—45, 47—51, 55—61, 68, 75—78, 85, 91, 94—103, 105, 107, 108, 110—114, 116, 119—131, 148, 152, 156, 157, 175, 177, 179, 183, 216, 218, 223, 228, 229, 230

闵可夫斯基(Minkowski, Max), 4, 13

闵可夫斯基(Minkowski, Oskar, 1858—1931), 4

默尼耶(Meunier, Constantin), 187

内尔松（Nelson, Leonard, 1882—1927), 130, 131, 155, 162

能斯特(Nernst, Walther, 1864—1941), 57, 93, 96, 148

牛顿(Newton, Isaac, 1642—1727), 52, 74

纽森(Newson, Mary Winston), 80

诺德海姆（Nordheim, Lothar, 1899—1985), 184, 185, 188, 194, 195, 196, 206, 234

诺特（Noether, Emmy, 1882—1935), 153, 154, 177—179, 213, 214, 218, 219, 222, 223, 234

诺特(Noether, Fritz, 1884), 153

诺特(Noether, Max, 1844—1921), 25, 153

诺伊格鲍尔（Neugebauer, Otto, 1899—1990), 170, 171, 219, 234

诺伊曼(Neumann, Carl, 1832—1925), 72, 73

诺伊曼(Neumann, Franz, 1798—1895), 10

欧几里得（Euclid, fl. B. C. 300), 19, 63—67, 69, 70, 136, 160, 228

欧拉(Euler, Leonhard, 1707—1783), 3

帕斯卡(Pascal, Blaise, 1623—1662), 81

帕施(Pasch, Moritz, 1843—1930), 65—67

泡利(Pauli, Wolfgang, 1900—1958), 179, 183

庞加莱（Poincaré, Henri, 1854—1912), 21, 22, 24—26, 45, 60, 68, 69, 75, 79, 82, 90, 107, 114, 115, 128, 129, 134, 135, 142, 143, 151, 192, 198, 199, 209

佩隆(Perron, Oskar, 1880—1975), 126

皮尔里(Peary, Robert, 1856—1920), 105

皮卡(Picard, Émile, 1856—1941), 25, 126, 226, 227

皮克(Pick, Georg, 1859—1943), 21, 22

皮亚诺（Peano, Giuseppe, 1858—1932), 65—67, 90

普朗克(Planck, Max, 1858—1947), 112, 136, 148

普朗特（Prandtl, Ludwig, 1875—1953), 105, 131, 148

普卢塔克(Plutarch, 46—120), 36

普吕克(Plücker, Julius, 1801—1868), 108

乔治二世（George II, Elector of Hannover, 1683—1760), 52, 119

瑞德(Reid, Legh Wilber, 1867), 101, 236

瑞利（Rayleigh, John William Strutt, 1842—1919), 184

若尔当（Jordan, Camille, 1838—1922), 14, 25, 27

赛格(Szegö, Gabor, 1895—1985), 207, 210, 234

塞格雷(Segré, Corrado, 1860—1924), 27

塞缪尔斯（Samuels Ida), 见赫维茨（Hurwitz Ida), 44

莎士比亚(Shakespeare, William, 1564—1616), 6

舍雷尔(Scherrer,Paul,1890—1969),144,150
施密特(Schmidt,Arnold,1902—1967),7,197,220—222,225
施密特(Schmidt,Erhard,1876—1959),92,93,96,114,118,163,184,196
施密特(Schmidt,Karl),7
施密特(Schmidt,Käthe),见科尔维兹(Kollwitz,Käthe),7
施泰因豪斯(Steinhaus,Hugo,1887—1972),110,111,127
史密斯(Smith,Henry,1826—1883),13,14
史瓦西(Schwarzschild,Karl,1873—1916),105
舒伯特(Schubert,Hermann Hannibal,1848—1911),15
斯蒂尔切斯(Stieltjes,Thomas Jean,1856—1894),27
斯普林格(Springer,Ferdinand,1881—1965),9,170,171,216
斯塔迪(Study,Eduard,1862—1930),21,22,24—27,29,33,43
索末菲(Sommerfeld,Arnold,1868—1951),5,39,57,111,137—139,143,145,151,179,184,216,228
塔斯基(Tarski,Alfred,1902—1983),233,234
汤姆孙(Thomson,Joseph John,1856—1940),39,136
陶斯基-托德(Taussky-Todd,Olga,1906—1995),214,216,234
托普利茨(Toeplitz,Otto,1881—1940),102,118,140,194
瓦色曼(Wassermann,August von,1866—1925),148
外尔(Weyl,Hermann,1885—1955),101,102,112,132,153,159—162,167,168,171,172,183,186,188,199,200,205,206,215,219,222,226,229,231,234
威廉一世(Wilhelm I,1797—1888),2,3
威廉二世(Wilhelm II,1859—1941),147,155,158
韦伯(Weber,Heinrich,1842—1913),12,15,38,48,49,53,54,58,59,68,129,143,150,163,223,225,227,228

韦伯(Weber,Wilhelm,1804—1891),67
维布伦(Veblen,Oswald,1880—1960),227
维多利亚女王(Victoria,Queen,1819—1901),90
维恩(Wien,Max,1866—1938),5
维恩(Wien,Willi,1864—1928),5,148
维格纳(Wigner,Eugene,1902—1995),196,197,234
维罗内塞(Veronese,Giuseppe,1854—1917),27
维纳(Wiener,Hermann,1857—1939),63,175
维纳(Wiener,Norbert,1894—1964),181,182
维维安尼(Viviani,Vincenze,1622—1703),81
魏尔斯特拉斯(Weierstrass,Karl,1815—1897),10—12,29,34,71—74,82,84,153,156,188
魏恰特(Wiechert,Emil,1861—1928),18,39,67,105
沃尔夫斯凯尔(Wolfskehl,Paul,1856—1906),128,139,145,146,148,173
沃尔泰拉(Volterra,Vito,1860—1940),142
希尔伯特(Hilbert,Christian David),1,224
希尔伯特(Hilbert,David Fürchtegott Leberecht),1,3
希尔伯特(Hilbert,Elise),见埃莉泽(Frenzel Elise),3,60
希尔伯特(Hilbert,Franz,1893—1969),47,48,58,98,99,112,132,149,150,163,225,230
希尔伯特(Hilbert,Ilse),142
希尔伯特(Hilbert,Johann Christian),1
希尔伯特(Hilbert,Käthe Jerosch,1864—1945),40,44,54,55,57,96,102,109,129,139,141,142,149,150,162,204,217,229,230
希尔伯特(Hilbert,Maria Erdtmann,1830—1905),1—4,94
希尔伯特(Hilbert,Otto,1826—1907),1,2,13,15
希特勒(Hitler,Adolf,1889—1945),217,219,222
西尔维斯特(Sylvester,James Joseph,1814—1897),18,26,39,41

西格尔(Siegel, Carl Ludwig, 1896—1981), 175,176,177,221,225—227

西蒙(Simon, H. T., 1870—1918), 105

席勒(Schiller, Friedrich von, 1759—1805), 6, 227

萧伯纳(Shaw, George Bernard, 1856—1950), 193

辛钦(Khinchin, Aleksandr Yakovlevich, 1894—1959), 122

兴登堡(Hindenburg, Paul von, 1847—1934), 217,222

薛定谔(Schrödinger, Erwin, 1887—1961), 195, 197

许特(Schütte, Hermann Amandus, 1843—1921), 220

许瓦尔茨(Schwarz, Hermann Amandus, 1843—1921), 34,48,93,227

雅可比(Jacobi Carl Gustav Jacob, 1804—1851), 10,12,17,82,206,210

亚里士多德(Aristotle, B. C. 384—B. C. 322), 105,160,189,190

亚历山大大帝(Alexandef III, The Great, B. C. 356—B. C. 323), 16,36,37,231

亚历山德罗夫(Alexandroff, Pavel Sergeevich, 1896—1982), 177,178

扬(Young, Grace Chrisholm, 1868—1944), 53

耶罗施(Jerosch, Käthe), 见希尔伯特(Hilbert, Käthe), 40,44

约当(Jordan, Pascual, 1902—1980), 183,194, 196

译 后 记

"大卫·希尔伯特是他那个时代真正伟大的数学家之一。他的工作和他从事科学事业的那种感人品格,一直深深地影响着数学科学的发展,今天依然如此。作为一个数学思想家,他眼力深邃、精力充沛、富于独创;他多才多艺、兴趣广泛;这一切使他成为许多数学领域的开拓者。他确是个出类拔萃的人物:深深地埋头于他的工作,把一切献给他的科学。他又是最好的教师和领头人:待人豁达开明,诲人不倦,有一股不达目的决不罢休的劲头。"这段话引自《希尔伯特》初版时由理查德·库朗写的前言;新出的哥白尼版,没有收入这个前言,而代之以作者康斯坦丝·瑞德的"重读《希尔伯特》之遐想"。哥白尼版与原来版本的另一些不同之处是在第一章的末尾加了一段:"关于希尔伯特出生地的注",第十章介绍23个数学问题的部分换了写法,其余正文的内容未作变动。

《希尔伯特》中文版首次由上海科学技术出版社于1982年出版。当时,我们的翻译工作得到了北京大学吴允曾教授的巨大帮助,这是我们终身难忘的:我们两个译者每人分担一半章节,每译完一章,便到吴先生的住所读给他听。他一面听、一面对照原版书看,用这种方式帮我们修正和改进译文。这次重版中译本,出版社要求我们根据哥白尼版重新校订一遍,可惜吴允曾先生已于1987年过世,我们无法再次聆听他的教诲。

在中文版问世后,我们收到过出版社转来的读者对译文的评价,印象最深的是香港萧文强先生的来函,其中指出了译文中若干值得商榷之处。这次校订我们就采纳了他的一些建议,特此致谢。

译　者